GÉOPOLITIQUE DE LA FRANCE

Plaidoyer pour la puissance

Collection « Major »
dirigée par Pascal Gauchon

ISBN : 978-2-13-059327-0
ISSN 2259-3195
Dépôt légal — 1re édition : 2012, mars
3e tirage : 2015, septembre

6, avenue Reille, 75014 Paris

GÉOPOLITIQUE DE LA FRANCE

Plaidoyer pour la puissance

par

Pascal Gauchon

Ancien élève de l'ENS,
Enseignant en classes préparatoires à Ipésup

Presses Universitaires de France

Dans la série géopolitique de la collection « Major »

Géopolitique du Brésil. Les chemins de la puissance
Yves Gervaise

Géopolitique des pays émergents. Ils changent le monde
Sylvia Delannoy

Géopolitique de l'Inde. Le rêve de l'unité brisée
Olivier Guillard

Géopolitique du Moyen-Orient et de l'Afrique du Nord. Du Maroc à l'Iran
Tancrède Josseran, Florian Louis, Frédéric Pichon

Géopolitique des mers et des océans. Qui tient la mer tient le monde
Pierre Royer

Sommaire

Nation recherche un sommelier

Introduction

Le verre est-il à moitié plein ou à moitié vide ?

Poser ainsi la question de la place et du rang de la France dans le monde, c'est d'abord rendre hommage à l'exception française, ses vignes, ses flacons, ses bistrots.

C'est ensuite rassasier une soif et combler un vide : il n'existe pas de livre intitulé *Géopolitique de la France* qui soit consacré exclusivement à ce sujet, alors que le curieux constatera facilement sur Internet que le titre équivalent ne manque pas pour les États-Unis, la Chine, la Russie, le Brésil, l'Inde, le Mexique, le Royaume-Uni, l'Espagne, l'Italie, la Pologne, Israël – et la liste n'est pas exhaustive ! Dans un pays qui renonce à enseigner son histoire au lycée, faut-il s'étonner que personne ne s'interroge sur son avenir ?

C'est enfin mettre l'ensemble de cet ouvrage au service de la formule de Valéry Giscard d'Estaing qui définissait notre pays (ainsi que l'Allemagne) comme une « grande puissance moyenne ».

Depuis qu'elle a pris conscience de cette situation, c'est-à-dire depuis la décolonisation, la France cherche ce que peut être la stratégie d'une telle puissance de l'entre-deux, à mi-chemin entre grandeur et déclin. Géopolitique gaullienne du Verbe et du Geste ? Géopolitique mitterrandienne de la sublimation au sein de la construction européenne ? Géopolitique du pré carré que ses adversaires assimilent à une géopolitique du renoncement ? Géopolitique de la morale et de l'autre qui, à force de rejet de la *Realpolitik*, finit par servir la géopolitique des autres ?

Tout dépend de la façon dont on regarde le verre. Nous le montrerons, les défis qui se posent sont considérables, mais la France dispose de beaucoup plus d'atouts que le croient les Français eux-mêmes. Nous oserons même un paradoxe en espérant qu'il ne sera pas mis sur le compte de l'ivresse : de tous les pays européens, c'est la France qui est la mieux dotée.

Reste à utiliser toutes les cartes dont elle dispose et c'est là qu'apparaissent les difficultés. Il ne suffit pas de posséder de beaux verres, il faut les remplir ; il ne suffit pas de collectionner les atouts, il faut les jouer. Ce qui suppose des efforts. « Triste comme la grandeur », disait le général de Gaulle. Et coûteux aurait-il pu ajouter. La puissance et l'indépendance ont un coût, financier bien sûr, mais aussi humain et même moral. Les Français sont-ils prêts à le payer ?

Le verre n'est ni trop plein, ni trop vide. Ce qui manque, c'est un sommelier.

1 Un hexagone, un isthme et 15 milliards de tombes

Contraintes et horizons

Le territoire de la France doit moins à la géographie qu'à l'histoire, un rapide coup d'œil sur la carte suffit à le démontrer. Cas unique sur notre continent, il participe de tous les milieux européens – méditerranéen, océanique, semi-continental, montagnard –, il est ouvert sur trois façades maritimes, il abrite des bassins, des massifs anciens, des montagnes jeunes, des fossés d'effondrement...

Pourtant les quarante rois qui, selon la formule, « ont fait la France », ont patiemment réuni les pièces du « puzzle français » et ont fixé les frontières du territoire qui, pour l'essentiel, sont restées les mêmes depuis 1789. Faut-il croire que la France est un pays fabriqué par la seule volonté de ses souverains successifs ?

I. La mémoire des cartes

La construction du territoire passe par des étapes qui sont fixées dans la mémoire nationale : tous les écoliers n'ont-ils pas vu ces cartes historiques sur les murs de leurs salles de classe ou dans leurs manuels ?

De la Gaule à la France

La Gaule n'est pas la France, cela est certain. Les historiens notent même qu'elle n'était qu'une partie du monde celte étendu de la Bohême à l'Espagne et à l'Angleterre. Les plus radicaux en tirent la conclusion que « notre » Gaule ne serait qu'une construction intellectuelle *a posteriori*. Le but de cette « manipulation » ? Faire remonter l'origine de la France aussi loin que possible dans le temps et présenter Vercingétorix comme le premier défenseur de son indépendance, un mythe qui se perpétue jusqu'à nos jours grâce à Astérix et Obélix. Peu importe l'anachronisme, puisque « l'on choisit ses ancêtres plus encore que ses amis » [P. Chaunu]. Inventée par Malet et Isaac ou par Uderzo et Goscinny, la Gaule nous intéresse pour deux raisons.

– Elle s'organise autour des axes majeurs qui font l'originalité de l'espace français, en particulier la liaison Méditerranée-mer du Nord que soulignent les principales voies romaines. La géographie de la Gaule anticipe ce qui deviendra l'« isthme français ». En ce sens, l'origine de la France se situe bien en Gaule.

– Les frontières de la Gaule sont les frontières naturelles que viseront Louis XIV, Danton ou Clemenceau : les Pyrénées, les Alpes et le Rhin. Elles définissent un territoire de 640 000 km^2, près de 100 000 km^2 qui « manquent » à la France actuelle. Nous savons sans doute que les obstacles géographiques unissent autant qu'ils séparent – les Basques, les Catalans ou les Germains se sont installés à cheval sur des montagnes ou des fleuves : les frontières « naturelles » ne sont pas si naturelles. Elles constituent cependant des lignes de défense

La Gaule au IIe siècle

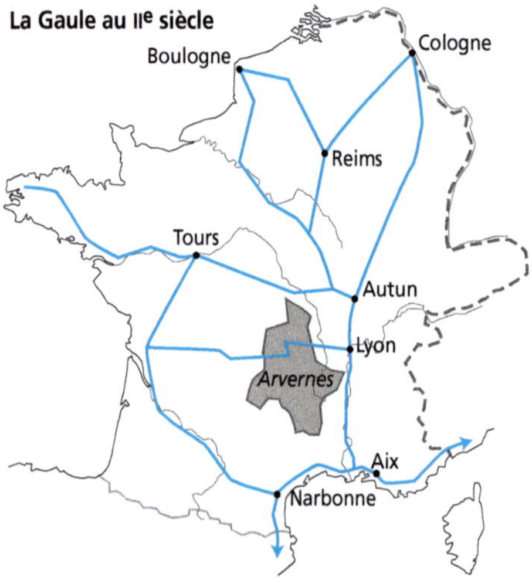

--- Limites de la Gaule romaine
— Principales voies romaines
Les Arvernes à l'époque de la conquête

La France en 987

--- Limites du Royaume
Domaine royal en 987
FLANDRES Les grands féodaux

La France en 1789

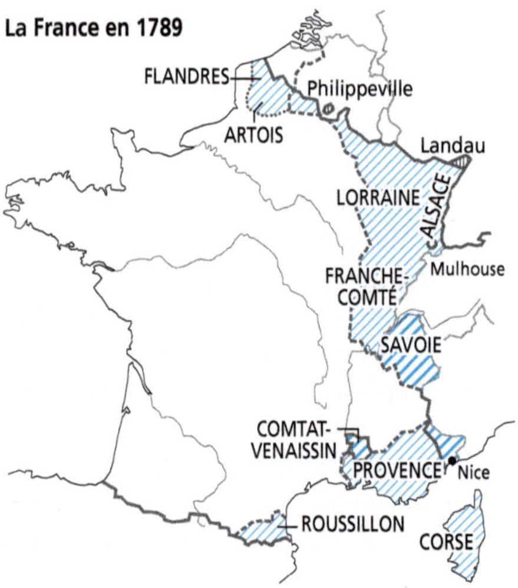

----- Les frontières de la France à la fin de la guerre de Cent Ans (1453)
.... Les frontières de la France en 1789
Acquisitions entre 1453 et 1789
Acquisitions ultérieures
Perte en 1815

La France en 1942

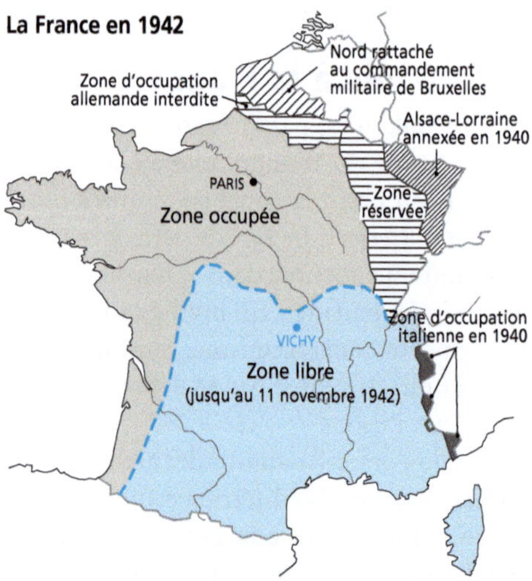

--- Ligne de démarcation (jusqu'en 1942)

commodes et des limites faciles à tracer. Aussi ont-elles constitué pendant longtemps une obsession de la diplomatie française.

La « grande France », dans l'imaginaire national, c'est la Gaule.

Naissance d'une nation

Quand la France est-elle née ? Avec Clovis, comme le soulignent ceux qui n'ont pas renié ses racines chrétiennes ? Lors de la bataille de Bouvines ou de la guerre de Cent Ans, si l'on retient les premières manifestations d'une conscience nationale ? Au moment de la Révolution et de la fête de la Nation ainsi que le prétendent ceux qui confondent le pays avec l'idée républicaine ?

Partons des faits simples : Hugues Capet, le premier roi de France, est couronné en 987. Pour Georges Duby, c'est l'acte de naissance du pays. La carte montre une France beaucoup plus étirée qu'aujourd'hui, de la Flandre à la Catalogne, plus étroite aussi. Elle regroupe quelques pièces de notre puzzle, les bassins sédimentaires, le finisterre breton, le Massif central qui constitue alors sa frontière orientale. Il manque le contrôle de l'axe Rhin-Rhône. Tout l'effort de la monarchie visera à le récupérer en démembrant l'ancienne Lotharingie, ce qui mettra la France au contact de l'Allemagne.

La marche vers l'est

La conquête de cet axe majeur demanda huit siècles et d'innombrables guerres. Elle ne réussit pas totalement, la France échouant à saisir toute la rive gauche du Rhin malgré les « réunions » de Louis XIV. Aussi les frontières de la France se sont-elles fixées à mi-chemin entre Paris et le Rhin. Elles sont restées pratiquement inchangées depuis 1789 à l'exception de quelques cités et, au sud-est, de la Savoie et de Nice, sans oublier l'Alsace-Lorraine, perdue deux fois et deux fois récupérée. Contrairement à l'idée reçue, elles sont clairement fixées et bien délimitées dès la monarchie [D. Nordman].

La poussée vers l'est constitue une remarquable constante de la géopolitique française – faut-il expliquer ainsi que l'aventure maritime ait été délaissée ? Elle n'en reste pas moins incomplète et laisse un goût d'inachevé (les 100 000 km² qui « nous manquent »), comme si les rois avaient tracé malgré eux une ligne invisible qui se révélera ensuite impossible à franchir (chapitre 2).

Il s'agit donc d'une frontière ouverte d'où sont venues les grandes menaces des XIXe et XXe siècles. Une limite qui correspond parfaitement à la définition que Michel Foucher donne de la frontière, le point d'équilibre entre forces opposées.

En temps de malheur

La France peut-elle disparaître ? À l'inverse de petits États comme les pays Baltes qui se savent mortels, les grandes nations se posent rarement la question. Une carte rappelle pourtant sa pertinence, celle de la France de 1942, quand tout le Nord-Ouest du pays est occupé, l'Alsace-Lorraine annexée, le Nord dirigé de Bruxelles, l'Est « réservé » afin d'y limiter le retour des Français de l'exode. Cette carte ressemble de façon étonnante à celle du royaume vers 1430, avant Jeanne d'Arc. Anglais et Bourguignons tiennent alors tout le pays au nord de la Loire ainsi que la côte atlantique.

À cinq siècles de distance la France se réfugie dans ses périphéries méridionales et montagneuses et surtout dans le Massif central, son « château fort » comme l'avaient déjà noté Plumyène et Lasierra. Est-ce un hasard si Vercingétorix commandait les Arvernes de l'Auvergne actuelle et si viennent de ces hautes terres la plupart des présidents de la Ve République, garçons du pays (G. Pompidou), fils prodigues (V. Giscard d'Estaing, J. Chirac) ou enfants adoptés (F. Mitterrand) ?

Avec Paris, le Massif central constitue l'autre pôle symbolique de la France : d'un côté l'État qui a « fait la France », la capitale nationale et mondiale, la ville des élites venues de toutes les provinces, le lieu de passage vers lequel convergent les fleuves du Bassin parisien ; de l'autre le cœur du pays profond, le réceptacle qui rappelle que notre nation n'est pas seulement une « fabrication » mais qu'elle tire ses origines d'un passé lointain et d'un peuple moins modifié qu'on l'a dit (du moins jusqu'à la seconde moitié du XXe siècle), le massif que ses rivières encaissées rendent difficiles à traverser et que les grandes routes contournent sans le pénétrer. Au cœur de la France, un pôle attractif pour le meilleur et pour le pire et un pôle répulsif mais aussi refuge. Comme le *yin* et le *yang* de notre territoire.

Répétons-le, ces cartes sont à prendre au second degré. Elles permettent de dessiner un imaginaire du territoire français avec ses limites rêvées, ses frontières établies, son centre parisien, ses capacités de résistance, sa forme surtout…

Seuls au monde ou presque, les Français assimilent leur pays à une figure géométrique, l'hexagone. L'image est révélatrice : cette figure abstraite rappelle que la France n'est pas née des caprices de la nature mais d'une construction volontaire. Par la régularité de ses formes, l'hexagone évoque une certaine perfection ; s'inscrivant dans un cercle, il possède un centre qui l'organise. Vidal de la Blache vantait autrefois « l'équilibre et la perfection [des] formes » de notre pays.

Concevoir la France comme un hexagone, c'est reconnaître que la « poussée vers l'est » est terminée ; l'ambition de la France n'est plus dans la conquête territoriale qui ne pourrait que briser l'équilibre si péniblement atteint. C'est aussi affirmer une certaine perfection que renforce le sentiment d'un « art de vivre à la française ».

II. De la charrue gauloise au TGV

Les Français d'aujourd'hui prennent volontiers la France pour un pays béni des dieux. Bien des raisons les confortent dans cette idée.

La doulce France…

▶ **La position du pays est particulièrement favorable.**

La France est située à cheval sur le 45e parallèle, à équidistance du pôle Nord et de l'Équateur, en pleine zone tempérée, sur la côte ouest du continent européen réchauffée par le *Gulf Stream*. Pas de déserts, peu de très hautes montagnes, des plateaux et des plaines, le limon des fleuves et, sur une bonne partie du Bassin parisien, les plaques de lœss, sous-produit de l'érosion glaciaire du Quaternaire qui se révèle particulièrement fertile.

Tout paraît encourager le travail agricole. La diversité des milieux (océanique à l'ouest, semi-continental à l'est, méditerranéen au sud) autorise des activités variées, des « grandes cultures » des bassins sédimentaires (céréales, betteraves à sucre) à l'arboriculture des Midis, de l'horticulture des côtes atlantiques à l'élevage de l'Ouest et des plateaux du Jura. Enfin la forêt, la quatrième d'Europe, couvre 29 % du territoire (sans compter la Guyane).

À côté de ces sols fertiles, le sous-sol français parait aujourd'hui stérile.

Tel n'a pas toujours été le cas. La France a bénéficié dans le passé de ressources importantes : charbon, fer, bauxite, sel... Et en surface l'hydroélectricité, cette « houille blanche » qui a permis le développement précoce de la production d'acier électrique et d'aluminium. Ce n'est pas un hasard si la France fut le second pays à s'engager sur la voie de la première révolution industrielle – la fonte au coke est produite au Creusot en 1785 – ni si elle s'est trouvée en pointe lors de la seconde qui s'appuie sur l'électricité. Plus tard, l'uranium du Limousin, du Languedoc et du Forez l'aideront à devenir l'un des premiers fournisseurs d'énergie nucléaire.

Pour la plupart de ces produits, l'exploitation du sous-sol sol atteint un pic vers 1960[1]. C'est ainsi que la production de charbon et de minerai de fer atteint un maximum à la fin des années 1950 (environ 60 millions de tonnes pour chacun) avant de décliner. La potasse d'Alsace, le gaz de Lacq découvert en 1951, l'uranium, la bauxite ont suivi une évolution parallèle quoiqu'un peu plus tardive. La baisse des coûts du transport maritime et l'épuisement des ressources nationales amènent la France à se tourner peu à peu vers l'importation. La dernière mine de fer lorrain ferme en 1998, celle d'uranium en 2001 à Jouac, celle de charbon à La Houve en 2004. La fin de l'exploitation du gaz de Lacq est prévue pour 2013.

Il ne restera alors en France que l'exploitation du sel de Lorraine et quelques gouttes d'hydrocarbures (Ile-de-France, Aquitaine). C'est que, malgré des recherches désespérées en mer d'Iroise, dans le golfe de Gascogne ou dans le Bassin parisien, la France n'a jamais disposé d'hydrocarbures, à l'exception notable du gaz de Lacq. Sa production de pétrole atteint péniblement le million de tonnes. La situation pourrait radicalement changer dans les années à venir grâce au pétrole découvert au large de la Guyane (2011) et au gaz de schiste, si son exploitation bloquée en 2011 sous la pression des écologistes reprend.

Le pays dispose enfin d'un fort potentiel en ce qui concerne les énergies nouvelles (géothermique dans le Bassin parisien, éolien et biomasse), mais presque tout reste à faire dans ce domaine.

Un troisième atout vient de l'ouverture de la France sur l'Europe et le monde.

La France possède environ 5 500 kilomètres de côtes qui présentent des atouts variés : côtes sableuses favorables au tourisme familial, côtes rocheuses qui ont abrité corsaires et pêcheurs... Surtout les majestueux estuaires de la Seine, de la Loire et de la Gironde ont permis l'installation de ports de fond d'estuaire, protégés de la houle, accessibles grâce à la marée, bien reliés à l'hinterland par voie fluviale et disposant des derniers ponts avant la mer – en un mot des carrefours exceptionnels : Rouen, Nantes, Bordeaux. Ensuite les ports ont

1. L'extraction a été fortement stimulée par des organismes étatiques, Bureau de recherches géologiques, géophysiques et minières et Bureau minier de la France d'outre-mer créés après guerre pour assurer la reconstruction et qui sont fondus en 1959 dans le BRGM.

Les ressources énergétiques et minérales, un souvenir du passé

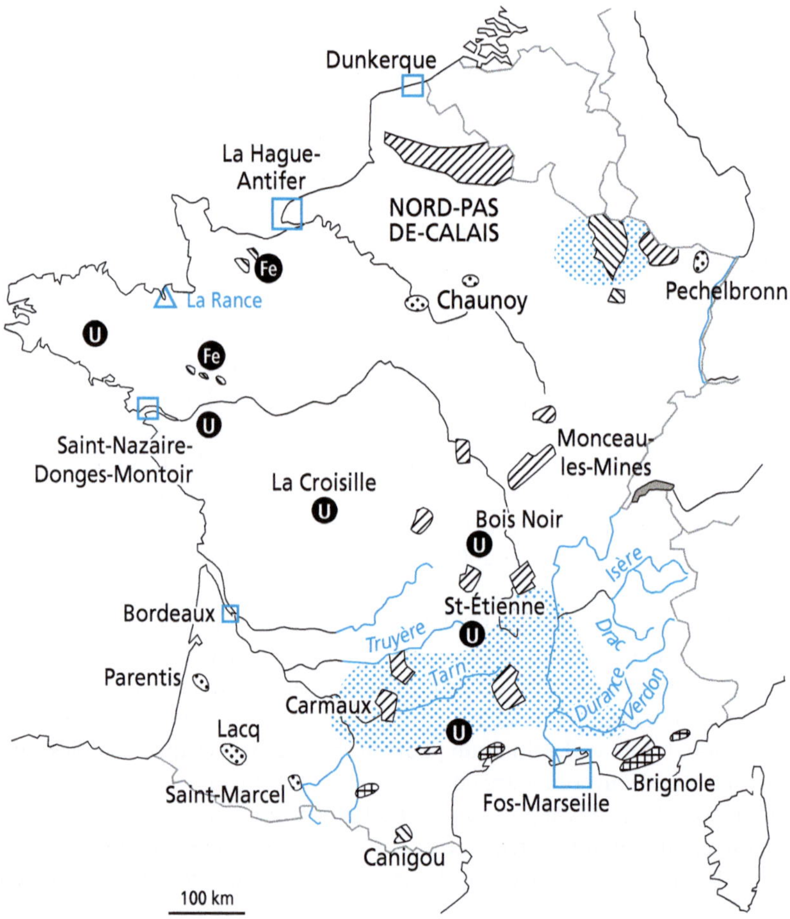

Exploitation, abandonnée ou en cours d'abandon

- Charbon
- Fe Fer
- Gaz, pétrole
- Bauxite
- U Uranium

Ressources exploitées et potentielles

- Principaux fleuves aménagés pour la production hydroélectrique
- Principaux gisements supposés de gaz de shistes
- Centrale marémotrice de la Rance
- Grand port d'importation de matières premières

migré vers l'autre extrémité de l'estuaire, à Saint-Nazaire ou Le Havre, là où pouvaient appareiller les navires les plus lourds. Marseille présente un autre schéma, l'abri d'une calanque qui se révéla trop petite dès le XIXe siècle et justifia une translation par étapes vers le nord – La Joliette, puis l'étang de Berre et à partir de 1964 Fos-sur-mer.

Ces côtes ouvrent le pays sur trois façades maritimes – mer du Nord, Atlantique et Méditerranée – ce qui est exceptionnel en Europe. Cette situation contribue à faire de la France un isthme et un point de passage obligé. Elle lui permet aussi de disposer d'un très vaste domaine maritime. Elle possède la seconde zone économique exclusive mondiale : 11 millions de km² dont 300 000 seulement en Europe et le reste dans la planète entière, grâce aux DOM-TOM.

Trois des côtés de l'hexagone correspondent à des frontières maritimes, les trois autres à des frontières terrestres pour une distance équivalente (5 000 km environ). Elles aussi ouvrent sur des mondes divers – ibérique, italien, germanique, etc., six pays en tout.

▶ **Voilà qui conforte le rôle de carrefour de la France d'autant plus que le pays est relativement aisé à parcourir.**

À l'ouest et au nord des plaines, des plateaux, des fleuves qui facilitent le passage en traversant des seuils peu marqués (seuil du Poitou entre les Bassins parisien et aquitain, seuil de Bourgogne entre le premier et la Saône). À l'est et au sud, de vastes trouées qui pénètrent les zones montagneuses, le Rhône, le Sillon alpin qui rend les Alpes du Nord accessibles, le seuil du Lauragais qui relie la plaine du Languedoc au Bassin aquitain. Même les Alpes, rabotées et creusées par l'érosion glaciaire, ne sont pas un obstacle infranchissable comme le rappellent les éléphants d'Hannibal et les canons de Bonaparte.

Paradoxalement la seule frontière que l'on pourrait qualifier de « fermée » serait les Pyrénées malgré la formule « Il n'y a plus de Pyrénées » prêtée à Louis XIV[1]. Cette montagne, la plus méridionale du pays, n'a pas connu l'érosion glaciaire du Quaternaire, elle reste donc sauvage et pentue. Par ailleurs, les souvenirs de l'invasion napoléonienne, les évolutions politiques et sociales opposées, l'antagonisme envers le régime de Franco ont freiné les relations pendant longtemps. Ici l'histoire et la géographie conjuguent leurs effets.

Reste un obstacle majeur, les massifs anciens. Il s'agit de vieilles montagnes pénéplanées puis soulevées à l'ère tertiaire en contrecoup de l'émergence des Alpes. Les vieilles roches se sont brisées, des failles se sont formées, parfois des volcans ont surgi (Auvergne), les rivières qui coulaient autrefois mollement en surface ont repris vigoureusement leur travail d'érosion et creusé des vallées encaissées aux pentes abruptes. Les Vosges, certaines régions du Massif armoricain (comme la Suisse normande) et surtout le Massif central constituent ainsi des pôles difficiles à franchir que les moyens de transport même modernes ont du mal à pénétrer et que les flux contournent.

Ils sont aussi, nous l'avons vu, des châteaux forts où la nation trouve refuge dans les temps difficiles. La « ligne bleue des Vosges » ne symbolise-t-elle pas l'esprit de revanche après la perte de l'Alsace-Lorraine et n'est-ce pas dans les vallées de cette montagne que se sont réfugiés nombre d'industriels du textile alsacien après l'annexion de leur province par l'Allemagne ?

1. Lors de l'arrivée sur le trône d'Espagne de son petit-fils (1700).

Le travail des Français

« Heureux comme Dieu en France ! », disent les Allemands. « Et pourtant la France est belle ! », confirme l'un des meilleurs géographes français, Armand Frémont. Et de citer la variété des paysages, l'abondance des monuments, la richesse de la vie associative, le raffinement du mode de vie. La liste rappelle que les atouts naturels ne sont rien sans le travail des habitants : « L'histoire ici semble coller aux hommes et aux lieux, très loin du précaire et du nomade. Depuis un millénaire, jamais achevée, toujours menacée, [la France] se renouvelle sans cesse » [A. Frémont].

Telle est l'œuvre des générations qui se sont succédé en ce lieu et qui en ont fait, sinon un paradis, du moins l'un des pays les plus riches du monde, ces « 15 milliards de tombes » dont parle Pierre Chaunu : « 300 morts pour un vivant, le record de l'enracinement ».

▶ **La France n'est plus la « Gaule chevelue » couverte de forêts dont parlait Jules César.**

L'ingéniosité des Gaulois, inventeurs dit-on de la charrue et du tonneau, puis l'effort des paysans et des moines lors des grands défrichements du Moyen Âge l'expliquent. La dernière grande conquête remonte aux Trente Glorieuses avec la mise en valeur de la Champagne pouilleuse ; les plateaux calcaires couverts d'une pelouse sèche, le savart, et abandonnés aux moutons et aux militaires, sont devenus l'une des régions de grande culture les plus riches d'Europe. Et que dire, à proximité, du vignoble de Champagne qui pousse à la limite de son milieu naturel à tel point qu'il faut allumer des braseros au milieu des vignes pendant l'hiver ! Pour réaliser de tels miracles, il a fallu sélectionner les espèces végétales et animales, bonifier les terres, améliorer l'outillage au point que l'agriculture se présente comme l'une des activités les plus capitalistiques[1] qui soit.

La France est bien dotée en matière agricole, sans doute. La superficie agricole utilisée (SAU) représente 53 % de son territoire dont 35 % pour les cultures et 18 % pour les herbages permanents, le reste se répartissant entre forêts (qui progressent maintenant), zones urbanisées, emprises de transport et terres infertiles. La part de sa SAU est élevée si on la compare à celle de ses principaux voisins (Allemagne ou Italie où elle atteint 47-48 % de la superficie) comme aux pays non européens – 44 % aux États-Unis, 31 % au Brésil, 13 % en Russie, 7 % au Canada[2]...

Ces pourcentages sont d'ailleurs moyennement représentatifs, d'abord parce que la SAU a tendance à régresser (on l'estimait aux deux tiers du territoire vers 1870), ensuite parce que l'essentiel vient, à nouveau, de l'effort humain. La France détient des records en matière de rendements et de productivité agricoles (chapitre 5).

Les succès agricoles doivent donc moins à la générosité de la France qu'à l'ingéniosité des Français, dignes héritiers sur ce plan des Gaulois.

▶ **La position de la France ne serait pas ce qu'elle est sans son réseau de transport.**

Là encore, l'effort remonte à un passé lointain – Rome, puis la monarchie. En 1716 est créé le service des Ponts et Chaussées, l'école éponyme l'est en 1747 pour lui fournir les

---

1. Activité capitalistique : activité qui utilise beaucoup de capital par rapport à la valeur ajoutée créée.

2. Ceux qui font mieux, comme l'Espagne, le doivent à l'importance de prairies permanentes souvent peu utilisées. Tel est aussi le cas en Chine (59 %).

ingénieurs dont il a besoin. Un réseau de « routes royales » (devenues ensuite « impériales » puis « nationales ») est constitué. En 1836, Thiers encourage le développement des routes vicinales. En ce qui concerne les chemins de fer, la première concession remonte à 1823, mais c'est en 1842 que l'État fixe le statut des grandes compagnies et donne une impulsion décisive à l'essor du trafic. En 1879 la loi Freycinet prévoit de desservir toutes les sous-préfectures. Cette même loi soutient aussi la batellerie et les ports.

Les Français peuvent être fiers de leurs transports au début du XXe siècle : le réseau routier (y compris les chemins vicinaux) atteint alors 600 000 km, celui des chemins de fer 50 000 km, celui des canaux au gabarit Freycinet 3 000 km. L'ensemble irrigue particulièrement bien la France rurale. Mais il reste exagérément centré sur Paris (voir chapitre 4) et, trop contents d'eux peut-être, les Français ne le modernisent pas suffisamment dans l'entre-deux-guerres.

Après 1945 l'effort reprend de façon d'autant plus spectaculaire que l'État possède maintenant beaucoup d'activités de transport grâce à la SNCF (créée en 1937) et à Air France (créée en 1948). L'électrification des voies ferrées doit être mise au crédit de Louis Armand (qui dirige la SNCF de 1949 à 1958), le développement du réseau autoroutier à celui d'Albin Chalandon (ministre de l'Équipement et du Logement qui instaure un système de concessions à des sociétés privées en 1970). Louis Armand permet également aux locomotives françaises BB, puis CC, de devenir les plus rapides du monde ; après lui, il faut 15 ans de recherche pour aboutir au TGV qui est mis en service en 1981. En 2007, le train français pulvérise le record mondial de vitesse (qu'il détenait déjà) avec une pointe à 574,8 km/h.

Parallèlement, la loi de 1965 a institué les ports autonomes et permis leur modernisation. De grands travaux ont été menés qui ouvrent le réseau français sur l'Europe et le monde : tunnel du Mont Blanc inauguré en 1965, tunnel sous la Manche en 1994.

Il faut aussi évoquer les succès français dans le domaine de télécommunications. Dans les années 1960, l'humoriste Fernand Raynaud tournait en dérision le retard français dans son sketch « le 22 à Asnières ». Un plan de rattrapage est engagé sous Georges Pompidou et mené à bien sous Valéry Giscard d'Estaing. Dans les années 1970, la France ouvre autant de lignes nouvelles que les États-Unis, cinq fois plus peuplés.

▶ L'effort a porté ses fruits.

Le réseau français est l'un des plus denses et des plus efficaces du monde avec 146 km de route et 6,2 km de voies ferrées pour 100 km². Comme dans la plupart des pays développés, la route se taille la part du lion : elle représente 83 % du transport intérieur de marchandises (calculé en tonnes-kilomètres), devant le rail (9 %), les tubes (5 %) et la voie d'eau (2 %) ; et 89 % pour le transport de passagers (calculé en voyageurs-kilomètres, sans compter le transport aérien intérieur).

Le bilan paraît brillant : le train le plus rapide du monde, les deuxièmes compagnies mondiales pour le transport aérien (Air-France-KLM) et ferroviaire (SNCF), le septième aéroport de la planète et le premier en Europe (Roissy-Charles de Gaulle)…

Pourtant d'autres faits sont moins positifs. Tout entière concentrée sur le TGV, la SNCF n'a pas assez modernisé ses trains de banlieue ni ses lignes régionales (TER) ; elle a surtout délaissé le transport de marchandises qui a perdu 50 % de son fret au cours des années 2000. Par ailleurs, la voie d'eau intérieure n'a pas été suffisamment modernisée. Il n'existe que 1 800 km à grand gabarit européen ; il manque aussi des liaisons modernes entre les principaux bassins fluviaux (Seine, Rhône, Loire[1]), ce qui les confine au rôle de culs de sac.

Par ailleurs, le solde commercial de l'activité de transport est régulièrement négatif (environ 5 milliards d'euros par an) avec de lourds déficits pour les transports par mer. Cinquième mondiale dans les années 1950, la flotte sous pavillon français n'est plus que vingt-neuvième. Quant aux ports, Marseille est passée de la deuxième place en Europe dans les années 1980 à la quatrième (et à la trente-sixième mondiale) tandis que Le Havre reculait de la quatrième à la sixième place.

Le réseau de transport français en 2010

(en km)

Routes (y compris le réseau urbain)	1 000 000
Autoroutes	11 000
Chemins de fer	29 000
Dont électrifiés	14 000
Dont à grande vitesse	1 900
Voies navigables	8 500
Oléoducs	7 500
Gazoducs	24 000
Ports	22
Aéroports	267

Ce sont donc surtout les activités et les infrastructures maritimes qui se révèlent insuffisantes. On l'explique souvent par le coût élevé des salaires et de la protection sociale dont jouissent les marins depuis Colbert (!) et les dockers depuis la CGT. La dispersion des ports constitue un autre handicap : l'ensemble des six ports autonomes maritimes français (Marseille-Fos, Dunkerque, Le Havre, Rouen, Nantes-Saint-Nazaire, Bordeaux) assure un trafic équivalant au seul Rotterdam, ce qui rend difficile les économies d'échelle. De plus la faiblesse des liaisons avec l'intérieur par voie d'eau limite leur rayonnement : l'Est de la France s'approvisionne auprès des ports belges et néerlandais.

Faut-il aller plus loin et penser que la France s'est détournée depuis longtemps de la mer pour se tourner vers l'intérieur, devenant une nation terrienne et paysanne plus que maritime ? Paradoxalement, l'une des faiblesses de ces infrastructures vient de très anciennes mesures adoptées par la monarchie et renforcées par l'Empire afin de protéger le secteur et ses travailleurs. Si culpabilité il y a, ce n'est pas le désintérêt de l'État qu'il faut pointer, mais son intervention. Et surtout les circonstances historiques, nous y reviendrons.

1. La liaison à grand gabarit Seine-Nord Europe reliant l'Oise au canal du Nord est prévue pour 2015. Elle reliera la Seine au réseau belge et néerlandais et élargira l'hinterland du Havre. En revanche, le projet de liaison Rhin-Rhône a été abandonné en 1997… par un ministre écologiste.

III. Du territoire à la géopolitique

Aymeric Chauprade met en avant le concept de « territorialité », l'influence que le territoire exerce sur les choix politiques de ses dirigeants. Encore faut-il ne pas comprendre cette notion comme un pur déterminisme géographique. Il s'agit plutôt d'un « esprit des lieux » qui vient autant des héritages historiques que des contraintes du milieu. Force est de constater qu'il existe bien un « esprit des lieux » français qui pèse sur ses grandes orientations géopolitiques internes et externes. Il s'explique par la géographie, mais aussi par l'histoire. Nous nous contenterons donc d'esquisser certains aspects qui seront repris et complétés dans le chapitre 2.

Changement d'échelle

▶ **D'une certaine façon, la France a changé de taille.**

En 1789, elle est le troisième pays européen (hors Russie) par la superficie (derrière l'Autriche et la Suède), deuxième en 1914 (derrière l'Autriche-Hongrie) et, avec 550 000 km², première aujourd'hui[1]. Mais son horizon s'est élargi et, à l'échelle mondiale, la France n'est que quarante-deuxième. Même remarque en ce qui concerne sa population : première en Europe en 1789, seconde aujourd'hui, elle n'est que vingt-et-unième dans le monde.

Ce changement d'échelle consacre la position moyenne de la France entre grande et moyenne puissance – grande en Europe, moyenne voire petite dans le monde. Il s'agit bien sûr d'un déclassement, plus difficilement vécu en France qu'en Allemagne : de l'autre côté du Rhin, la puissance rappelle les temps du pangermanisme et du national-socialisme qu'il est difficile de regretter bruyamment ; ici, elle évoque la Grande Nation de 1789 et les idées révolutionnaires dont elle se réclamait.

Ce changement d'échelle a modifié radicalement les objectifs de la géopolitique française qui ne peuvent plus être les mêmes qu'à l'époque de Napoléon ou même qu'en 1914. Il nous reste cependant un héritage essentiel : la France n'est pas une « puissance moyenne », mais une « *grande* puissance moyenne » et l'adjectif, rappel d'un temps où le monde était plus petit et la France plus grande, fait toute l'originalité de notre pays.

▶ **Seconde évidence, le territoire français est particulièrement ouvert.**

Trois façades maritimes, trois frontières terrestres, la France paraît richement dotée, capable de recevoir les influences de tous côtés et d'étendre sa puissance dans toutes les directions. Cet atout peut se révéler un cadeau empoisonné. Il peut expliquer une certaine dispersion des efforts français fractionnés entre terre et mer, entre Méditerranée et Atlantique, entre nord et sud (chapitre 2).

L'ouverture pousse ainsi à une présence mondiale. Revers de la médaille, ouverture signifie aussi menaces multiformes qui ont conduit à plusieurs reprises le pays à se replier sur lui-même en un mouvement que ses élites qualifient volontiers de « frileux ». Le réflexe est particulièrement fort aujourd'hui alors que la « menace » prend la forme insidieuse d'une mondialisation qui pénètre le territoire national par toutes les côtes, toutes les terres et même par les airs et les ondes.

1. Ces calculs n'intègrent pas les pays de l'ancienne URSS.

Aujourd'hui comme hier, volonté d'expansion et crainte de l'ouverture coexistent et caractérisent la géopolitique française.

Le pays du milieu ?

La France est-elle le centre du monde ?

La presse anglo-saxonne reproche souvent aux Français de le croire – une prétention qui peut être le fait de tous sur une sphère ! La France est-elle du moins au centre de l'Europe ?

Elle l'était indiscutablement au début de la construction européenne, du moins sur le plan géographique. C'est l'isthme français qui relie l'Atlantique au Rhin, la Méditerranée à la mer du Nord, la péninsule ibérique au monde germanique. La géographie suffit à expliquer que la France ait été l'un des piliers des traités européens.

Pourtant la géographie économique amène tout de suite à nuancer ce jugement. L'axe majeur de l'Europe est celui du Rhin prolongé vers le nord-ouest par la région londonienne et au sud-est par les cols suisses et la Lombardie. L'axe majeur de la France est l'axe Seine-Rhône le long duquel se situent ses trois premières agglomérations (Paris, Lyon et Marseille). Le territoire français est donc légèrement décalé à l'ouest par rapport au cœur européen dans lequel ne sont vraiment intégrés que le Nord, l'Alsace-Lorraine et, à la limite, la région parisienne. Tout le reste paraît simple prolongement de l'axe européen le long de l'axe Rhin-Rhône ou marge périphérique. Au centre géographiquement, la France n'est pas tout à fait au centre économiquement, ce qui peut expliquer son attitude parfois ambiguë (voir la carte en deuxième de couverture).

D'autant plus que les élargissements ont conduit l'Europe à s'étendre progressivement vers l'est, loin du territoire français. Une Union européenne qui coïnciderait avec le continent européen aurait comme centre géographique la Bohême, si l'on en croit l'analyse que faisait Bismarck, et non le Bassin parisien. Le centre de gravité européen est de plus en plus éloigné de la France : cela ne nourrit-il pas la distance que prend l'opinion à l'égard du projet européen ?

Le cadre européen donne un nouveau sens à la géopolitique interne de la France.

Celle-ci fait coexister différentes régions dont les atouts divergent.

Au centre Paris, capitale d'un pays qu'elle a rassemblé autour d'elle et centre de commandement majeur de l'Europe, n'a comme véritable rivale sur le continent que Londres et la nébuleuse urbaine du Benelux (chapitre 4).

Deuxième atout, l'axe Rhin-Rhône, la principale conquête française depuis le Moyen Âge. C'est là que se concentrent les grandes infrastructures de transport, les industries d'équipement exportatrices, les investissements directs étrangers : l'Alsace se situe à la première place parmi les régions en ce qui concerne le montant des exportations par habitant, celui des IDE par habitant ou le nombre de travailleurs frontaliers.

De la Lorraine à la Picardie, la frontière nord-est garde sa signification : celle d'une zone sous menace. L'invasion n'est plus militaire mais économique et cette région a particulièrement souffert de la concurrence étrangère et des délocalisations ; les matières premières – charbon et fer – qui avaient fait sa force au XIXe siècle ont été remplacées par des ressources importées et le seul département du Nord comprend la moitié des friches industrielles du

L'ISTHME FRANÇAIS

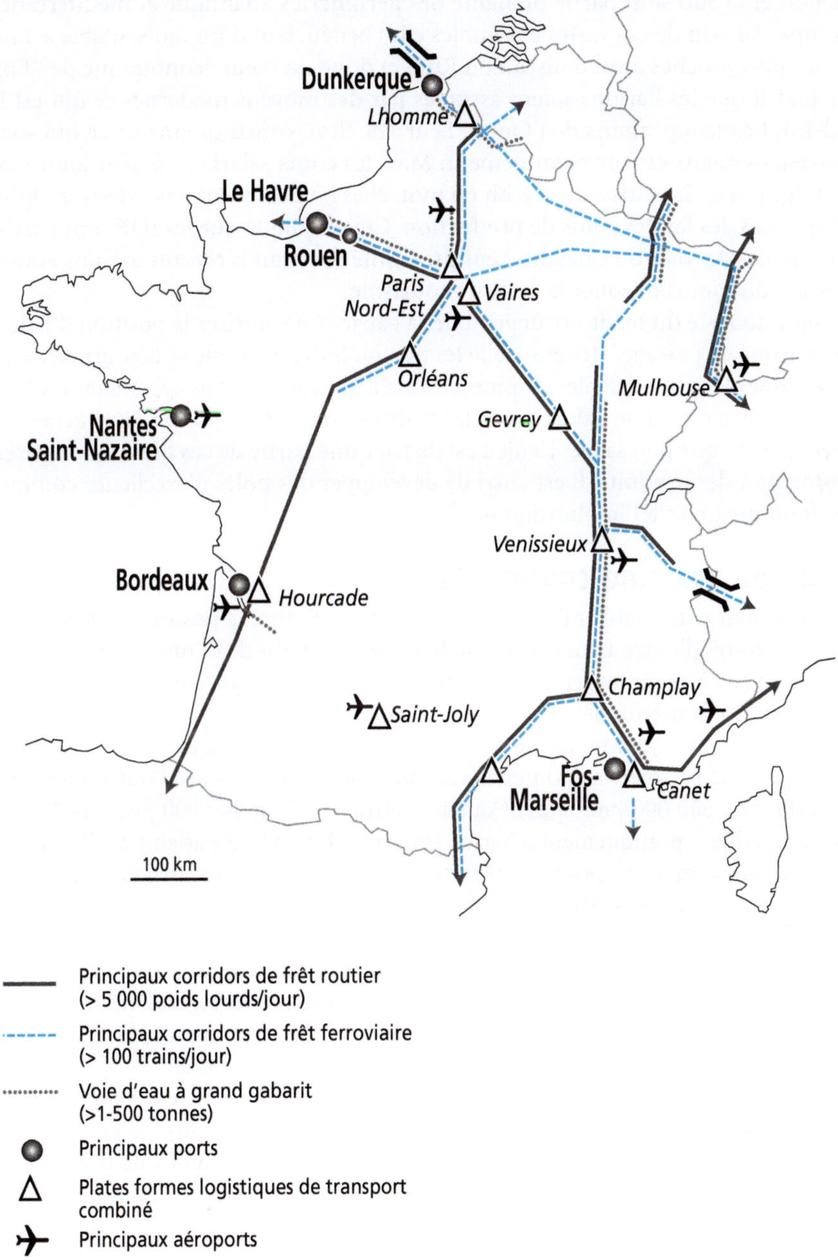

pays. Heureusement, la région est bien intégrée à l'ensemble européen, ce qui lui offre de nombreuses opportunités de rebond.

L'Ouest et le Sud sont partie prenante des périphéries atlantique et méditerranéenne de l'Europe. Au sein de ces vastes ensembles elles bénéficient d'un indiscutable avantage : ce sont les plus proches à vol d'oiseau du Rhin et donc du cœur économique de l'Europe. Encore faut-il que les liaisons soient assurées par des moyens modernes ce qui est le cas du Sud-Est, beaucoup moins de l'Ouest. Leur PIB élevé constitue une force qui soutient leurs investissements et leur rayonnement. Mais les coûts salariaux pèsent lourds ce qui n'encourage pas les investissements. En un mot, elles ne possèdent pas l'atout traditionnel des périphéries, les faibles coûts de production. Cela explique que les IDE sont partis vers d'autres cieux, irlandais ou catalans. Leur proximité des grands centres urbains européens leur permet du moins de jouer la carte du tourisme.

L'avenir du reste du territoire dépend de sa capacité à valoriser la position d'isthme de la France. Zone de passage, attirera-t-elle les flux ou les verra-t-elle se détourner, ce qui est le cas des zones les plus difficiles comme le Massif central ? Notons cependant qu'être une zone de transit n'est guère valorisant – les trains n'ont jamais profité aux vaches qui les regardent passer, que l'on sache. L'enjeu est de fixer une partie de ces flux afin d'opérer une transformation des produits. Il est aussi de développer des pôles d'excellence comme a su le faire Toulouse grâce à l'implication de l'État.

De l'Europe aux cinq continents

On ne saurait enfin oublier l'atout que procure à la France la possession de ses départements et territoires d'outre-mer. Parfois qualifiés de « confettis de l'Empire », ils représentent bien autre chose, à commencer par une présence mondiale qui conforte la prétention à l'universalisme de la métropole.

Les départements (qui font partie de l'Union européenne) et les territoires (qui n'en font pas partie et ont été associés aux différents accords avec les pays ACP[1]) d'outre-mer couvrent une superficie de 550 000 km², autant que la métropole, dont 440 000 pour les Terres australes et antarctiques pratiquement désertes. Leur population totale atteint 2 millions et demi d'habitants dont 2 millions pour les départements d'outre-mer (Martinique, Guadeloupe, Guyane, Réunion et, depuis 2011, Mayotte).

C'est grâce à eux que la France possède la deuxième zone économique exclusive au monde. Elle a pu expérimenter en Polynésie sa bombe atomique jusqu'à ce que Jacques Chirac renonce aux essais à ciel ouvert. Proche de l'équateur, la base de Kourou permet le lancement des fusées Ariane. Enfin, les troupes et les flottes qui sont déployées au-delà des mers donnent à Paris une capacité d'intervention dans le monde entier.

Il existe bien sûr des contreparties à ces atouts : le coût budgétaire (estimé à 12,7 milliards d'euros en 2009), les conflits avec certains pays qui accusent la France de perpétuer par ce biais la colonisation (en particulier dans le cas de la Nouvelle-Calédonie), les conflits internes propres à ces territoires. Une partie de la population aspire à l'indépendance, une tentation que la France combat à coup de subventions.

1. Afrique, Caraïbes Pacifique. Ces pays ont signé avec la CEE la convention de Lomé en 1975 qui sera remplacée par les accords de Cotonou en 2000.

Les territoires d'outre-mer 2011

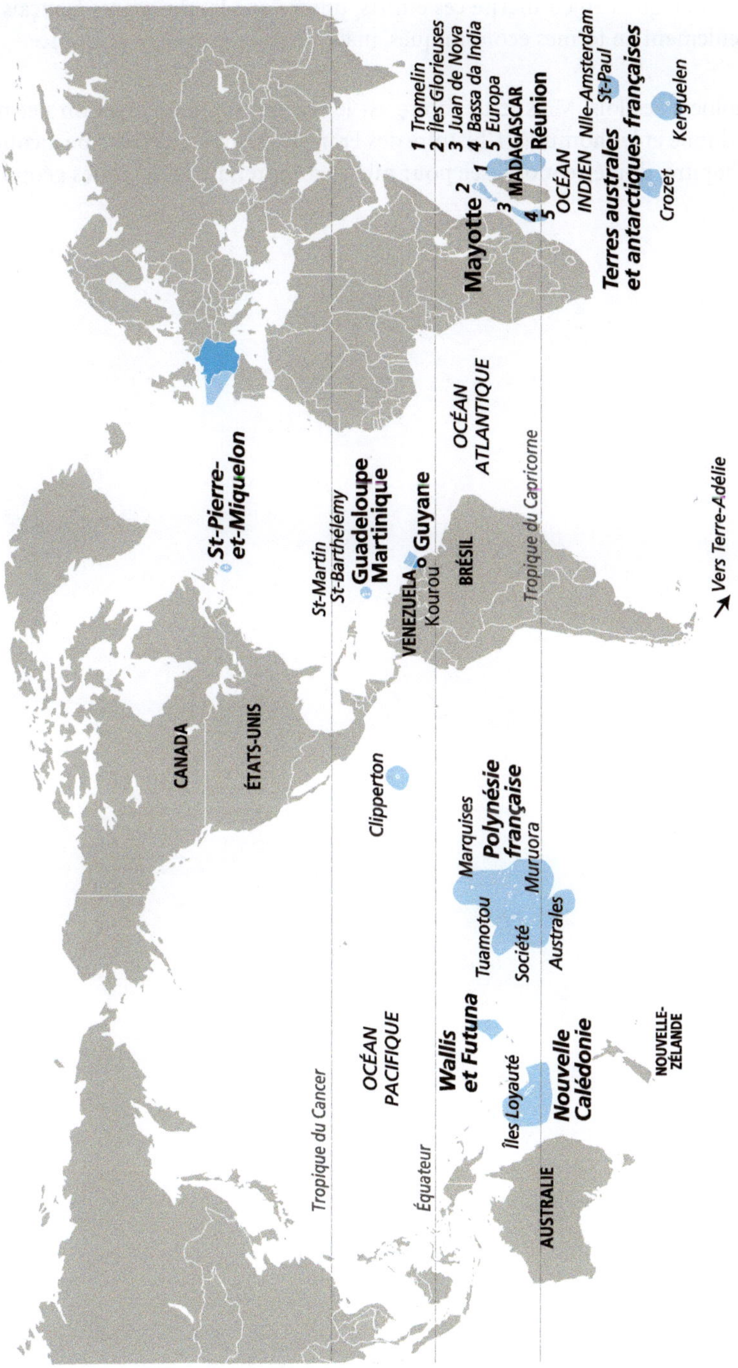

Réunion : Département d'outre-mer

Polynésie française : Autre statut

Zone économique exclusive française

Source : J.-C. Gay, La Documentation française.

Car Paris estime que l'enjeu mérite ces efforts, preuve que les dirigeants français ne raisonnent pas seulement en termes économiques, mais aussi en termes de puissance.

La géographie a ses lois. Mais le territoire est le résultat d'une interaction permanente entre l'espace donné et les hommes. L'histoire des Français, dont il a déjà été beaucoup question dans ce chapitre, doit être mobilisée pour mieux comprendre les logiques géopolitiques de leur pays.

2 Ce cher et vieux pays

Dix siècles d'histoire de France

« Mon cher et vieux pays ». *Ainsi parle le général de Gaulle dans son allocution télévisée du 29 janvier 1961. Un rien de tendresse, un peu d'identification aussi – le général de Gaulle atteint alors l'âge de 70 ans. Et une évidence : la France est l'une des plus anciennes nations constituées de la planète. Sur les mêmes lieux, la même langue ou presque, le même peuple pour l'essentiel, la même capitale*[1] *et une continuité étatique qui s'impose malgré les changements de dynasties et de régimes. Chacun comprend le sentiment d'identité que procure aux Chinois la permanence de leur Empire depuis plus de 2 000 ans. Ne peut-on en admettre autant pour les Français ?*

Nous avons déjà posé la question de la date de naissance de la France. Reprenons la plus évidente, celle du sacre d'Hugues Capet (987) : ses premiers descendants surent démontrer une extraordinaire vertu, celle d'avoir des enfants mâles avant leur décès, ce qui permit la transmission de l'héritage sans heurts. Ainsi débute cette continuité de l'État qui dure jusqu'à aujourd'hui.

Il serait indécent de prétendre décrire ces dix siècles de continuité en quelques pages. Contentons-nous de mettre en avant les quelques traits qui se perpétuent jusqu'à aujourd'hui et influencent encore la géopolitique de la France.

I. De 987 à nos jours : survol

Pendant cette vaste période, la France a connu deux grands régimes politiques : la monarchie, puis la république – même si de 1792 à 1871 trois monarques et un empereur s'intercalent, sans parler d'un maréchal de 1940 à 1944. La continuité prédomine dans de nombreux domaines, même si 1815 s'impose comme un tournant en ce qui concerne la puissance et les ambitions nationales.

Le roman des origines

La longue période qui court de 987 à 1815 voit la constitution du territoire national. Elle résulte d'un double mouvement.

▶ **Il s'agit d'abord de l'expansion de la « mouvance ».**

La mouvance s'identifie au royaume composé du domaine royal et des fiefs des grands féodaux.

---

1. En fait les Capétiens ne s'installent à Paris que vers 990, après la construction du premier mur d'enceinte. C'est Philippe Auguste qui fera vraiment de Paris la capitale fixe du royaume en en faisant son lieu de villégiature préféré. C'est alors que Paris prend son nom, renonçant au peu flatteur Lutèce (« ville de boue ») [S. Gouguenheim].

Le royaume s'étend progressivement vers les Alpes et le Rhin en cette « marche vers l'est » qui caractérise la géopolitique française de l'époque. Cela conduit à se heurter aux Bourguignons, puis aux Espagnols, aux Autrichiens, aux Anglais qui voient d'un mauvais œil les Français s'installer sur les côtes de la mer du Nord, à toute l'Europe ou presque enfin au début du XVIIe siècle (guerre de succession d'Espagne) en une sorte de répétition générale des grandes coalitions contre Napoléon. L'aveu de Louis XIV sur son lit (« J'ai trop aimé la guerre ») et la situation exsangue de la France en 1713 aurait dû instruire ses successeurs : la frontière nord-est de la France est fixée et ne peut être dépassée qu'au prix de l'affrontement avec l'Europe entière.

La République et l'Empire n'en auront cure et gaspilleront toutes les ressources d'un pays au zénith de sa puissance pour atteindre le Rhin. En vain. Les quelques tentatives postérieures tournent court. En parlant de « pourboires », Bismarck ridiculise les demandes de Napoléon III qui voulait obtenir le Luxembourg en échange de son soutien à l'unification de l'Allemagne. En 1919, les Américains ne prennent pas plus au sérieux les revendications de Foch qui souhaite mettre la main sur la Rhénanie. C'est tout juste si les Français obtiennent provisoirement l'administration de la Sarre, mais celle-ci choisit de redevenir allemande en 1935, comme elle le fera en 1955. Le soutien aux indépendantistes rhénans, dans les années 1920, n'obtient pas plus de résultat.

Par le fer et par le feu s'est forgée la frontière du nord-est. Au sud-est, l'expansion française est beaucoup plus pacifique : « transport » pacifique du Dauphiné (1349), rattachement de la Provence par héritage (1487), achat de la Corse à Gênes (1768), octroi de la Savoie et de Nice par Cavour en contrepartie de l'aide française et après plébiscite (1860).

▶ Parallèlement le domaine royal s'étend au point de se confondre avec la mouvance[1]. Ainsi s'unifie la France.

Au Moyen Âge le pays est alors divisé en grandes principautés nées sur les décombres de l'empire de Charlemagne. Le Nord et le Midi utilisent deux français différents (langue d'oïl au nord, langue d'oc au sud), sans oublier les patois et les langues parlées à la périphérie (breton, basque, catalan, flamand, allemand quand l'Alsace et la Lorraine seront incorporées). Milieux et cultures locales divergent (chapitre 3). Même s'il ne faut pas exagérer ces différences, la France naissante apparaît comme un assemblage fragile. Tout l'effort des rois, puis des Républiques et des Empires, consiste en un effort d'unification de ce pays divers.

La première étape consiste en la mise au pas des grands féodaux. On peut considérer cette œuvre achevée quand François Ier confisque les fiefs du connétable de Bourbon (1531) même si la noblesse reste volontiers frondeuse. Pour ce faire, les monarques s'appuient sur la bourgeoisie des villes sans autoriser pourtant que le mouvement communal s'émancipe de son autorité. Une exception, la Flandre qui du coup échappe à la Couronne. Surtout ils créent une nouvelle classe de serviteurs de l'État, issue de la petite noblesse ou de la bourgeoisie : les légistes de Philippe le Bel, puis les grands commis tels Colbert, Vauban ou Turgot. La centralisation progresse avec la création du corps des intendants qui dirigent les provinces au nom du roi. Tocqueville a rendu célèbre la thèse selon laquelle la monarchie a anticipé l'œuvre de la Révolution et de l'Empire : constituer une France égalitaire où tous seraient soumis de la

---

1. Le domaine royal comprend les fiefs personnels du roi. Ceux d'Hugues Capet ne couvraient qu'une zone réduite courant de Creil à Orléans, l'équivalent de deux ou trois départements actuels.

même façon au pouvoir central. Pourtant l'Ancien Régime, fondé sur la notion de privilège (« loi privée »), reste caractérisé par les « libertés » des provinces. L'unification est incomplète.

La Révolution ne se contente pas de compléter l'œuvre des rois, elle la transforme profondément. Elle fonde définitivement l'État-nation à la française ; l'Empire puis les progrès techniques du XIXe siècle parachèvent le mouvement. L'unification devient uniformisation.

Tous ces régimes fondent une véritable religion de la Nation et de l'État qui remplace l'alliance du Trône et de l'Autel. Elle s'appuie sur des textes fondateurs comme la Déclaration des droits de l'homme et du citoyen (1789), elle s'incarne dans des symboles vénérés (drapeau tricolore définitivement adopté en 1830, Marseillaise proclamée hymne national en 1879), elle s'exprime au cours de cérémonies collectives (fête du 14 juillet qui devient fête nationale en 1880), elle exige le service de tous (service national), elle est enseignée dans les écoles à partir des lois Ferry (1881-1882).

En même temps les pouvoirs publics accentuent la centralisation. En 1793, les Jacobins l'emportent sur les Girondins. Ils écrasent les révoltes fédéralistes et royalistes qui suivent au prix de la Terreur ; dans le cas de la seule Vendée, massivement martyrisée, le nombre de tués s'élèverait à 150 000 [R. Sécher]. Sur un mode plus pacifique, l'école républicaine punit les élèves qui parlent mal la langue française. Paris s'impose au prix d'un divorce avec la province dont les effets mettront du temps à s'effacer. Le maillage administratif mis en place par l'Empire confirme la prééminence de la capitale.

Ce que l'idéologie veut, le progrès technique le rend possible. Le chemin de fer et le télégraphe réduisent les distances, facilitant le contrôle parisien, tandis que le réseau ferré conçu par Alexis Legrand sous la monarchie de Juillet rayonne comme une étoile à partir de la capitale. En même temps se constitue un véritable marché national. La Révolution et l'Empire suppriment les douanes intérieures, unifient le système des mesures, adoptent une monnaie unique (le franc en 1803), établissent une législation qui s'applique à tout le pays (code civil en 1804, code commercial en 1807, autorisation des sociétés anonymes en 1867). Les grandes banques, qui commencent à apparaître sous Napoléon III, tissent à travers le territoire leur réseau de succursales ; la presse de masse (dont le premier titre, *La Presse*, est lancé par Girardin en 1836) uniformise les modes de pensée et de vie.

À survoler ces neuf siècles d'histoire, l'observateur acquiert le sentiment d'un mouvement régulier. C'est une illusion, les reculs sont nombreux, les ruptures aussi : la république s'est révélée beaucoup radicale que la monarchie. Il est vrai que la seconde n'avait pas besoin de fonder sa légitimité sur la religion civique de la Nation. Il n'empêche : cette lente gestation a fait de la France l'État-nation par excellence, au point que la notion semble avoir été inventée pour elle.

Louis XIV était-il conscient que son œuvre durerait bien au-delà de la monarchie quand il soupire, sur son lit de mort : « Je m'en vais mais l'État demeurera toujours » ?

La France, première puissance européenne

▶ **L'une des premières à se constituer en État-nation, la France est aussi l'un des plus puissants des pays européens.**

Il ne s'agit pas seulement de la gloire de Napoléon, le fait est beaucoup plus ancien et date du Moyen Âge. Il s'explique par la forte croissance de la population. C'est que la France, selon Pierre Chaunu, est le premier pays à s'être engagé sur le chemin de la transition démographique. La pression qui en résulte explique les grands défrichements et les conquêtes. Dès le XIe siècle, c'est du royaume de France que partent la plupart des Croisés, chevaliers ou paysans. Les Normands, puis les Angevins s'emparent du Sud de l'Italie. C'est en France que naît l'art gothique qui conquiert toute l'Europe comme les réformes cisterciennes. Preuve de la puissance du roi fleurdelisé, là où l'Empereur germanique avait échoué à s'imposer à la papauté, Philippe le Bel triomphe, ses lieutenants agressent le pape à Agnani et forcent ses successeurs à s'installer à Avignon.

La guerre de Cent Ans marque un évident recul. Le roi d'Angleterre semble à deux doigts de conquérir le royaume. Les grands féodaux s'émancipent, à commencer par le duc de Bourgogne. La geste de Jeanne d'Arc renverse la situation. Elle constitue un mythe essentiel pour les Français, au point que le secrétaire du PCF Georges Marchais en fera son personnage historique préféré ; il établissait évidemment un lien entre la sainte et les résistants de la Seconde Guerre mondiale. Ainsi Jeanne d'Arc est devenue la figure emblématique de la permanence de la France et de son renouveau.

Au XVIIe siècle, la France connaît un second apogée. Elle brise l'encerclement dont la menaçaient les Habsbourg d'Espagne et d'Autriche, elle atteint le Rhin, elle bâtit son premier empire colonial dans les îles des Caraïbes, en Inde et en Amérique du Nord. Ses armées l'emportent sur les *tercios* espagnols qui passaient pour les meilleures troupes d'Europe, sa marine rivalise avec les flottes anglaises et hollandaises, Vauban couvre ses frontières de forteresses réputées imprenables, Colbert affirme sa puissance économique, le roi lui-même s'occupe de son *soft power*[1] en subventionnant les artistes et en multipliant les constructions. À lui seul le palais de Versailles illustre la puissance, la richesse et la créativité françaises.

Trop dominatrice, la France finit par dresser contre elle la plupart des pays européens en une sorte de répétition générale des coalitions qui se formeront contre la Révolution et l'Empire. Sauvée au dernier moment par les victoires du maréchal Villars (nouveau sursaut !) et surtout par les divisions de ses adversaires, la France sort de cette aventure exsangue. Sous Louis XV elle perd son premier empire colonial au profit du Royaume-Uni qui apparaît de plus en plus comme son principal rival. Le règne de Louis XVI constitue une phase de récupération marquée par l'essor démographique, le progrès technique et l'innovation militaire avec les canons Gribeauval dont Napoléon saura faire usage. La marine est reconstituée et se montre efficace lors de la guerre d'indépendance des États-Unis : pour la France, le traité de Paris constitue une revanche (1783).

Sous la Révolution et l'Empire, la puissance française connaît un dernier apogée, le plus remarquable mais aussi le dernier. L'Europe entière se ligue contre un pays qui déstabilise le continent à la fois sur le plan idéologique et géopolitique : elle veut exporter ses idées contraires à l'ordre en place et retrouver sa prééminence ; c'est le révolutionnaire Danton qui popularise la notion de « frontières naturelles » qu'il réclame pour son pays.

La géopolitique française prend alors des traits modernes. La « Grande Nation » (c'est ainsi que les révolutionnaires la baptisent) habille volontiers ses intérêts de nobles sentiments, selon l'image que de Gaulle utilisera à propos des États-Unis. Elle utilise à la fois le

1. Le lecteur pardonnera cet anachronisme.

hard, le *soft* et le *gold power.* Son idéal révolutionnaire lui procure prestige et soutien dans toute l'Europe ; son armée privilégie l'assaut en masse afin de profiter du principal atout français, la force du nombre ; l'économie est mobilisée pour alimenter la guerre. Après une série de défaites au cours de l'année 1793 pendant laquelle la guerre civile se conjugue à la guerre étrangère, ces efforts permettent un nouveau miracle – sans sainte cette fois-ci. Les troupes françaises franchissent la frontière en 1794 ; elles ne la repasseront pas avant 1814. La Nation s'entoure alors de « Républiques sœurs » qui l'imitent et s'alignent sur elle, un peu à la manière des démocraties populaires sous la coupe de l'URSS – la plupart de ses pays finiront d'ailleurs par être annexés.

« La Révolution est finie », proclame Bonaparte en prenant le pouvoir. Il veut dire qu'elle est achevée et stabilisée. Autant dire que la paix avec le reste de l'Europe est difficile, sinon impossible, d'autant plus que l'Empire n'entend pas renoncer à ses conquêtes. Le Royaume-Uni reste l'ennemi irréductible ; le contrôle des ports flamands et hollandais, les ambitions de l'Empereur en Méditerranée, ses projets de développement économique et colonial sont autant de motifs d'affrontement. Autre signe de modernité, Napoléon tente de mettre le Royaume-Uni à genoux en organisant le blocus continental : il empêche les marchands anglais de vendre leurs marchandises sur le continent. Les Britanniques connaîtront d'ailleurs au début des années 1810 une crise terrible qui démontre que le plan français n'avait rien d'utopique. Mais il contraint la France à intervenir partout en Europe pour tenir les côtes et interdire les produits anglais – au Portugal, en Espagne, en Russie. L'aventure se termine par la plus belle des campagnes de l'Empereur, celle de 1814, mais son génie stratégique ne peut compenser le déséquilibre des forces ; pas plus que son génie politique, qui permet en mars 1815 à l'aigle de « voler de clochers en clochers jusqu'aux tours de Notre-Dame », n'empêche la catastrophe finale.

Le bilan en 1815 est désastreux. La France n'a rien conservé des conquêtes antérieures et retrouve ses limites de 1789. Plus de vingt ans de guerre ont coûté un million de morts, estiment les historiens, et la démographie française ne s'en relèvera pas. La France a perdu son statut de première puissance européenne et ne le retrouvera plus – malgré l'illusion de la Victoire de 1919.

C'est en ce sens que 1815 constitue une coupure radicale dans l'histoire géopolitique de la France. En parodiant la formule de Valéry Giscard d'Estaing déjà citée, on pourrait dire qu'elle n'est pas encore une « grande puissance moyenne », mais déjà une « moyenne grande puissance ».

Une moyenne grande puissance

▶ **La France reste une grande puissance, mais elle est peu à peu dépassée.**

Le phénomène est particulièrement net sur le plan démographique. Après une faible croissance au XIXe siècle, sa population stagne dans l'entre-deux-guerres aux alentours de 40 millions. Le pays a recours à l'immigration, ce qui en fait une exception parmi les pays européens (hormis la Suisse) ; encore faut-il noter que cette première immigration de masse change moins le peuple français qu'on le dit parfois, une partie importante des immigrants retournant au pays après quelques années. Sur le plan économique, la plupart des historiens datent sa révolution industrielle des années 1840 – deuxième après le Royaume-Uni.

Mais elle est suivie et vite dépassée par l'Allemagne et les États-Unis. En 1914, elle n'est plus que la quatrième puissance industrielle mondiale, talonnée par la Russie, et la cinquième exportatrice.

Le recul de la puissance française se nourrit surtout de la comparaison avec l'Allemagne. Pourtant Napoléon III a favorisé son unification. Il espérait se placer en défenseur des peuples et des nationalités dans une certaine continuité avec la Révolution. Cette conception idéaliste des relations internationales s'oppose à la *Realpolitik* de Bismarck. S'enchaînent alors la défaite de 1871, la difficile victoire de 1918 qui nous coûte 1,4 million de soldats tués et l'humiliante défaite de 1940.

Ces faits entretiennent l'idée d'un inéluctable déclin français qui se combine à un retard généralisé sur la voie de la modernité, un sentiment qui atteint son apogée pendant les années 1930 à propos desquelles l'historien Jean-Baptiste Duroselle a parlé de « décadence », puis au lendemain de la Seconde Guerre mondiale.

Encore faut-il nuancer ce jugement cent fois répété. Sur le plan économique, la France a choisi une croissance plus modeste et une industrialisation moins rapide que d'autres pays ; le poids électoral du monde paysan explique qu'elle ne sacrifie pas son agriculture – un choix qui lui permet aujourd'hui d'être le premier producteur européen de produits agricoles. D'ailleurs elle se montre particulièrement ingénieuse lors de la seconde révolution industrielle et multiplie les innovations (transport de l'électricité, fabrication de l'aluminium, invention cinématographe, fabrication automobile et aéronautique).

▶ **La France innove en matière géopolitique.**

Bloquée sur le continent par la puissance allemande, elle se tourne vers les mers et acquiert à partir de 1830 (prise d'Alger) un second empire colonial. La menace allemande la pousse aussi à rechercher des alliances dans deux directions. À l'est, ce sont les « alliances de revers », Russie avant 1914, Europe orientale ensuite ; ainsi l'influence française domine dans les années 1920 en Pologne, en Roumanie, en Tchécoslovaquie, en Yougoslavie, créant des liens qui n'ont pas encore disparu.

À l'ouest, c'est le difficile rapprochement avec le Royaume-Uni déjà initié par Talleyrand lors du congrès de Vienne (1815), relancé par Louis-Philippe, Napoléon III et surtout par la IIIe République. L'« entente cordiale » met pourtant beaucoup de temps à se réaliser ; il faut que la France accepte de limiter ses ambitions coloniales (Égypte, Soudan). Par ailleurs le Royaume-Uni n'est pas un allié fiable : il hésite à intervenir en 1914, il mène à l'égard de l'Allemagne une politique d'apaisement de 1935 à 1938. Craignant l'isolement, Paris est alors contrainte de s'aligner sur la position anglaise.

Voilà peut-être le signe le plus parlant du déclin français : cette dépendance envers le pays qui s'était dressé contre la puissance française à son apogée.

Réagir après la défaite

▶ **La défaite de 1940 conduit à une remise en question radicale.**

Un désastre aussi humiliant ne peut être expliqué par les seules erreurs du commandement militaire. Il faut d'autres causes : Vichy pointe la décadence morale du pays, de Gaulle

L'Empire en 1937

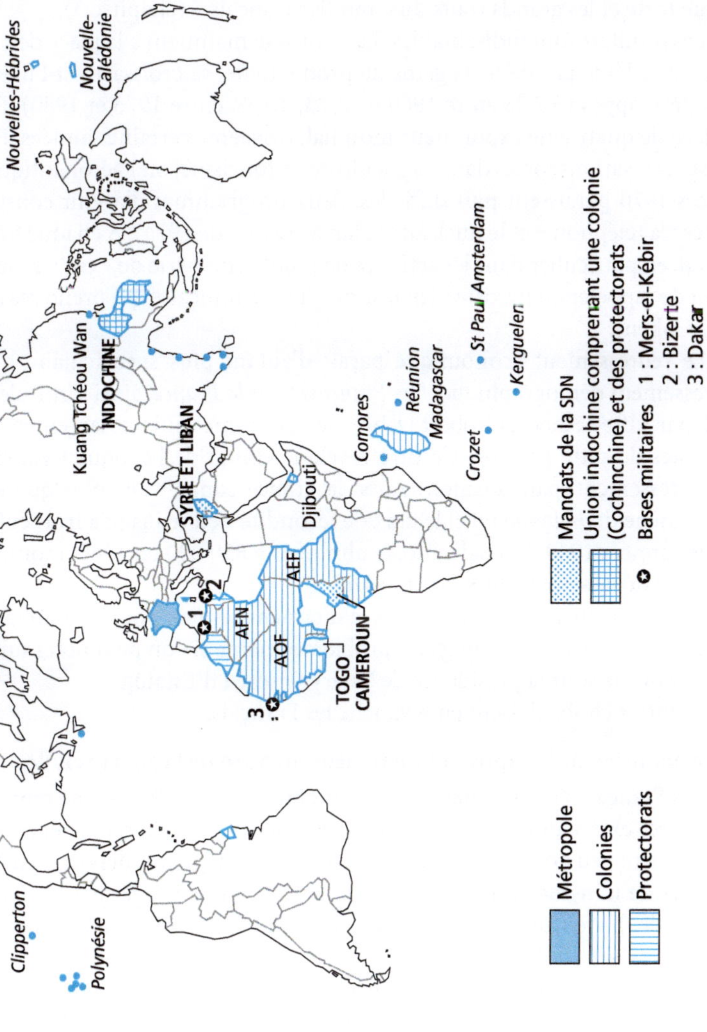

met en accusation les institutions françaises, tous se plaignent du retard français. Les responsables de la « tranche de démarrage[1] » notent en 1944 : « La France, déjà en retard dans maints secteurs avant la guerre, est maintenant plus largement éprouvée qu'elle ne l'était en 1918 ». Peu après, Jean Monnet lance son mot d'ordre : « Modernisation ou décadence ».

Ce constat provoque un effort de redressement capital. L'unanimité se fait sur quelques points, en particulier sur la nécessité de la modernisation, le choix d'une croissance économique forte et les grands traits du « modèle français » (chapitre 3).

Les résultats sont indiscutables. La France se maintient à la place de cinquième économie mondiale. Tirée par de forts gains de productivité, sa croissace est l'une des plus fortes des pays développés (5,7 % entre 1960 et 1973, 2,7 % entre 1973 et 1980). Elle se hisse même à la place de quatrième exportateur mondial, troisième certaines années. Pour cela elle dégage des spécialisations fortes dans l'agriculture, le tourisme, ou l'aéronautique (chapitre 6). Si les années 1970 paraissent plus difficiles, deux programmes d'avenir constituent de véritables succès : la téléphonie et le nucléaire (plan Messmer de 1974). À chaque fois l'État joue un rôle capital, en particulier dans les activités de pointe ; on parle de « colbertisme *high-tech* » – une façon de rappeler qu'il existe bien une originalité française qui prend ses racines dans le passé [Élie Cohen].

Le redressement économique paraît d'autant plus spectaculaire qu'il se double d'un redressement démographique. *Des Français pour la France*, ainsi s'intitule l'ouvrage publié en 1945 par Alfred Sauvy et Robert Debré, deux hommes qui ont largement inspiré les réformes natalistes de cette période. Ce titre révèle le climat de l'époque : volontarisme, aspiration au redressement, patriotisme... Aussi la France connaît-elle plus que les autres nations le phénomène du *baby-boom* et le taux de fécondité s'élève jusqu'à trois enfants par femme à la fin des années 1940. Les naissances culminent à 850 000 en 1965, moment où la population française dépasse celle du Royaume-Uni.

Source de puissance pour le pays et d'enrichissement pour ses habitants, les choix économiques et sociaux ne posent guère problème, même si l'on peut noter une inflexion vers plus de libéralisme sous la présidence de Valéry Giscard d'Estaing.

D'autres choix divisent en revanche les Français.

▶ Le maintien de l'empire colonial mène au bord de la guerre civile.

Les Français s'intéressaient peu à leur empire avant 1914 – il ne représentait que 10 % du commerce extérieur du pays, autant de ses placements à l'étranger et ceux qui s'y étaient installés étaient peu nombreux et souvent contraints : bagnards déportés en Nouvelle-Calédonie, insurgés de juin 1848 ou de la Commune transférés en Algérie, Alsaciens fuyant l'annexion allemande. L'aventure coloniale avait été le fait d'une minorité – missionnaires, militaires, aventuriers, sans oublier certains intérêts économiques. Cependant, au fur et à mesure que la métropole s'inquiète de son déclin, elle trouve son réconfort dans « la plus grande France » ; les expositions coloniales, en particulier celle de 1931, ont conforté ce sentiment. L'Empire représente un tiers du commerce extérieur français en 1938 et autant en 1958. Après 1945, une prospection systématique permet de découvrir la bauxite du Cameroun ou de Guinée et le pétrole d'Algérie (1954).

1. Il s'agit d'un plan de relance de l'économie décidé par Vichy en 1944.

Au moment où l'Empire acquiert un intérêt économique nouveau, son importance politique est reconnue. « Sans l'Empire, la France est une nation libérée. Avec l'Empire la France est un pays vainqueur », proclame Gaston Monnerville. C'est en effet le ralliement de l'Afrique équatoriale française qui permet à la France libre de représenter plus qu'un immeuble à Londres, c'est du Tchad que partent les premières opérations contre le Fezzan italien, c'est à Alger que se constitue le Gouvernement provisoire en 1944, c'est l'Empire qui fournit l'essentiel de la première armée française en Italie (« pieds noirs » autant qu'indigènes).

En 1944-1945, la France sauve de peu son statut de grande puissance : elle échappe à l'administration par l'AMGOT américaine que Roosevelt voulait lui appliquer comme à un pays vaincu, elle obtient un siège au Conseil de sécurité de l'ONU, elle participe à l'occupation de l'Allemagne. Elle le doit au réalisme de Churchill qui craint de se retrouver seul Européen face aux Soviétiques, à l'acharnement du général de Gaulle qui bataille sur chaque dossier mais aussi au rôle qu'a joué l'empire dans le conflit.

En voilà assez pour démontrer à la majorité que le statut de grande puissance de la France dépend de son empire rebaptisé Union française en 1946. Tel n'est pas l'avis que se forge avec le temps le général de Gaulle. Pour lui, l'empire menace au contraire tous les fondements de la puissance française.

L'économie d'abord puisque, comme l'expliquera Louis Terrenoire, l'empire conduit à privilégier un développement dans l'espace au détriment d'un développement en profondeur de la métropole[1]. C'est donner d'une certaine façon raison à un Raymond Cartier qui estimait que l'Union française coûtait beaucoup trop cher : « La Corrèze avant le Zambèze ».

L'image de la France ensuite, la contre-insurrection imposant des méthodes radicales face au terrorisme du FLN algérien.

Son indépendance et son rayonnement enfin. Les guerres de décolonisation immobilisent l'armée en Afrique alors que la principale menace pour la France vient de l'URSS. Du coup, la sécurité de la France dépend entièrement de l'armée américaine et sa souveraineté en est limitée, tout comme sa capacité à jouer un rôle mondial puisque le maintien de la présence française en Algérie est unanimement condamné par le tiers-monde et les pays communistes, voire par certains de ses Alliés, le jeu américain n'étant pas toujours très franc. C'est ainsi qu'il faut comprendre l'apostrophe du général de Gaulle aux officiers du premier REP, en 1961 : « Il n'y a pas que l'Algérie, il y a l'Europe, il y a le monde ».

Volonté ou nécessité, la France doit accepter le démantèlement de l'ancien empire de 1954 (fin de la guerre d'Indochine) à 1962 (fin de la guerre d'Algérie). Les tentatives pour maintenir un lien officiel ne réussissent pas mieux : « indépendance dans l'interdépendance » avec le Maroc et la Tunisie, Communauté française avec l'Afrique noire, association avec l'Algérie. Toutes ces formules font penser à un aménagement de la colonisation plutôt qu'à une véritable indépendance et sont repoussées par les nouveaux pays. Ce qui n'empêche pas la France de conserver une forte influence en Afrique (chapitre 9).

1. Pour traduire l'idée en termes économiques, le premier serait un développement extensif fondé sur l'accroissement des ressources (sol, sous-sol, travailleurs) et le second un développement intensif appuyé sur une meilleure utilisation des ressources, donc sur des gains de productivité.

La construction européenne constitue une autre pomme de discorde dans les années 1950.

Washington souhaite le réarmement de l'Allemagne comme bouclier face à l'URSS. Mais elle connaît les réticences de beaucoup de Français qui n'ont pas oublié l'occupation ; certains dirigeants se satisfont d'une Allemagne divisée qui laisse le champ libre à la puissance française. « J'aime tellement l'Allemagne que je souhaite qu'il y en ait plusieurs », ricane François Mauriac. Il faut donc faire passer ce réarmement en le noyant dans le vaste projet d'une construction européenne largement instrumentalisée à l'époque, on le voit.

Première initiative américaine, la Communauté européenne du charbon et de l'acier (1951) permettra la reconstruction de l'industrie lourde allemande, première étape vers la fabrication d'armes. Le patronat est réticent tout comme le Quai d'Orsay largement tenu à l'écart. Il faut les pressions américaines, l'entregent de Jean Monnet et l'action des partis acquis à l'atlantisme pour emporter la décision.

Seconde étape, le projet de Communauté européenne de défense (1952) d'ailleurs proposé par les Français comme solution alternative au réarmement pur et simple : il y aura bien des soldats allemands incorporés dans une armée européenne, mais pas d'armée allemande. Toute une partie de l'opinion refuse pourtant cette demi-mesure : communistes, gaullistes, mais aussi certains socialistes et une partie de la droite modérée. Le 30 août, le président du Conseil Pierre Mendès France, peu favorable au projet, le présente devant le Parlement sans engager sa responsabilité ; le texte est repoussé comme il l'est au même moment en Italie.

Les dirigeants européens décident de relancer la construction européenne et signent le traité de Rome (mars 1957). Mais en juin 1958 le général de Gaulle, qui avait combattu la CED, revient au pouvoir. Va-t-il remettre en constitution la CEE ? Au contraire, il en accepte toute la lettre, qui concerne l'économie, mais en refuse l'esprit et les sous-entendus politiques qui mèneraient à des « États-Unis d'Europe ». C'est ainsi qu'il provoque la crise de la chaise vide et impose le compromis de Luxembourg qui institutionnalise durablement le vote à la majorité au sein des institutions communautaires (1966). De même il saborde très consciemment Euratom, l'organisation commune pour l'énergie nucléaire, qui pouvait limiter la marge de manœuvre française en ce qui concerne le nucléaire militaire. En un mot il accepte la construction européenne mais à condition que la souveraineté française ne soit pas entamée : en dernier ressort, l'avenir des Français doit être décidé par les Français et par personne d'autre – c'est ce que signifie le compromis de Luxembourg.

Derrière la construction européenne, les États-Unis.

Washington soutient les premiers pas de l'Europe pour des raisons idéologiques (construire des « États-Unis d'Europe » à leur image), politiques (faire barrage à l'URSS) et économiques (offrir à leurs firmes multinationales un vaste marché). Mais le général de Gaulle refuse toute sujétion à l'égard de la puissance dominante. Bien sûr il se comporte en allié fidèle en cas de danger – lors des crises du mur de Berlin (1961) et des missiles de Cuba (1962), il affirme à Kennedy son soutien absolu. Mais il n'hésite pas à dénoncer d'autres engagements comme la guerre du Vietnam (discours de Phnom Penh, 1967). Il repousse à deux reprises l'entrée dans la CEE du Royaume-Uni qu'il trouve trop aligné sur

Washington (1963 et 1967). Il refuse le « grand dessein » de Kennedy – une intégration économique entre États-Unis et Europe unie – et suscite un axe franco-allemand qui, dans son esprit, doit rassembler les pays continentaux face à l'axe Washington-Londres des puissances maritimes – un projet partiellement avorté (traité de l'Élysée, 1963). Il développe l'arme atomique (1960) afin que la France puisse assurer seule sa sécurité, il lance de « grands projets » qui visent tous à s'affranchir de la technologie américaine dans des secteurs stratégiques (nucléaire, aéronautique, informatique), il déplace une partie de la flotte de Toulon à Brest pour bien montrer que la France assurera sa défense « tous azimuts », enfin, il quitte le commandement intégré de l'OTAN (1967) : la France reste dans l'Alliance atlantique, mais elle reprend son indépendance dans le domaine militaire. Cette décision lui vaut un tir de barrage de la part des socialistes comme de la droite libérale. F. Mitterrand parle même d'une « sorte de poujadisme aux dimensions de l'Univers ». Quant au président américain Lyndon Johnson, confronté à la demande de retrait des soldats américains présents dans l'hexagone, il s'indigne : « Y compris nos 60 000 morts dans vos cimetières ? »

Avec des nuances, les successeurs du général restent sur la même ligne. Il leur faut cependant faire preuve de réalisme. Ainsi Georges Pompidou accepte-t-il l'entrée du Royaume-Uni dans la Communauté que réclamaient ses partenaires même si ses motivations sont complexes (chapitre 9). Le rapprochement avec les États-Unis et l'OTAN se fait progressivement tout au long des années 1970. Pour être juste le mouvement a été initié par le général de Gaulle lui-même après l'élection de Richard Nixon. Grâce aux *Mémoires* de Valéry Giscard d'Estaing entre autres, on sait aujourd'hui que le nouveau président américain a décidé dès son élection d'aider la France à parfaire son arsenal atomique.

La volonté d'indépendance n'en est pas moins régulièrement réaffirmée, y compris par F. Mitterrand, et deux ministres des Affaires étrangères, Michel Jobert (1973-1974) et Claude Cheysson (1981-1984), se montrent particulièrement sourcilleux à l'égard des États-Unis. Fait significatif, la gauche qui n'avait pas eu de mots assez sévères contre la « bombinette » conservera l'essentiel de la doctrine atomique de la France lors de son arrivée au pouvoir.

La continuité règne également en ce qui concerne la présence de la France dans le monde. Elle passe par une politique africaine qui fait partie du « domaine réservé » du président. Elle s'élargit en direction de l'ensemble du Sud dont la France s'efforce d'être le leader moral. Elle s'accompagne d'un dialogue avec l'URSS, la France refusant le principe même des blocs. Elle ne néglige pas non plus le *soft power*, défend la langue et la culture française et met parfois en avant les idéaux dont elle se prétend porteuse. Pour l'essentiel, elle repose pourtant sur une forte dose de *Realpolitik* : en particulier la France reconnaît les pays quels que soient leur régime politique ou les changements de gouvernants.

Ainsi se définit une géopolitique gaullienne dont les traits essentiels sont confirmés jusqu'au milieu des années 1980 et, sur certains points, jusqu'à aujourd'hui : indépendance, souveraineté, force de frappe, Françafrique, couple franco-allemand… (chapitres 8 et 9).

II. Une spécificité géopolitique française ?

Contraintes géographiques et historiques se conjuguent pour forger la géopolitique à la française.

Grands souvenirs, peur du déclin et syndrome de Munich

« Le malheur des Français, même ouvriers, ce sont les grands souvenirs », ironisait Marx. Même si se répand dans les milieux intellectuels la mode de la repentance, beaucoup de Français n'ont pas fait le deuil de la gloire passée. Le général de Gaulle a incarné ces sentiments et tenté de redonner à la France son « rang » – ce mot hérité de la géopolitique du XIXe siècle constitue le titre du premier chapitre des *Mémoires de guerre*. Mais les moyens ne sont plus à la hauteur. Tel est le dilemme de toute puissance moyenne.

Voilà qui explique la résurgence régulière du thème du déclin tout au long du XXe siècle. « La France est hantée par l'idée de déclin » [C. Stoffaës], et comment en serait-il autrement quand la France de Valéry Giscard d'Estaing ou de Mitterrand se compare à celle de Louis XIV ou de Napoléon ! À la veille de la Première Guerre mondiale, dans les années 1930, après 1945, lors du choc pétrolier et aujourd'hui encore quand paraît l'ouvrage de Nicolas Baverez *La France qui tombe*, la même crainte ressurgit, celle du déclassement. Les chiffres récents justifient cette crainte : entre 1990 et 2010, la France est passée de la 8e à la 14e place pour l'IDH, de la 7e à la 18e place pour le PIB par habitant[1], entre 1999 et 2010 de la 5e à la 12e pour la mortalité infantile.

En termes géopolitiques on peut parler d'un véritable « syndrome de Munich ». La conférence dans laquelle Britanniques et Français acceptèrent les demandes d'Hitler sur les Sudètes passe pour le symbole du renoncement et préfigurerait la défaite de 1940. Même s'ils ne l'ont pas vécu, la plupart des Français connaissent cet épisode qui entretient la crainte du déclin, mais qui rappelle les conséquences de l'abandon.

Aujourd'hui toutes les études d'opinion démontrent que les Français sont l'un des peuples les plus inquiets pour leur avenir. Cette crainte est souvent présentée de façon négative, elle serait la preuve que les Français refusent les évolutions inévitables. Mais elle est aussi le signe d'une insatisfaction qui nourrit l'esprit critique et suscite la volonté de redressement. La peur du déclin alimente la volonté de renouveau. D'une certaine façon, les Français ne renoncent pas [J. Kogej].

Le statut de « grande puissance moyenne » explique aussi que la France se soit engagée dans le projet européen ; le monde est trop vaste pour une « puissance moyenne », mais l'Europe pouvait sembler à sa portée.

Pourtant l'une de ses originalités tient à ce qu'elle ne renonce pas totalement à l'adjectif « grand » ; elle continue à prétendre à un rôle mondial. Cela la conduit à multiplier les positions qui la distinguent de la puissance dominante, les États-Unis, à constituer un domaine d'influence spécifique en Afrique, à se prétendre porteuse d'un projet original (chapitre 9).

1. En dollars nominaux selon le FMI. En PPA la France se situe à la 38e place mondiale selon la Banque mondiale.

Faut-il qu'une porte soit ouverte ou fermée ?

▶ La France n'a pas réussi à s'imposer sur mer.

Elle dispose de trois façades maritimes (océan Atlantique, Méditerranée et mer du Nord). Fernand Braudel voyait dans cette situation la source des difficultés françaises sur mer : la marine a été contrainte de diviser son effort et d'éparpiller ses flottes dans trois directions. Comme quoi l'abondance n'est pas toujours facteur de puissance. L'argument peut être étendu au domaine terrestre et l'on pourrait parler d'une dispersion des efforts français fractionnés entre terre et mer, entre Méditerranée et Atlantique, entre Nord et Sud.

La réalité est plus complexe. La France a été une grande puissance maritime à de nombreuses époques de son histoire – sous Louis XIV et Colbert, sous Louis XVI et Vergennes, dans l'entre-deux-guerres même avec la flotte bâtie par l'amiral Darlan. Elle a construit deux empires coloniaux, aux XVIIe et XIXe siècles. Contrairement à une idée reçue, les Français sont partis nombreux s'installer à l'étranger : « Barcelonnette » au Mexique, bergers basques au Chili, Normands au Québec, Corses dans les colonies… Sait-on qu'il y a aux États-Unis plus d'habitants d'origine française que d'origine italienne ?

Des circonstances exceptionnelles ont entravé cet effort. Le premier empire colonial a été perdu après la guerre de Sept Ans. La flotte a souffert des drames traversés par le pays – la Révolution et l'émigration des officiers nobles, l'empire et le blocus continental, Mers el-Kébir puis le sabordage de Toulon (1942).

Plus que la géographie c'est l'histoire qui explique les échecs maritimes des Français. Et cette histoire a un nom, celui de la puissance navale dominante, le Royaume-Uni.

▶ C'est donc sur terre que s'est concentrée la géopolitique française. Mais dans quelle direction ?

Il n'y a pas vraiment eu de « tentation espagnole », sinon à la fin du règne de Louis XIV. La frontière des Pyrénées est fixée depuis plus de trois siècles et demi, preuve que la notion de « frontière naturelle » n'est pas si absurde. Et puis les deux pays ont évolué à l'inverse, la France choisissant la démocratie libérale, l'Espagne le conservatisme religieux ; Paris a d'ailleurs souvent soutenu les libéraux espagnols (Napoléon, Louis-Philippe, le Front populaire) et la défaite récurrente de ces derniers a creusé les distances entre les deux pays jusqu'à la mort de Franco (1975).

La « tentation italienne » a tourné court elle aussi. Elle avait pourtant atteint un niveau exceptionnel pendant la Renaissance et de Charles VIII à François Ier la *furia francese* a déferlé sur la péninsule. Plus tard Napoléon a constitué un royaume d'Italie dépendant de lui et son neveu Napoléon III a permis l'unité du pays. Depuis l'acquisition de la Savoie et de Nice (1860), la frontière n'a plus été remise en question malgré quelques rodomontades de Mussolini dans les années 1930 et une tentative française avortée sur le val d'Aoste à la fin de la Seconde Guerre mondiale. Ensuite la France a tendance à regarder de haut son cousin latin et n'a pas vraiment tiré tout le parti possible de la proximité géographique, culturelle et humaine avec son plus proche voisin.

L'attention française s'est concentrée depuis longtemps sur les terres de l'Est et du Nord-Est. C'est de là que sont venues les principales menaces extérieures.

C'est que l'enjeu est considérable. Il s'agit d'abord de la sécurité de Paris qui ne se trouve qu'à 200 km à vol d'oiseau ; on comprend l'acharnement de Vauban à couvrir la zone d'une série de forteresses destinées à ralentir les agresseurs. Il s'agit ensuite des provinces les plus riches d'Europe, étendue de part et d'autre de la frontière actuelle, les riches plateaux du Bassin parisien, les plaines d'Alsace et de Flandre, les bassins charbonniers du Nord-Pas-de-Calais, du Borinage belge, de Moselle et de Sarre, le fer lorrain et luxembourgeois, une région industrieuse depuis le Moyen Âge... Enfin il s'agit du contrôle de l'axe rhénan, cette ancienne Lotharingie qu'ont fini par se partager France et Allemagne à l'exception du Benelux sur lequel veillait le Royaume-Uni.

Les trois principales puissances de l'Europe occidentale sont là et là se trouve la priorité de la géopolitique française. Reste que les positions sont stabilisées depuis longtemps et que la « marche vers l'est » française est close depuis 1815, nous l'avons dit.

Ainsi s'explique l'intérêt « par défaut » que la France a mis dans une zone où le jeu reste ouvert, le monde méditerranéen et au-delà l'Afrique. La France y a déployé sa flotte et créé de puissantes bases (le triangle Toulon-Bizerte-Mers el-Kébir qui contrôlait la Méditerranée occidentale dans l'entre-deux-guerres) ; elle a colonisé ses rivages ; elle a protégé les chrétiens du Liban ; elle a creusé le canal de Suez. Mais il ne s'agit que d'un substitut : Alger est conquise 15 ans après Waterloo ; l'empire africain se constitue réellement après la défaite de 1871 ; la France réclame l'intensification des relations avec le Sud après la chute du mur de Berlin, lorsque l'Allemagne réunifiée semble capable de reconstituer autour d'elle une *Mitteleuropa* économique. « J'ai perdu deux filles et vous m'offrez vingt domestiques », se lamentait déjà Paul Déroulède après la perte de l'Alsace-Lorraine que ne compensaient pas, à ses yeux, les colonies africaines.

Depuis longtemps, la France n'a d'yeux que pour la frontière du Nord-Est et pour son puissant voisin allemand, à la fois menace et modèle.

▶ L'ouverture du territoire français entretient deux sentiments en apparence contradictoires.

Elle pousse d'abord à une présence mondiale qui a longtemps pris la forme de l'expansion politique et militaire. Elle a aussi pris une forme idéologique qui n'a pas tout à fait disparu. La France prétend définir un modèle universel qu'elle aurait pour mission de faire partager à tous. Elle se vante d'avoir accueilli des populations de toute la planète, ce qui la rend apte à comprendre le monde entier et à exporter les valeurs dont elle se réclame depuis 1789.

On notera que les États-Unis avancent des arguments tout à fait comparables. Un Français de 1792 aurait pu parler comme le leader républicain Newt Gingrich le fait deux siècles plus tard :

> L'Amérique... est le seul pays assez grand, assez multiethnique et assez dévoué à la cause de la liberté pour être le leader... L'Amérique a des communautés de toutes les origines ethniques et raciales, ce qui nous donne deux atouts : la capacité à interagir avec les autres civilisations, et la capacité d'être un modèle pour une société multiethnique.

Comme les États-Unis, la France prétend définir un modèle universel, ce qui entretient chez nous un anti-américanisme diffus contre le nouveau prophète qui prend notre place (chapitre 9).

Ouverture signifie donc opportunités, mais aussi menaces. Elles ont bien sûr changé de nature et, depuis la fin de la guerre froide au moins, les Français ne craignent plus une invasion militaire. Dans une économie mondialisée la frontière est partout, la menace est devenue économique, culturelle, sociétale et elle passe par l'ensemble des côtes, des terres et même des airs (chapitre 7).

La mondialisation donne une signification particulièrement forte à la peur du déclassement que nous évoquions plus haut et qui est ressenti à la fois comme collectif et individuel. Individuel puisque, selon Éric Maurin, auteur d'un ouvrage intitulé *La Peur du déclassement*, 60 % des Français estiment en 2008 qu'ils pourraient devenir SDF ! Collectif puisqu'émergent de nouvelles puissances qui font régresser la France dans les classements mondiaux. Avec la mondialisation, des forces multiples s'exercent sur le gouvernement de la France et restreignent sa liberté d'action tandis que les Français croient leur mode de vie et jusqu'à leur bien-être menacés.

Grandeur, souveraineté, identité, prospérité : d'un seul mouvement de faux la mondialisation tranche tous les rêves des Français. La nostalgie des « grands souvenirs » se mêle aux préoccupations du présent, les classes moyennes et populaires inquiètes pour leur avenir reportent tout naturellement leurs craintes sur le sort de la nation tout entière. Voilà qui explique que les Français sont l'un des peuples les plus inquiets et l'un des plus hostiles à la mondialisation (chapitre 7). Lors de la campagne présidentielle de 2012, les candidats montrent qu'ils ont pris conscience de leur désarroi et opèrent une véritable surenchère à coup de « sortie de l'euro », de « démondialisation », de « produire français » et d'« acheter français ».

Toutes ces considérations conduisent la France actuelle à chercher à concilier trois objectifs difficiles à atteindre en même temps.

– Se préserver. L'opinion ressent que la construction de la France est plus fragile qu'il ne semble. Aussi s'inquiète-t-elle particulièrement de la mondialisation, quitte à être qualifiée de « frileuse » voire de « moisie » par des élites qui ont perdu la mémoire du passé et le sens de l'ancrage territorial. Il s'agit pour les Français de préserver leur indépendance, leur niveau de vie et peut-être même leur identité (chapitre 3).

– Jouer un rôle mondial en accord avec son histoire, son modèle et sa culture, les trois fondements de l'exception française. Ainsi s'explique la « politique du Verbe » que nous évoquerons dans le chapitre 8.

– Contrer le déclassement du pays souvent assimilé à un déclin généralisé. Ce sentiment mène à une action réaliste guidée par « l'égoïsme sacré » de la nation.

Prudence, panache et réalisme – ce que les critiques qualifieront de pusillanimité, prétention et opportunisme, tels sont les traits de caractère de la géopolitique de toute « grande puissance moyenne ».

Survol chronologique de la géopolitique de la France

- **– 800 ?** Début de l'arrivée des Celtes en Gaule.
- **– 52** Défaite de Vercingétorix à Alesia : la Gaule devient romaine.
- **498** Baptême de Clovis à Reims : les débuts de l'alliance du trône et de l'autel.
- **843** Traité de Verdun : démembrement de l'Empire de Charlemagne en trois parties dont le centre (la « Lotharingie ») sera rapidement absorbé par l'est (Germanie).
- **987** Hugues Capet élu roi de France
- **1214** Victoire de Philippe Auguste à Bouvines ; première manifestation d'un sentiment national français ?
- **1420** Traité de Troyes. Le trône de France passera au roi d'Angleterre après la mort de Charles VI : la fin de la France ?
- **1429** Jeanne d'Arc délivre Orléans ; sacre de Charles VII à Reims.
- **1525** Défaite de François I à Pavie ; fin de l'aventure italienne.
- **1559** Traité des Pyrénées : la frontière avec l'Espagne est définitivement fixée.
- **1713** Traité d'Utrecht qui marque un recul de la France. La frontière du Nord-Est ne changera pratiquement plus (à l'exception de l'annexion de la Lorraine (1766)).
- **1763** Traité de Paris ; la France perd l'Inde et le Canada.
- **1792** L'Assemblée législative déclare la guerre au « roi de Bohême et de Hongrie ». Bataille de Valmy.
- **1802** Traité d'Amiens. La France est en paix à l'intérieur de ses « frontières naturelles ».
- **1809** Victoire de Wagram. L'Empire français atteint son expansion maximum (130 départements).
- **1815** Waterloo. Congrès de Vienne qui ramène la France dans ses frontières de 1789.
- **1830** Prise d'Alger : début de l'aventure africaine.
- **1860** Traité de Turin : la France obtient Nice et la Savoie.
- **1871** Défaite face à la Prusse, unification de l'Allemagne et traité de Francfort : perte de l'Alsace et de la Lorraine, radicalisation du mouvement nationaliste français.
- **1900** Trois missions françaises venues du nord, de l'ouest et du sud convergent au Tchad qu'elles conquièrent : l'Empire africain est constitué pour l'essentiel.
- **1904** Entente cordiale : début d'un certain suivisme français à l'égard du Royaume-Uni.
- **1911** Protectorat sur le Maroc.
- **1916** Victoire de Verdun.
- **1919** Traité de Versailles : la France récupère l'Alsace et la Lorraine. Traité de Sèvres partageant l'Empire ottoman.
- **1923** Occupation de la Ruhr : la France devra finalement l'évacuer.
- **1930** Loi Maginot instaurant la construction d'une ligne de fortification à l'est du pays.
- **1938** Accords de Munich : la « décadence » française.
- **1940** Défaite face à l'Allemagne. Armistice. Discours du 18 juin du général de Gaulle.
- **1942** Débarquement allié en Afrique du Nord. Occupation de la zone libre par les Allemands. Sabordage de la flotte à Toulon.
- **1944** Libération de Paris.
- **1944-1945** Nationalisations, planification, sécurité sociale : les débuts du « modèle français ».
- **1950** Déclaration Schuman : le fondement de la construction européenne par un Français.
- **1951** Traité de Paris instaurant la CECA.
- **1952** Création de la CED comme solution alternative à la reconstitution d'une armée allemande.
- **1954** Défaite de Diên Biên Phu : perte de l'Indochine. Échec de la CED : les ambiguïtés françaises face à la construction européenne.
- **1956** Expédition de Suez : la faiblesse des Européens face aux deux Grands. Restitution de la Sarre à l'Allemagne.

1957 Traités de Rome : création de la CEE et d'Euratom.
1958 Révolte à Alger. Retour au pouvoir du général de Gaulle.
1960 Fin de la Communauté française : indépendance des colonies françaises de l'Afrique noire.
1962 Accords d'Évian : indépendance de l'Algérie. Premières mesures de la politique agricole commune voulue par la France.
1963 Veto de la France sur l'entrée du Royaume-Uni dans la CEE. Traité franco-allemand de l'Élysée ; adjonction d'un préambule par le Parlement allemand qui en limite la portée.
1964 La France reconnaît la Chine populaire.
1966 De Gaulle annonce le retrait de la France du commandement intégré de l'OTAN. Discours de Phnom Penh : de Gaulle critique la politique américaine en Indochine. Compromis de Luxembourg: la France conserve son droit de veto au sein de la CEE.
1967 Discours de de Gaulle à Montréal : « Vive le Québec libre ».
1968 Crise de mai : un mouvement libéral libertaire plus que communiste.
1969 Dévaluation du franc français de 12,5 %. Discours de La Haye dans lequel Georges Pompidou accepte l'entrée du Royaume-Uni dans la CEE : la France se rapproche de ses partenaires européens.
1970 Conférence de Niamey qui débouche sur la création en 1970 de l'Organisation internationale de la francophonie.
1973 Crise pétrolière. Premier sommet franco-africain à Paris : la Françafrique officialisée.
1975/1977 Indépendance des Comores, puis de Djibouti.
1979 Affaire des diamants : les retombées de la Françafrique.
1981 Élection de F. Mitterrand : tentative de relance et de gauchissement du modèle.
1983 Maintien de la France dans le SME : début de la remise en question du modèle français.
1984 F. Mitterrand et E. Kohl à Verdun : l'accélération du rapprochement franco-allemand.
1985 Affaire du Rainbow Warrior en Nouvelle-Zélande : la France piégée par une ONG.
1986 Acte unique européen : fin du « compromis de Luxembourg ».
1988 Référendum sur la Nouvelle-Calédonie.
1989 Création de la brigade franco-allemande : les débuts de la défense européenne.
1990 Participation de la France à la guerre du Golfe (opération « Daguet ») contre l'Irak.
1992 Traité de Maastricht. Référendum sur ce traité (51,04 % de oui) : l'opinion prend ses distances à l'égard de la construction européenne.
1994 Génocide du Rwanda : la France en accusation.
1995 Suppression des derniers contrôles sur les IDE étrangers : le « modèle » face à la mondialisation.
1996 Fin des essais nucléaires français dans le Pacifique : mesure technique ou recul ?
2001 Intervention en Afghanistan : le rapprochement avec l'OTAN confirmé.
2002 Lancement des billets et pièces en euro, fin du cours légal du franc : la France renonce à un droit régalien.
2003 D. de Villepin s'oppose à l'intervention en Irak au Conseil de sécurité de l'ONU : le chant du cygne du gaullisme ?
2005 Échec (54,68 %) du référendum sur la Constitution européenne une opinion de plus en plus eurosceptique.
2008 Adoption du traité de Lisbonne : les dirigeants politiques tournent le « non » du référendum de 2005.
2009 Réintégration de la France dans l'OTAN : le retour dans la famille occidentale.
2011 Interventions françaises en Côte d'Ivoire, en Libye : la preuve qu'une « grande puissance moyenne » conserve la possibilité d'agir. Crise de l'euro : la preuve que cette puissance est entravée par les effets de la mondialisation et de son laxisme (endettement).

3 L'État-nation en question ?
Unité et diversité de la France

Si la géopolitique consiste dans l'étude des rapports de force dans l'espace, la géopolitique interne d'un pays cherche à analyser quelles sont les forces qui s'exercent à l'intérieur de son territoire et qui assurent soit sa cohésion, soit son éclatement. Le géographe est habitué à cette lecture en termes de centre(s) d'où s'exerce le pouvoir, de périphéries qui le subissent et de marges tenues à l'écart. La géopolitique interne permet de mieux comprendre la géopolitique externe : la cohésion et l'efficacité du système de forces propre à chaque territoire constituent un élément fondamental (le plus fondamental ?) de la puissance des nations.

Dans le cas de la France, les choses paraissent simples : notre pays est un modèle d'État-nation. Tradition jacobine oblige, il s'organise de Paris où se concentrent toutes les formes de pouvoir. La Constitution de 1958 le proclame « indivisible ». Aujourd'hui cependant la cohésion nationale paraît menacée par en haut (la mondialisation, la construction européenne) et par en bas (les régionalismes).

Ces évolutions déboucheront-elles sur la fin de l'État-nation à la française, sur sa redéfinition ou sur son rebond ?

I. État, république, nation

La France ne s'identifie pas à un peuple précis comme l'Allemagne, ni à un territoire bien défini comme l'île britannique ou la péninsule italienne, mais à une construction politique accomplie par 40 rois, 5 républiques et 2 empires, en agrégeant des terres arrachées à tous les milieux de l'Europe.

Une nation idéologue ?

▶ **La diversité des terres ainsi rassemblées peut s'illustrer par plusieurs lignes qui partagent le pays.**

La limite de la culture de l'olivier fait ressortir l'originalité de la France méditerranéenne, celle de faibles amplitudes thermiques annuelle distingue la France atlantique. La coupure culturelle entre le Nord et le Sud s'identifiait autrefois à la frontière entre langue d'oïl et langue d'oc ; elle n'a pas disparu et se matérialise dans les paysages (par exemple les tuiles rondes du Midi). Ces oppositions n'épuisent pas, et de loin, toute la diversité française. Celle-ci s'exprime dans les régions périphériques dont la culture n'est pas française – Bretagne, Alsace et Lorraine germanique, pays de Nice, Catalogne, pays Basque… Le XIXe siècle a ajouté une coupure économique entre un Nord-Est industrialisé et un Sud-Ouest moins développé – une opposition qui s'inverse aujourd'hui – de même qu'il a fait venir des immigrants de toute l'Europe, puis du monde, aux héritages multiples.

LA DIVERSITÉ FRANÇAISE

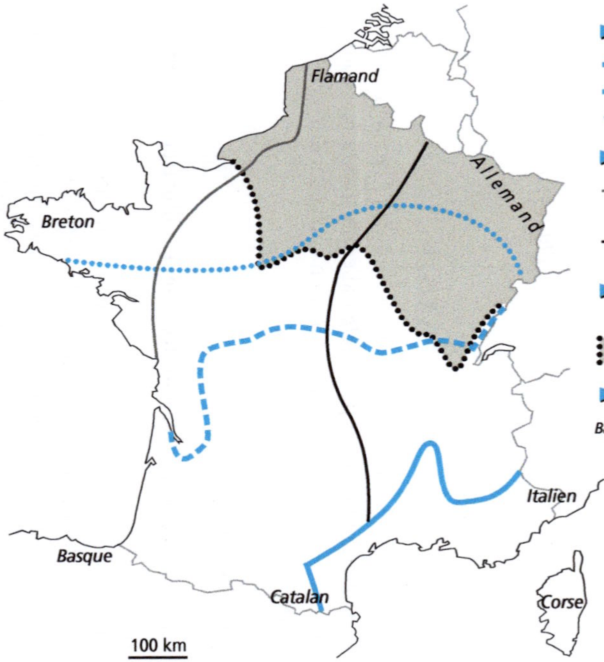

France du Nord, France du Sud
- Limite nord de la culture de l'olivier
- Limite nord des parlers de langue d'oc
- Limite nord de l'extension des chataigniers

France de l'Ouest, France de l'Est
- Limite orientale des amplitudes thermiques annuelles inférieures à 13,5°
- Limite orientale des amplitudes thermiques annuelles inférieures à 15,7°

France du Nord-Est, France du Sud et de l'Ouest
- Pays d'openfield au Moyen Âge

Centre et périphéries

Basque Langue non aparentée au Français

La France est donc un puzzle dont le pouvoir central a fait un tout, « une nation éminemment politique » selon la formule de J.-P. Chevènement. L'extrême diversité du pays a provoqué en retour une extrême centralisation pour assurer sa cohésion. La France tire ainsi son existence de l'État. « Une des fonctions de l'histoire est de localiser pour chaque peuple le domaine du sacré ; pour l'Angleterre, c'est la royauté ; pour l'Allemagne, la langue ; pour les États-Unis, la Constitution. Enfin quant à la France, c'est l'État[1]. »

Il en découle une idée précise de la nation qui trouve son expression la plus célèbre dans le débat entre l'historien allemand Theodor Mommsen et Ernest Renan.

Alors que le premier définit la nation par des caractères objectifs (la langue, les mœurs mais aussi l'origine), Renan affirme en 1882 qu'elle résulte de la volonté de vivre ensemble. « L'homme n'est esclave ni de sa race, ni de sa langue, ni de sa religion, ni du cours des fleuves, ni de la direction des chaînes de montagne », conclut-il. La nation résulte de la volonté de vivre ensemble, c'est un « plébiscite de tous les jours ». Il rejoint l'intuition du révolutionnaire Sieyès qui la définissait comme un « corps d'associé ».

La nation d'associés se méfie des corps intermédiaires. La loi d'Allarde supprime les corporations en 1791, la même année la loi Le Chapelier interdit les « coalitions » (c'est-à-dire les syndicats). Même l'Église, qui risque de faire écran entre les Français et l'État, doit être soumise : la Révolution fonctionnarise les prêtres. Ensuite la République préférera instaurer la séparation de l'Église et de l'État (1906) et se réclamer d'une stricte laïcité – l'un des fondements aujourd'hui du « modèle français ».

Elle se méfie tout autant des particularismes régionaux que les rois avaient respectés – Louis XIV s'adressait à « ses peuples ». Les révolutionnaires remplacent les anciennes provinces par des départements auxquels on attribue le nom de fleuves ou de montagnes comme pour empêcher tout sentiment d'identification. Puis ils se divisent entre Girondins et Montagnards. Les premiers entendaient ramener Paris à un département comme les autres, « un quatre-vingt-troisième du pays[2] », et ils furent balayés par l'émeute parisienne (1793). Après eux la révolution jacobine combat les langues régionales et promeut le français, langue de la Constitution et des droits de l'homme. Selon le conventionnel Barère, « le fédéralisme et la superstition parlent bas breton, l'émigration et la haine de la République parlent allemand [...] et le fanatisme parle basque ». Sans utiliser les méthodes sanglantes de la Convention, les instituteurs du XIXe siècle imposèrent l'usage du français, punissant les élèves qui persistaient à utiliser patois et langues régionales.

Ainsi la centralisation devient la règle ; elle garantit la cohésion de l'État-nation proclamé « un et indivisible » dans la Constitution de 1791 comme dans celle de 1958[3]. Tout est fait pour instituer une société d'individus égaux, dotés de raison, débarrassés des attaches du passé et de tout lien en dehors du contrat qui les associe à l'État-nation.

---

1. Jacques Juillard, *Le Monde des Débats*, janvier 2001.
2. La France compte 83 départements en 1790.
3. La Constitution de 1958 affirme dans son article premier : « La France est une République indivisible, laïque, démocratique et sociale... Elle assure l'égalité devant la loi de tous les citoyens sans distinction d'origine, de race ou de religion ».

▶ **Une telle société peut facilement intégrer de nouveaux membres à condition qu'ils acceptent les règles communes.**

Les étrangers peuvent obtenir la nationalité par naturalisation. Quant à leurs enfants, ils deviendront français par la vertu du droit du sol. C'est en 1791 que la Constitution fixe ce droit : « Sont Français les fils d'étrangers nés en France et qui vivent dans le royaume ». L'Empire revient à une conception plus stricte : il exige que l'enfant de parents étrangers résidant en France réclame la nationalité à l'âge adulte. Cette restriction disparaît en 1889 : l'octroi de la nationalité française devient automatique à la majorité.

La conception française de la nation se différencie donc de la conception allemande qui a longtemps privilégié le droit du sang – nationalité et citoyenneté ne s'acquièrent que par la filiation. Les Français trouvent leur conception si naturelle qu'on les étonne beaucoup en leur révélant que le droit du sang est la règle dans une bonne partie de la planète (Asie, monde arabo-musulman, monde russe, Afrique...) et même qu'il existe en France : l'enfant d'expatriés est français de naissance.

La conception française n'est pas non plus la conception anglo-saxonne. Tocqueville admirait le rôle que jouent aux États-Unis les associations. Elles lui apparaissaient comme un substitut des anciennes aristocraties et des corps intermédiaires que la Révolution française avait nivelé dans sa fureur égalitaire. La nation française ne laisse substituer que des individus face à un État-nation jaloux, la nation anglo-saxonne, qui se méfie de tout pouvoir, admet les collectivités locales et les groupes constitués à condition qu'ils respectent la Constitution. À l'égard des étrangers, la première est assimilatrice, la seconde communautariste et autorise les nouveaux venus à conserver leurs spécificités.

Telle est la légende cent fois répétée : la France constitue une nation esquissée par la Monarchie, née avec la Révolution, fille de l'État et reposant sur des valeurs républicaines. Pensant aux États-Unis, Jürgen Habermas parle de « patriotisme constitutionnel » ; on pourrait inventer la formule de « patriotisme idéologique » à propos de notre pays. Avec une nuance de taille : il s'agit largement d'une légende ou mieux d'un mythe qui ne correspond guère à la réalité. Il faut revenir à l'Histoire, la grande raboteuse de mythes.

Une nation de terre et de sang

Peut-on assimiler un pays à une idée ? Un territoire et une histoire, un morceau d'espace et de temps, à un système qui se prétend universel ? Les Constituants avaient pressenti la difficulté en parlant de « déclaration des droits de l'homme et du citoyen » ; ils s'adressaient en même temps à toute l'humanité et aux citoyens de France. Loin de ne parler que le langage de la raison, les Républiques ont d'ailleurs su jouer de la corde sensible en développant un rituel patriotique, en honorant le drapeau tricolore et la Marseillaise, en enseignant dans leurs écoles le culte de la nation. De Michelet à Mallet et Isaac, ils ont écrit une histoire linéaire qui récupère et intègre les héros du passé, de Vercingétorix à Jeanne d'Arc et de Du Guesclin à Turenne. Un peu comme les Pères de l'Église ont fait des philosophes de l'Antiquité des sages qui avaient pressenti la doctrine du Christ.

L'attachement à la France n'a jamais été seulement intellectuel, le patriotisme républicain est indissociable du nationalisme de la terre et des morts chanté par Barrès. Ainsi la France n'est pas pure idée, elle a une chair et un sang. Contrairement à ce qui a parfois été dit, le fond de la population a peu changé depuis la Gaule et même, selon Fernand Braudel, depuis le néolithique, du moins jusqu'au XXe siècle.

> Pour l'essentiel, les jeux biologiques sont déjà conclus à la fin du Néolithique... Les invasions qui suivront, et notamment celle des Celtes, se perdront peu à peu dans la masse des populations déjà installées, soumises, rejetées parfois hors de leurs terres, mais qui resurgiront, s'étaleront, prospéreront à nouveau. Le nombre conserve sans doute. N'en sera-t-il pas de même vis-à-vis des Romains ? Et non moins face aux invasions barbares du Ve siècle, ou aux immigrés trop nombreux qui inquiètent la France actuelle ? Ce qui compte c'est la masse, la majorité en place. Tout s'y perd à la longue. L'essentiel, pour l'instant, c'est de mettre à sa place l'énorme héritage vivant de la Préhistoire. La France et les Français en sont les héritiers, les continuateurs, bien qu'inconscients. Les recherches hématologiques en sont à leurs débuts. Mais est-ce une surprise qu'elles mettent en lumière, dans notre sang (celui des Français d'aujourd'hui), le sang reconnaissable de la Préhistoire ? Voilà qui nous rend attentifs à une histoire venue du tréfonds des âges[1].

Il ne faut pas exagérer la diversité française ni actuelle, ni ancienne. Même si les Français se comprenaient difficilement autrefois, la plupart parlaient des langages apparentés que le pouvoir central contribuera à unifier autour de la langue d'oïl. Une culture commune émerge rapidement : instituteurs et professeurs de la IIIe République n'ont pas seulement enseigné les idées de la Révolution, mais aussi le théâtre du XVIIe siècle, les essais du XVIIIe, les romans du XIXe et, bien sûr, les pages glorieuses de l'histoire de France. Bien avant eux, l'Église a contribué à cette culture commune en faisant du catholicisme la religion de l'immense majorité de la population. Enfin se sont propagés des modes de vie, des traditions, la même importance attribuée à la gastronomie, le même goût pour les débats intellectuels... Dans les années 1960, le général de Gaulle pouvait encore définir ainsi le pays qu'il dirigeait : « Nous sommes quand même avant tout un peuple européen de race blanche, de culture grecque et latine et de religion chrétienne » [A. Peyrefitte]. Il y a un demi-siècle, cette simplification correspondait pour l'essentiel à la réalité. Même l'immigration du XIXe siècle n'avait pas modifié cette réalité que remet en question, récemment, l'immigration extra-européenne.

La France est autre chose que le simple réceptacle d'une idée, si grande soit-elle. Voilà qui explique le paradoxe de l'assimilation « à la française » ; il ne s'agit pas seulement d'accorder aux étrangers les droits et devoirs du citoyen, mais d'en faire des Français à part entière. D'ailleurs il ne faut pas se tromper sur les motivations de la République quand elle se rallie au droit du sol : grâce à lui les fils d'immigrés effectueront leur service militaire et pourront être mobilisés en cas de conflit. En cette fin du XIXe siècle où le nombre des jeunes Français stagnait, leur renfort était précieux, tout comme celui de la « force noire » que le général Mangin espérait lever dans les colonies.

Et puis la République n'a pas hésité à pratiquer la préférence nationale au détriment des immigrés. En cas de crise, elle exige des employeurs qu'ils emploient les Français de façon prioritaire, ainsi par la loi de 1932 qui « protège la main-d'œuvre nationale » [P.-J. Deschotd et F. Huguenin]. N'est-ce pas l'aveu que, malgré son universalisme affiché, la République s'identifiait à la France et privilégiait les Français ?

---

1. Fernand Braudel, *L'Identité de la France*, Paris, Éditions Arthaud, 1986.

État et nation se sont mutuellement engendrés : l'État n'aurait pu forger un ensemble cohérent si les différentes parties du puzzle français n'avaient entretenu dès l'origine un lien profond qui rendait possible leur réunion et leur ajustement – c'est ce que signifie la formule de Georges Duby, « le rassemblement capétien » ; mais la nation n'aurait pas atteint ce degré de cohésion si l'État ne l'avait dressée dans ce but (chapitre 2).

II. Le « modèle français »

La prééminence attribuée à l'État constitue le cœur de ce qu'il est convenu d'appeler le « modèle français ». « L'idée que l'État est en charge du bien commun est une idée typiquement française qui déconcerte les Américains » [Ezra Suleiman]. Mais l'État a évolué, ce qui autorise à distinguer au moins trois modèles successifs : le modèle monarchique qui se développe de Philippe le Bel à Louis XIV, le modèle républicain qui atteint son apogée sous la IIIe République et le modèle de la Reconstruction qui culmine à l'époque du général de Gaulle [P. Gauchon, 2011]. C'est ce dernier que nous allons décrire.

Travail, famille, patrie

▶ **Après 1945 l'élite dirigeante s'inquiète du « retard français » dont elle fait le véritable responsable de la défaite de 1940.**

Christian Stoffaës le définit en quatre termes : ruralisme, provincialisme, malthusianisme et culte du petit. Il insiste sur l'absence de grandes entreprises. Ce dernier point s'inscrit en continuité avec la Révolution française et la IIIe République. Les Jacobins rêvaient d'un pays de petits propriétaires égaux, libres et possédant leur outil de production (le champ, la boutique). Les radicaux se font plus tard les défenseurs de tous les « petits » face aux « grands ». Conséquence : la France manque de grandes entreprises et celles-ci manquent de moyens – on parle de « capitalisme sans capital ». En 1958 encore, sur les 100 premières entreprises mondiales, ne figure qu'une seule française, Total.

Nous l'avons dit, cette vision est quelque peu caricaturale. La France n'avait pas si mal négocié le tournant de la seconde révolution industrielle et la croissance a été vive dans les années 1920. Mais les années 1930 ont été particulièrement catastrophiques. La croissance annuelle de la production industrielle est négative entre 1929 et 1938 (– 1,1 % l'an). Les années 1930 restent dans la mémoire française le temps du déclin par excellence, le repoussoir absolu qu'un mot suffit à résumer : Munich.

En fait la France a connu trois chocs terrifiants : celui de la Première Guerre mondiale qui l'a saignée, celui de la crise et celui de la Seconde Guerre mondiale. La situation explique que seul l'État semble à même de mener l'effort de modernisation ; trop petites, les entreprises n'en ont pas les moyens ni peut-être, « provincialisme » oblige, la volonté.

En quelques années, de 1944 à 1948, un véritable bouleversement s'opère. Il ne touche qu'indirectement le domaine politique, la Constitution de la IVe République se démarquant peu de celle de la IIIe au grand dam du général de Gaulle. Plus décisive pour l'avenir, l'épuration écarte un grand nombre de responsables anciens et laisse la place à des hommes neufs issus de la Résistance ou des grandes écoles.

L'action est donc surtout économique.

Elle avait d'ailleurs été préparée par le régime de Vichy, lors du gouvernement de l'amiral Darlan (février 1941-avril 1942). L'École des cadres d'Uriage préfigure l'ENA, la tranche de démarrage destinée à relancer l'économie constitue une première ébauche de planification, les « comités d'organisation » préparent l'encadrement du secteur privé. Voilà qui justifie l'idée selon laquelle Vichy et la Résistance forment « deux forces parallèles quoique antagonistes » [R. Kuisel]. Finalement certaines valeurs ne se retrouvent-elles pas à Vichy et après-guerre : le travail que la modernisation réclame, la famille qui permettra d'enrayer le déclin démographique, la patrie qui mobilise ?

L'œuvre de la Libération est cependant d'une autre ampleur. L'État se dote d'un vaste secteur public qui concerne les infrastructures matérielles et immatérielles : banques (nationalisation de la Banque de France et des « quatre vieilles » – Société générale, Crédit lyonnais, Banque nationale du commerce et de l'industrie, Comptoir national d'escompte de Paris) ; énergie (charbon, électricité, gaz, nucléaire avec la création du Commissariat à l'énergie atomique, sans oublier la CFP qui date de 1924) ; transports (Air France qui s'ajoute à la SNCF créée en 1937 et au transport maritime nationalisé en 1932). Il faut aussi tenir compte du domaine public hérité de l'avant-guerre (arsenaux, industrie aéronautique) et des nationalisations punitives (Renault, Gnome et Rhône). Non seulement l'État s'affirme premier entrepreneur, premier employeur et premier investisseur du pays, mais il détient les outils de la modernisation et aussi, comme le note le général de Gaulle dans ses *Mémoires de guerre*, de la puissance : « C'est à l'État, aujourd'hui comme hier, qu'il incombe de bâtir la puissance nationale, laquelle, maintenant, dépend de l'économie... Tel est à mes yeux le motif principal des nationalisations, de contrôle, de modernisation ».

L'autre pilier de l'action de l'État est la planification. En 1946 est créé le Commissariat général au plan. Son action est facilitée par les travaux d' l'INSEE et du Service des études économiques et financières qui devient en 1962 Direction de la prévision.

Troisième pilier du nouveau modèle, la Sécurité sociale entend mettre chacun à l'abri des événements qui amputent les revenus et qui précipitaient autrefois les travailleurs dans la misère : maladie, accident du travail, vieillesse... Grâce à elle, les travailleurs seront plus motivés et en meilleure santé ; en cas de difficultés, ils continueront à percevoir un revenu, ce qui soutiendra la croissance. La « Sécu » contribue ainsi au bon fonctionnement du modèle économique. Elle ne prend pas en charge le chômage qui ne semble guère menaçant alors : c'est au contraire la pénurie de travailleurs que l'on craint et l'Office national d'immigration y pourvoit en facilitant l'entrée de travailleurs étrangers. Il faudra attendre 1958 pour que soit créée l'UNEDIC destinée à mieux couvrir ce risque.

Reste à former et à recruter les hommes qui dirigeront ces organismes. Tel est le sens de la nationalisation de Sciences Po (jugée trop libérale) et de la création de l'École nationale d'administration qui fournira les grands commis formés à l'économie moderne dont l'État a besoin.

Ainsi se constitue le modèle français qui réunit, selon la formule d'Ezra Suleiman, « le meilleur de deux mondes », un système qui se prétend plus humain que le modèle américain et plus libre que le modèle soviétique. Il laisse en effet une large place aux partenaires sociaux, patronat et syndicats, et agit en concertation avec les grandes entreprises. Jean Monnet conçoit son Commissariat au Plan comme une petite structure installée dans un hôtel particulier rue de Martignac. Il définit ses priorités grâce aux « commissions de modernisation » auxquelles participent les partenaires sociaux. Le plan repose ainsi sur un consensus qui facilitera sa réalisation. C'est ce que Monnet appelle « l'économie concertée ». Richard Kuisel résume cette concertation en parlant d'une direction par « l'État, les organisations corporatistes et les forces du marché ».

▶ **À la réforme économique et sociale, le retour au pouvoir du général de Gaulle ajoute la réforme politique.**

La Constitution de 1958 entend régler, selon sa formule, un problème « vieux de 166 ans », allusion à la chute de la royauté en 1792. Le référendum de 1962 qui instaure l'élection du président de la République au suffrage universel lui donne son sens : celui d'une « monarchie républicaine » dans laquelle un lien direct est établi entre le chef de l'exécutif et le peuple. La légitimité ne s'appuie plus sur l'hérédité, comme sous l'Ancien Régime, mais sur l'élection d'une personnalité capable d'incarner la France.

Autre inflexion, la classe dirigeante est profondément renouvelée en 1958. La plus grande partie des hommes politiques de la IVe République s'efface (avant de ressurgir, pour certains, en 1981). Plus généralement, de Gaulle se méfie des notables et leur préfère ceux qu'il appelle « les mécaniciens », les hommes qui font fonctionner l'appareil de l'État. Longtemps maintenus dans l'ombre, les grands commis passent au premier plan. La plupart viennent des grandes écoles qui forment aussi beaucoup de grands patrons : au milieu des années 1990, 27 % des dirigeants des 200 premières entreprises françaises avaient fait Polytechnique et 23 % l'ENA [Michel Bauer et Bénédicte Bertin-Mourot]. Grâce à la formation commune des grands patrons et des hauts fonctionnaires, la cohésion de la classe dirigeante est assurée, fondement de « l'étato-capitalisme » à la française [Michel Drancourt]. En même temps la France peut se prévaloir de sa « méritocratie républicaine » avec un rien d'hypocrisie : la plupart des élèves de ces grandes écoles sortent de milieux de moyenne ou de grande bourgeoisie. Derrière le modèle égalitaire, la tradition des privilèges ?

Sur le plan économique, le gaullisme amplifie la voie définie en 1945 en lui donnant une autre signification : l'économie est mise au service du politique[1], la modernisation soutient la puissance. La France se lance alors sur la voie de « grands projets » qui ont tous un rapport avec le secteur militaire : programme sidérurgique de 1966, développement de l'énergie nucléaire, plan Calcul lancé après que Washington a refusé de fournir à Paris des superordinateurs nécessaires pour l'élaboration de la bombe H, soutien à l'aéronautique. Ce dernier cas est significatif : plutôt que de développer la Caravelle (lancée en 1958) afin d'en faire un succès commercial, les Français s'associent aux Britanniques pour fabriquer le Concorde : après l'avion à réaction, le supersonique ! Le pari est risqué, mais il permet au pays de réaliser un saut technologique et de conforter l'une de ces « industries impériales » [C. Stoffaës] sur lesquelles repose la puissance. On remarquera que la plupart des secteurs concernés sont dominés par les États-Unis : la France doit s'affranchir de leurs technologies pour affirmer son indépendance économique et militaire.

---

1. On connaît la formule qui lui est prêtée : « La politique de la France ne se fait pas à la corbeille » (c'est-à-dire à la Bourse).

Les préoccupations de puissance et de prestige se retrouvent à tous les niveaux. La politique monétaire entend faire du franc une monnaie forte. Le général de Gaulle refuse de dévaluer en 1968 ; mieux, il exige des États-Unis qu'ils convertissent les dollars détenus par la Banque de France en or, comme le prévoient les accords de Bretton Woods mais comme s'abstiennent de le faire les autres alliés de Washington. Les grands travaux de modernisation changent le paysage français. Les entreprises sont encouragées à se concentrer pour faire émerger de grands groupes. À l'époque du général de Gaulle les pouvoirs publics favorisent plutôt les « champions nationaux » (une grande entreprise par secteur), Georges Pompidou encouragera plutôt les duopoles (deux grandes entreprises par secteur), ce qui permet de maintenir une certaine concurrence entre elles.

Le souci d'indépendance n'empêche pas l'ouverture économique. Au contraire le tournant majeur se produit en 1957-1958. Le 25 mars 1957 la France signe les deux traités de Rome qui instituent la CEE et la CEEA (Euratom). De l'ouverture sur le continent et sur le monde on attend un « choc modernisateur » qui forcera la France à se transformer. Cependant le mouvement doit être contrôlé afin qu'il n'entame pas la souveraineté du pays, d'où le refus du vote à la majorité en Europe (chapitre 9). Par ailleurs la France se montre jalouse de la protection de ses technologies et méfiantes envers les sociétés étrangères qui veulent acheter des firmes françaises : Fiat est empêchée d'absorber Citroën en difficulté et les pouvoirs publics encouragent une solution franco-française, la reprise par Peugeot.

▶ Pendant les Trente Glorieuses coexistent un spectaculaire redressement de la France et l'apogée du modèle. Comment ne pas faire le lien entre les deux phénomènes ?

Retenons les traits les plus saillants du modèle, au risque de certaines simplifications.

– La « monarchie républicaine » qui concilie césarisme et démocratie, deux legs de la période révolutionnaire.

– L'importance de la loi et même du règlement que limitent les corporatismes de tous ordres.

– L'égalitarisme affiché que corrigent les « privilèges » de l'élite et qui se manifeste dans la « méritocratie républicaine ».

– La direction de l'économie par l'État en concertation avec les partenaires sociaux.

– La coexistence d'un vaste secteur public, véritable « modèle du modèle », et d'un secteur privé que l'administration soutient et renforce.

– Le colbertisme industriel qui ne néglige pas les autres atouts du pays (agriculture, tourisme).

– L'attachement sourcilleux à l'indépendance nationale associé à la volonté d'ouverture.

– L'accueil des étrangers, surtout s'ils se disent réfugiés politiques, à condition qu'ils s'assimilent[1]. Les anciennes reines de France ne devaient-elles pas se déshabiller quand elles entraient dans le royaume pour adopter des vêtements français ?

– La laïcité qui souffre quelques entorses en faveur des principales religions et en parti-

1. Rien ne résume mieux la philosophie de ce modèle assimilationniste que le duc de Clermont-Tonnerre en décembre 1789 : « Il faut refuser tout aux Juifs comme nation dans le sens de corps constitué et accorder tout aux Juifs comme individus. Il faut qu'ils ne fassent dans l'État ni un corps politique, ni un ordre ; il faut qu'ils soient individuellement citoyens ».

culier du catholicisme (maintien du concordat en Alsace-Lorraine, financement public des écoles confessionnelles).

– La « douceur de vivre » qui tient à la protection sociale et à la tradition épicurienne du pays.

Chacun de ces caractères se présente comme une synthèse, preuve qu'ils résultent d'équilibres patiemment forgés par le temps. Le modèle est avant tout un héritage. Dès lors il constitue le fondement même de l'identité nationale.

C'est aussi une construction plus complexe qu'on ne le dit. Le modèle est fragile, et avec lui l'État-nation à la française. Souvent négligée, cette fragilité doit être en permanence gardée à l'esprit. Elle explique sans doute le pessimisme de la majorité de l'opinion, ses réticences à l'égard des changements qui déplaceraient les poids et contrepoids du système, les réticences des dirigeants à réformer. Le « cher et vieux pays » dont parlait le général de Gaulle est une vieille dame, il serait suicidaire de l'oublier.

III. Crise du modèle, crise de l'identité

Pour l'essentiel ce modèle est préservé sous les présidences de Georges Pompidou et de Valéry Giscard d'Estaing (1969-1981). L'opposition socialiste leur reproche pourtant de le faire évoluer en un sens libéral.

Arrivée au pouvoir en 1981, elle tente de relancer le modèle et même de le « gauchir » : nouvelles nationalisations, relance de la planification et de la politique industrielle, « démocratie sociale » dans les entreprises… Cette politique se heurte à la contrainte extérieure et les déficits se creusent – le déficit commercial atteint 92 milliards de francs en 1983. L'alternative est alors la suivante : quitter le système monétaire européen et laisser se déprécier le franc pour regagner en compétitivité ; ou rester dans le concert des grandes nations capitalistes, ce qui impose de faire évoluer le modèle.

Remettre en question le modèle, c'est attenter au fondement de notre identité nationale, nous l'avons dit. Aussi la crise de l'État-nation que de nombreux analystes ont décelée depuis Robert Reich (*The Work of Nations*, 1992) prend une forme particulièrement grave en France. Quatre tendances de fond y contribuent : l'essor des idées libérales, la mondialisation, la sécession des élites et la décentralisation.

Libéralisme, mondialisation, américanisation

▶ **Le libéralisme conteste l'efficacité du modèle et met en cause l'intervention de l'État.**

– La fiscalité trop lourde briderait les énergies et découragerait le travail. Elle dissuaderait les entreprises d'embaucher et expliquerait le niveau élevé du chômage. Par ailleurs les prélèvements obligatoires[1] français pèsent particulièrement sur les entreprises : ils représentent en 2009 17,9 % du PIB contre 12,6 % dans l'Union européenne et moins de 10 % aux États-Unis et au Japon, sans parler des pays émergents[2]… Ce fait pèse sur la compétitivité et sur l'attractivité de la France (chapitre 7).

---

1. Somme des impôts nationaux et locaux, ainsi que des cotisations sociales.
2. Observatoire européen de la fiscalité des entreprises.

– Les choix de l'État ne sont pas toujours pertinents. Le plan Calcul se révèle un échec. Même en cas de réussite, ses décisions peuvent être contestées. Ainsi la France, grâce au soutien des pouvoirs publics, réalise un effort de recherche-développement deux fois supérieur à celui de l'Allemagne dans le secteur aéronautique, mais trois fois moins en ce qui concerne la mécanique. L'État a orienté les moyens français, qui ne sont pas illimités, vers un secteur plutôt que vers l'autre. La rançon n'en est-elle pas la faiblesse de la machine-outil tricolore – un secteur pourtant stratégique ?

– Tout à ses rêves de grandeur, l'État négligerait l'intendance[1], c'est-à-dire la rentabilité. Dans les années 1980 et 1990, nombre d'entreprises du secteur public paraissent confirmer ce jugement à commencer par le Crédit lyonnais au bord de la faillite en 1993.

– Rien n'échappe à la critique libérale : le plan qui ne pourrait plus influencer une économie de plus en plus complexe ; le système éducatif qui ne tiendrait pas compte des besoins des entreprises ; le poids du CNRS dans la recherche-développement qui expliquerait ses insuffisances ; la Sécurité sociale qui encouragerait l'assistanat et coûterait de plus en plus cher…

▶ Après tout, la France n'a-t-elle pas choisi l'ouverture sur le monde ?

Elle doit en tirer toutes les conséquences et répondre à la question : son modèle lui permet-il d'être compétitive et attractive dans l'économie mondialisée ? De la réponse dépendent la prospérité des Français et la puissance de la France (chapitre 7).

Elle est aussi contrainte d'assister à l'émergence de forces transnationales qui échappent à l'autorité de l'État. Les firmes multinationales en particulier mettent en concurrence les systèmes politiques et choisissent de s'installer là où elles l'estiment avantageux. Si l'État tente de leur imposer des mesures qu'elles désapprouvent, elles ont toujours la possibilité de partir ailleurs – c'est ce que Robert Reich a démontré en 1992.

Enfin la France s'est engagée dans un système mondial qui limite ses moyens d'action. Elle est membre du FMI, du GATT et surtout de l'Union européenne, le plus efficace relais des idées libérales. Elle applique les règles du libre-échange et a même supprimé tous ses droits de douane dans le cadre européen, elle a libéralisé les entrées de capitaux (1988) et supprimé le contrôle des changes qui entravait les sorties de capitaux, elle a signé les accords de Schengen qui permettent l'entrée sur son territoire de toute personne venant d'un autre pays européen…

En un mot la mondialisation a rendu les frontières du pays poreuses au risque que l'État perde la maîtrise de son territoire.

Tout ceci conduit à des réformes que beaucoup interprètent comme un démantèlement du modèle : privatisations qui touchent même les entreprises nationalisées en 1945, suppression du Commissariat général du Plan, réformes par vagues de la Sécurité sociale [Gauchon, 2011]… Sans entrer dans le détail de ces mesures, on retiendra qu'elles contribuent à une nouvelle coupure au sein de la société française.

Les libéraux, partisans de ces réformes, s'impatientent. Ils se plaignent de leur lenteur, de leur timidité. Ils expliquent que le retard explique la montée de l'endettement public – faute de réduire drastiquement les dépenses, il faut bien continuer à financer l'État-provi-

1. Autre formule prêtée au général de Gaulle : « L'intendance suivra ».

dence. Les plus pessimistes parlent d'un pays impossible à réformer, par conservatisme, par corporatisme.

Les dirigistes s'inquiètent de mesures qui nous rapprochent peu à peu du modèle « ultralibéral » anglo-saxon. Ils pointent la montée des inégalités – un phénomène qu'il faut d'ailleurs nuancer dans le cas de notre pays (voir *infra*). Fidèles à la conception républicaine de l'État-nation, ils s'inquiètent de la dissolution du lien social et de la perte d'identité nationale qui en résulte. Pour eux, le modèle, c'est la France – en oubliant que ce modèle a pris d'autres formes dans le passé et qu'il peut donc être refondé.

À égale distance de ces points de vue inconciliables, on peut noter que les dirigeants français ont su réformer par petites touches, sans violenter la « vieille dame » qu'est notre nation. J.-F. Pécresse note que la hausse des dépenses de santé se réduit depuis 2007 (3 % l'an en moyenne), sans que la France ait supprimé son système de santé que l'OMS place régulièrement à la première ou à la seconde place mondiale ; il signale que la réforme des retraites votée en 2011 commence à avoir ses premiers résultats dès 2013. Ajoutons que sur le plan économique les gouvernements successifs ont su associer libéralisation de l'économie et intervention de l'État pour soutenir les secteurs modernes – la création du Fonds stratégique d'investissement ou le Grand emprunt en témoignent.

Le bilan est donc loin d'être simplement négatif, la réforme n'est pas impossible, le modèle n'est pas condamné à disparaître totalement. Il n'empêche, la plupart des Français craignent sa dissolution et, avec elle, la dissolution du pays.

Sécessions d'en haut et d'en bas

▶ **Le reste du monde a bon dos. Rien n'aurait été possible sans ce que Robert Reich qualifie de « sécession » des élites.**

Il note que la mondialisation et le libéralisme favorisent certains groupes sociaux qu'il qualifie de « manipulateurs de symboles » – disons les travailleurs qualifiés – au détriment des salariés peu qualifiés brutalement mis en concurrence avec ceux du monde entier. Aux États-Unis la sécession prend un visage très concret avec la création de *gated communities* où les classes aisées s'isolent du reste de la population. « Le patriotisme, c'est le code postal », explique R. Reich. Autant dire qu'il n'y a plus de patrie. La France ne connaît pas encore vraiment ce phénomène des « quartiers fermés », mais bien celui de la ségrégation spatiale entre beaux quartiers, banlieues défavorisées et campagnes reculées.

Cette sécession peut sembler paradoxale. La génération du *baby-boom* avait défilé derrière les drapeaux rouges et noirs, elle prétendait aller au monde ouvrier et défendre la justice. En fait la révolte de mai 68 était moins tournée contre le capitalisme libéral que contre le gaullisme dans ce qu'il avait d'impérieux et de traditionnel. L'inspiration n'était pas marxiste ni même proudhonienne, mais « libéral-libertaire » [Dominique Lecourt].

Selon les sociologues, cette génération se caractérise par deux logiques. La logique d'électivité refuse les appartenances « forcées » à des communautés de naissance ou de travail ; la logique d'authenticité privilégie l'affirmation du « moi ». Or ces deux logiques entrent en conflit avec le modèle de l'État-nation : « [Elles] ébranlent les mécanismes de cohésion de la société, surtout dans le cas français, où ces derniers reposaient sur une exigence forte vis-à-vis des individus, sommés de mettre entre parenthèses leurs appartenances autres que nationales dans l'espace public » [Julien Damon et Pierre-Yves Cusset]. Si l'on admet que l'essence de mai 1968 est la révolte contre l'autorité sous toutes ses formes, le mouvement ne pouvait que se retourner contre un modèle qui repose sur la notion d'autorité – autorité de la loi, de l'administration et, coiffant tout le reste, autorité du président qui incarne la nation.

D'ailleurs le service de l'État perd son prestige dans l'élite. Un nombre croissant d'énarques partent travailler dans le privé ; c'était le cas de 1 % des énarques en activité en 1950, 12 % en 1971 et 17 % à la fin des années 1990. Au contraire le métier de fonctionnaire conserve son attrait dans les milieux populaires qui y voient une protection contre le chômage.

▶ **L'égalitarisme dont se réclame le modèle comportait bien des nuances, nous l'avons dit.**

Mais il est brutalement remis en question par les réformes fiscales, l'évolution des salaires et la hausse de la rémunération de l'épargne. Les grands patrons français se sont longtemps plaints d'être mal payés par rapport à leurs homologues des autres grands pays capitalistes ; à coup de *stock options* et de parachutes dorés, l'écart a été comblé.

Ainsi les inégalités se sont-elles creusées comme dans la plupart des pays développés, mais d'une façon originale. Une étude de l'OCDE publiée en décembre 2011 rappelle que le coefficient de Gini[1], qui mesure les inégalités, est l'un des plus faibles de tous les pays développés (0,29 contre 0,31 pour la moyenne de l'OCDE), inférieur même à celui de l'Allemagne. Le niveau de vie des 10 % les plus riches est 7 fois plus élevé que celui des 10 % les moins riches (9 fois plus dans la moyenne de l'OCDE). Surtout, ces inégalités sont restées stables depuis le milieu des années 1980, alors qu'elles ont fortement augmentées dans des pays généralement présentés comme des modèles égalitaires (Allemagne, pays scandinaves).Les inégalités ne progressent réellement qu'au profit d'une toute petite partie des Français, les 1 % voire les 0,1 % les mieux payés ; ces derniers ont vu leurs revenus progresser de 32 % entre 2004 et 2008 alors que le revenu médian progressait de 5 %[2]. Une caste hétérogène de grands patrons, d'avocats internationaux, de *traders*, de producteurs, d'artistes, de sportifs, une infime minorité qui se trouve sous le feu des *médias* et qui entretient l'idée fausse d'un creusement généralisé des inégalités, ce que Julien Damon appelle un « lamento compassionnel collectif ».

▶ **L'élite intellectuelle a délaissé la figure emblématique de l'ouvrier.**

Elle en faisait autrefois le symbole de l'oppression et le porteur d'un monde nouveau. Cette place est prise par l'immigré, l'apport le plus positif de la mondialisation à ses yeux. Malgré la crise des années 1970 et alors que l'immigration de travail est très limitée, les entrées n'ont jamais cessé au titre du regroupement familial et de l'asile politique.

Elles posent un problème croissant au modèle assimilationniste français. D'abord parce que les mécanismes qui favorisaient autrefois l'intégration ont disparu ou sont en difficulté (le service militaire, l'école, l'emploi). Ensuite parce que les nouveaux immigrants viennent de pays plus lointains et ne partagent ni la religion, ni la culture ni parfois les valeurs de la majorité des Français.

---

1. Ce coefficient varie de 0 qui correspond à une égalité « parfaite », et 1 qui correspond à une inégalité « parfaite ».
2. En euros constants et par unité de consommation. Source INSEE, *Les revenus des patrimoines des ménages*, 2011.

Faire le bilan de l'assimilation des immigrés aujourd'hui est difficile. Julien Damon et Pierre-Yves Cusset s'y sont essayés avec retenue.

> Au printemps 2006, le *Pew Research Center* a publié les résultats d'une enquête qui semblent confirmer qu'en France les musulmans[1] sont plus proches des non musulmans, dans leurs opinions et attitudes, que dans les autres pays européens. [Les musulmans français sont] 78 % à affirmer que les musulmans souhaitent adopter les coutumes de leur pays plutôt que de rester distincts du reste de la société, contre 53 % pour les musulmans espagnols, 41 % pour les musulmans britanniques et 30 % pour les musulmans allemands... [En revanche] plusieurs enquêtes ethnographiques, réalisées en 2002-2003 à la demande de la Délégation interministérielle à la Ville et de la mission de recherche Droit et Justice, rapportent que dans les quartiers étudiés, les frustrations et les logiques de repli ont rendu le rapport aux « Français » extrêmement négatif. De nombreux jeunes, pourtant très majoritairement de nationalité française, ne s'identifient pas à la France. (*op. cit.*)

D'autres ont signalé la progression de la pratique religieuse chez les musulmans : 61 % d'entre eux s'imposaient le jeûne du Ramadan en 1989 et 71 % aujourd'hui. Significative aussi l'évolution des prénoms ou les revendications identitaires. Le modèle français paraît menacé au point que les dirigeants ne parlent plus d'assimilation, mais d'intégration.

▶ La conception ancienne de l'État-nation se heurte à l'émergence d'autres communautés, les régions.

La décentralisation répond à des logiques politiques, économiques et spatiales, mais aussi à des impulsions venues de l'extérieur (chapitre 4). Bruxelles pousse les membres de l'Union européenne à reconnaître le fait régional au nom du « principe de subsidiarité[2] ». La charte européenne des langues régionales et minoritaires adoptée par le Conseil de l'Europe (1992) concerne non seulement les langues des régions, mais aussi celle des immigrants (arabe, kabyle), ce qui établit le lien entre les différents communautarismes. Elle imposerait l'usage de ces parlers dans la sphère publique – les textes officiels étant traduits dans chacun d'entre eux. Cette pratique a été rejetée par le Conseil d'État et le Conseil constitutionnel. Mais une première entorse a été faite pour le corse dont l'enseignement est obligatoire dans l'île, sauf refus des parents.

La France est-elle moins homogène et unie aujourd'hui qu'autrefois ? Finalement, l'important est la perception qu'a la majorité des Français, et celle-ci est négative. Beaucoup de Français éprouvent le sentiment de vivre dans un pays de plus en plus divisé sur le plan social comme sur le plan culturel ; ils ressentent aussi, contrairement aux discours convenus, que la diversité française atteint des niveaux inconnus autrefois et que sa cohésion est menacée : montée des « incivilités », explosion de l'économie souterraine selon Tracfin qui a vu ses saisines augmenter de 12 % en 2010, multiplication des fraudes qui concerneraient, pour

1. Une question portait sur la préférence religieuse des personnes interrogées. Pour des détails sur la méthodologie, voir : http://pewglobal.org/reports/pdf/254.pdf.

2. Selon ce principe, les décisions doivent être prises à la plus petite échelle possible : région, nation ou Europe. Cela revient à prendre la nation en tenaille entre les régions, gérant le quotidien qui concerne le plus la population, et l'Europe en charge de l'essentiel.

les seules prestations familiales, 200 000 personnes en 2009[1], généralisation des conflits du travail violents depuis quelques années, ébranlement des structures qui jouaient le rôle de creuset des diversités françaises comme l'école ou le service militaire…

Pour parler le langage des médias, le « vivre ensemble » est menacé. La formule permet d'éviter les termes exacts – la France s'interroge sur son identité[2]. Elle évite aussi de se confronter aux réalités de l'Histoire, celle d'une nation qui a forgé son unité dans le temps long à travers guerres civiles, contraintes et souffrances et qui sait le coût et la fragilité d'un équilibre qui n'est jamais définitivement acquis.

Mais le pire n'est jamais certain. Le modèle peut-il rebondir au prix de certaines évolutions et de nouveaux équilibres s'instaurer ? Nous nous poserons la question dans le chapitre 7.

1. Selon une étude de la CNAF.

2. Un sondage réalisé par TNS Sofres pour le compte du ministère de l'Immigration en février 2010 montre que 82 % des Français estiment qu'il existe une identité française mais 74 % estiment qu'elle est menacée. En cause l'immigration (30 %), la perte des valeurs (20 %), la diversité culturelle et ethnique (18 %), la religion (13 %) et les raisons politiques (11 %). Les éléments primordiaux de l'identité française sont pour eux la langue et la culture (94 %), la liberté d'expression (93 %), l'histoire de France (83 %), l'égalité homme-femme (93 % également) et le système de protection sociale (83 %). La majorité de ces critères participe du « modèle ».

4 Les lieux de pouvoir

Géopolitique interne de la France

Où se trouve le pouvoir en France ? La réponse paraît évidente dans notre État-nation centralisé. L'histoire cent fois racontée des Rastignac montés de province pour briller et réussir le confirme. « À nous deux Paris » est leur devise puisque s'imposer dans la capitale signifie s'imposer dans la France entière, peut-être même dans le monde. Les grandes révolutions des XVIIIe et XIXe siècles ont conforté le rôle de Paris. La révolution des transports rapproche la capitale du reste du pays et accroît les flux dont elle profite. La révolution industrielle accouche d'un marché national unifié au profit des territoires les plus puissants. Surtout la révolution politique est imposée par Paris à tout le pays.

Les choses n'ont jamais été tout à fait aussi simples. Les provinces ont résisté sourdement ou violemment, ainsi lors des révoltes fédéralistes de 1793. Pourchassées, les identités régionales se sont maintenues. Le suffrage universel a rétabli les faits : le département de la Seine ne représente que 10 % de la population en 1901. Paris ne peut plus décider pour tout le pays. Dès lors, même installé à Paris, le pouvoir politique doit tenir compte des campagnes et des villes provinciales, il les aménage et les équipe, il les protège de la concurrence extérieure et les encourage à se moderniser.

En dépit de l'idée reçue, Paris n'a jamais été la France et, malgré ses principes, le jacobinisme a été obligé de composer avec les corps intermédiaires et les provinces [P. Rosanvallon]. Depuis 1945, les évolutions politiques, économiques et sociales ont joué en faveur d'une redistribution du pouvoir et de la richesse en direction du reste du territoire.

Cependant toutes les régions n'ont pas profité de ce mouvement de la même façon. Par ailleurs la mondialisation pourrait remettre en question ce rééquilibrage. Paradoxe, serait-ce l'heure de Paris ?

I. L'aménagement du territoire

Longtemps l'idée de rééquilibrage du territoire a souffert d'une mauvaise réputation dans les milieux républicains. Elle venait de milieux monarchistes et d'auteurs nationalistes (Barrès, Maurras) ; le régime de Vichy prévoyait en juillet 1940 de nommer des « gouverneurs placés à la tête des grandes provinces françaises » afin que l'administration en soit à la fois « concentrée et décentralisée » – une formule qui préfigure la « déconcentration » de Georges Pompidou.

Un hexagone déséquilibré

Comme sur bien d'autres sujets, la République reprit l'effort de transformation de Vichy. Pour cela il fallait une prise de conscience : elle intervient avec la publication en 1947 de l'ouvrage de Jean-François Gravier, *Paris et le désert français*. On ignore souvent que le premier tirage de l'ouvrage fut très modeste. Il n'en exerça pas moins une influence considérable car il contribua à dissiper l'« obscurité totale dans laquelle vivaient les Français dans les années trente » [J.-F. Drevet].

▶ **L'ouvrage de Gravier est surtout célèbre pour sa première partie, « Bilans ».**

Elle insiste sur le poids excessif de Paris qui se nourrit de l'anémie du reste du pays. Remarquable est la faible croissance démographique depuis le milieu du XIXe siècle. De 1861 à 1946, la population française a augmenté de 2,2 millions (de 37,6 à 39,6), celle du département de la Seine de 2,75 millions (de 1,95 à 4,7). Autant dire que toute la croissance française se fait dans la capitale non par l'accroissement naturel, mais par aspiration des provinciaux.

Le bilan de J.-F. Gravier sera confirmé tout au long des années 1950. Il permet de constater un déséquilibre à trois échelles.

– Entre Paris et la province, comme le montre la répartition de la population et plus encore celle de l'industrie et de la richesse. En 1954, 26,5 % de la production industrielle nationale se concentre dans les départements de la Seine, de la Seine-et-Oise et de la Seine-et-Marne – la future région Ile-de-France. Le réseau de transport rayonne à partir de la région parisienne qui est une triple capitale : capitale politique d'un pays fortement centralisé, capitale économique qui accueille les bourses, les banques et les directions des grandes entreprises, capitale culturelle enfin avec l'essentiel de l'édition, de la création artistique et des médias nationaux. On pourrait ajouter, pour quelque temps encore, capitale de l'ancien empire colonial.

– Entre le nord-est du pays d'une part et le sud et l'ouest de l'autre. Une ligne que certains tracent de Saint-Véran (Hautes-Alpes) au Mont-Saint-Michel, d'autres du Havre à Marseille, sépare une France industrielle et active d'une France rurale et enclavée. La « France du retard » couvre les deux tiers du territoire, mais ne représente que 45 % de la population et 27,5 % de l'emploi industriel[1]. Elle est aussi moins bien équipée et ce fait durera longtemps : en 1970 encore, toutes les autoroutes françaises se trouvent dans le nord et l'est, à l'exception de quelques rocades urbaines.

– Entre les villes et les campagnes. Le problème est important pour Gravier, il sera parfois négligé ensuite. C'est là que ses options politiques conservatrices pointent clairement, ainsi quand il écrit : « L'équilibre régional des activités… ne sera pleinement réalisé que si chaque village peut employer quelques-uns de ses habitants au travail industriel sans qu'ils soient, pour cela, contraints d'émigrer ».

▶ **Tous ces déséquilibres risquent de s'aggraver après 1945.**

D'abord la reconstruction et la modernisation favoriseront les régions les plus industrielles, celles en particulier qui possèdent du charbon et qui se concentrent au nord et à l'est. Ensuite la mécanique de la concentration spatiale conduit les activités modernes à s'installer là où existent les marchés de consommation, les salariés, les infrastructures et les services aux entreprises dont elles ont besoin donc à Paris [P. Gauchon, *Le Monde*].

1. Pour effectuer ces calculs nous avons regroupé dans la France du Nord-Est les actuelles régions Nord-Pas-de-Calais, Picardie, Haute-Normandie, Champagne-Ardenne, Lorraine, Alsace, Franche-Comté, Bourgogne et Rhône-Alpes ; les autres sont placées dans l'ensemble Sud et Ouest, à l'exception bien sûr de l'Ile-de-France.

Mais l'efficacité de la concentration spatiale est illusoire, c'est ce que souligne Jean-François Gravier. Paris avait-elle moins de rayonnement mondial en 1891 qu'en 1950, alors qu'elle comptait deux tiers d'habitants en moins ?

Peut-on fonder l'avenir d'une nation sur l'hémorragie interne ? Peut-on fonder sa renaissance sur le gonflement congestif de 4 % de son territoire et sur l'appauvrissement continu en hommes et en productions de la moitié de ses provinces ?

L'argument n'a pas perdu de sa pertinence. La concentration débouche sur une répartition absurde où des zones saturées menacent d'étouffer sous leur propre poids tandis que des zones désertées sont laissées à l'abandon. La puissance de l'économie française passe par la mise en valeur de tous ses terroirs et l'utilisation de tous ses atouts. En jeu également la logique de la Libération : le rééquilibrage spatial ne constitue-t-il pas l'expression géographique de la solidarité nationale qu'incarne sur le plan social la création de la « Sécu » ?

Les élites en prennent conscience. Il ne s'agit pas seulement des élites parisiennes, mais aussi des élites locales – preuve que Paris n'avait pas totalement étouffé la France. Les initiatives se multiplient comme la création du comité d'initiative et de liaison des intérêts bretons qui voit le jour en 1950 à l'initiative de René Pleven et du journaliste autonomiste Joseph Martray, ancien membre du comité consultatif de Bretagne mis en place par Vichy avant de passer à la Résistance. La même année, Claudius-Petit, ministre de la Reconstruction, présente en Conseil des ministres le manifeste *Pour un plan national d'aménagement du territoire* qui inspire des mesures éparses. Il faut cependant attendre les années 1960 pour qu'une politique cohérente et complète apparaisse.

Un rééquilibrage de plus en plus complexe

▶ Le tournant date de la création de la Délégation à l'aménagement du territoire et à l'action régionale en 1963.

Le double sigle a une signification précise : « Le terme d'action régionale voulait montrer que, pour aménager la France, il fallait aménager les régions » [O. Guichard, premier dirigeant de la DATAR]. Il s'agit de libérer les forces vives des régions pour rééquilibrer l'espace mais aussi pour que tout le pays profite de leur essor. Pour accomplir cette tâche, la DATAR coordonne des organismes qui vont se multiplier avec le temps : commissariats à l'industrialisation, commissariats à la rénovation rurale, bassins d'emploi, bureaux installés dans le monde à partir de 1969 pour attirer les entreprises étrangères, fonds de décentralisation administrative, fonds interministériel d'aménagement du territoire…

La plus célèbre réalisation de la DATAR est la carte des régions primables dont la première est publiée en 1964. En tenant compte de mesures antérieures, trois types de région se distinguent :

– la région parisienne où existe une procédure d'agrément depuis 1955 : la construction ou l'extension de nouveaux établissements sont soumises à autorisation ;

– le Nord-Est où le développement des entreprises est libre ;

– le Sud et l'Ouest où les créateurs d'activités bénéficient de primes proportionnelles au nombre d'emplois créés. Ces aides prendront en 2001 le nom de « prime d'aménagement du territoire ».

À la politique des primes la DATAR ajoutera rapidement une politique des pôles : sa logique est de concentrer les moyens sur un espace restreint pour provoquer un effet plus rapide qui se diffuse ensuite à tout l'espace. En 1965 sont définies 8 métropoles d'équilibre portées à 12 en 1970[1]. Elles doivent accueillir les grands projets de décentralisation administrative et les équipements publics les plus élaborés – universités, CHU et CHR... C'est par le tertiaire supérieur que ces métropoles régionales pourront s'affirmer face à Paris.

▶ **Si la DATAR joue le rôle de cerveau de l'aménagement du territoire, toutes les administrations y participent.**

Le ministère des transports s'efforce de mieux équiper la France du Sud et de l'Ouest par la construction d'autoroutes à partir des années 1970, par l'électrification des chemins de fer, plus tard par le TGV Ouest. Emblématique le plan routier breton de 1967 qui permet à cette région, seule en France, de bénéficier d'un réseau de quasi-autoroutes gratuit. Dans le même esprit les transversales se multiplient : si le projet de mise à grand gabarit du canal Rhin-Rhône est abandonné en 1997, l'axe est mis en valeur par les TGV et les autoroutes. Le plan autoroutier de 1987 résume à lui seul ces tentatives : deux axes autoroutiers concentriques entourent Paris et permettent de l'éviter, de nouveaux axes permettent de pénétrer le Massif central et de relier Paris à Toulouse ou Montpellier et Bordeaux à Lyon (voir carte).

Le secteur public est lui aussi mobilisé. Il doit donner l'exemple. Renault s'éloigne d'abord de Paris et s'installe le long de la Seine (Fins 1951, Cléon, Sandouville), RVI préfère Caen et Limoges... À partir de 1967, l'administration déplace en province certaines activités – le casier judiciaire à Nantes, les archives nationales à Aix-en-Provence... Dans le cadre de la politique industrielle sont lancés des pôles industriels régionaux fortement encouragés par l'État[2] : parmi eux Toulouse pour l'aéronautique, Fos-sur-mer pour la pétrochimie et la sidérurgie et, particulièrement symbolique, Nantes-Saint-Nazaire. Ce pôle fournira au grand Ouest l'énergie qui lui a manqué lors de la révolution industrielle : un port pétrolier à Donges, un port méthanier à Montoir, des centrales thermiques fonctionnant avec le charbon importé à Cheviré (fermée maintenant) et Cordemais... Les administrations en charge du tourisme se mettent, elles aussi, à la politique des pôles en aménageant les littoraux du Languedoc-Roussillon (plan Racine, 1963), d'Aquitaine et de Corse ainsi que les montagnes (avec les « autoroutes blanches »).

Enfin, pour répondre à la seconde partie du sigle de la DATAR, les régions voient leur autonomie augmenter. En 1964 est instauré le préfet de région, en 1973 est créé le conseil régional. Le pouvoir appartient cependant au premier. L'objectif est la déconcentration – faire prendre au niveau local les décisions par des agents du pouvoir central afin d'être plus efficace – et non la décentralisation – donner le pouvoir aux populations.

Le projet de la DATAR est aussi simple que la carte qu'elle élabore : opérer un double transfert d'activités de Paris vers la province et du Nord-Est vers le Sud et l'Ouest. Il apparaît rapidement que ces différents territoires sont plus complexes. En 1965 le schéma

---

1. Lille, Nancy-Metz, Strasbourg, Nantes, Bordeaux, Toulouse, Aix-Marseille et Lyon-Grenoble-Saint-Étienne, puis Rennes, Nice, Dijon et Clermont-Ferrand.

2. La plupart de ces pôles correspondent aux six ports maritimes autonomes – on parle de pôles « industrialo-portuaires ». Trois se situent dans la France du Nord-Est (Dunkerque, Le Havre, Rouen), trois dans le Sud et l'Ouest (Nantes-Saint-Nazaire, Bordeaux, Marseille-Fos).

La France à grande vitesse

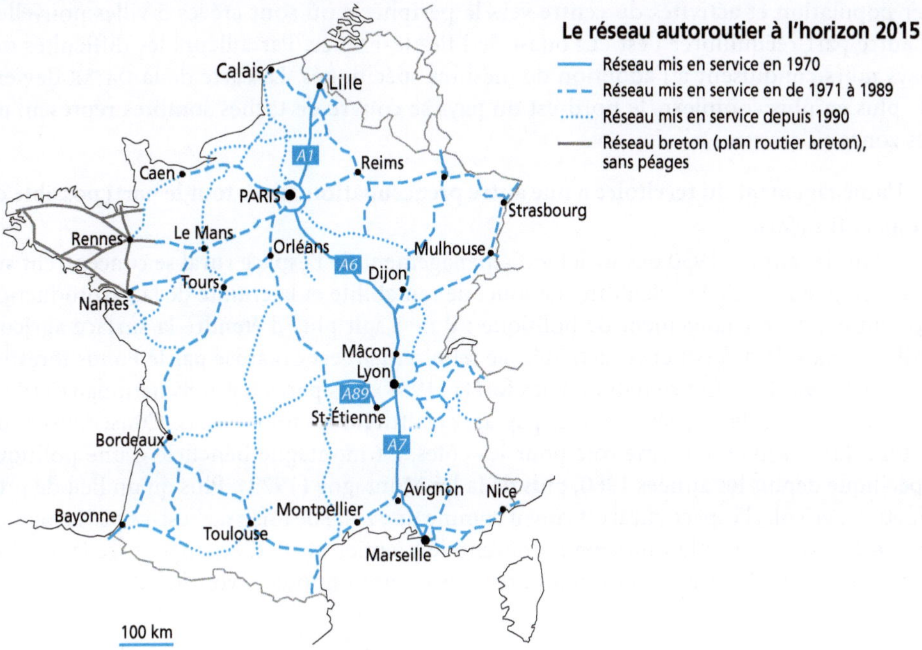

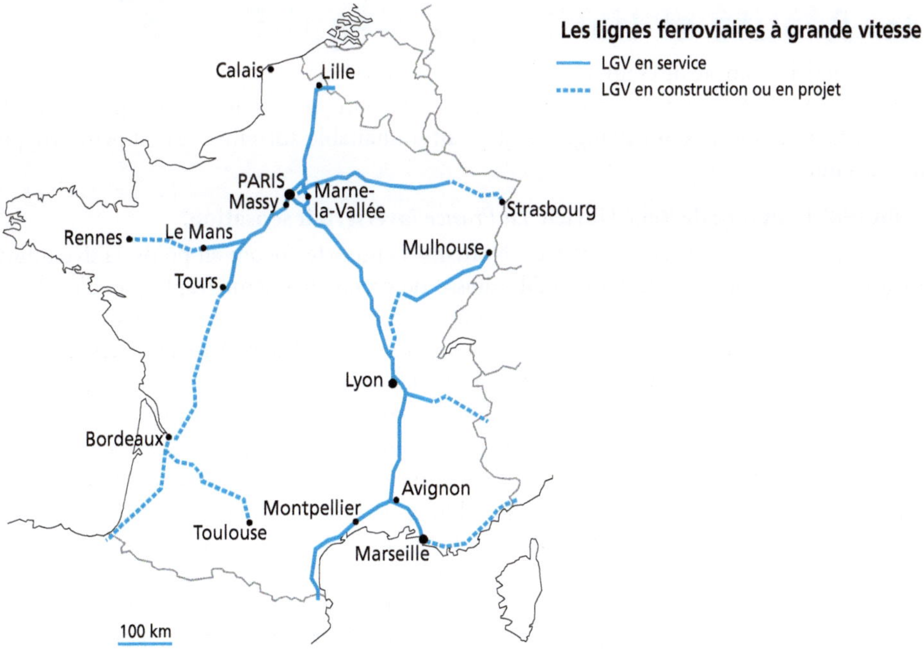

directeur d'aménagement et d'urbanisme de la région parisienne (SAUDRP) apparaît comme une reproduction en miniature de l'aménagement national : d'une part déplacer population et activités du centre vers la périphérie où sont créées 5 villes nouvelles, d'autre part rééquilibrer l'est et l'ouest de l'Ile-de-France. Par ailleurs les difficultés des pays noirs conduisent à l'adoption de mesures spécifiques. La carte de la DATAR devient de plus en plus complexe, le nord-est du pays se couvre de taches sombres représentant les zones aidées.

▶ **L'aménagement du territoire a une autre préoccupation : tirer tout le parti possible de l'espace français.**

Dans les années 1950 des sociétés d'aménagement de l'espace rural se concentrent sur le développement de l'agriculture. Le souci de rentabilité et la crainte de la surproduction conduisent à un changement de politique : il ne s'agit plus d'étendre la surface agricole utilisée, mais de diversifier les activités. Le reboisement est organisé par le Fonds forestier national (1946) et l'Office national des forêts (1964). Les parcs naturels nationaux (1961) puis régionaux (1967) préservent les paysages et attirent les touristes. Le Conservatoire du littoral (1975) joue le même rôle pour les côtes. La montagne bénéficie d'une politique spécifique depuis les années 1960, puis de la loi Montagne (1973). Plus qu'un lieu de production agricole, l'espace rural est conçu comme une zone de loisirs. N'est-ce pas la logique d'une économie dont le tourisme est devenu le premier poste d'échanges excédentaire et d'une société où les classes moyennes urbaines se sont imposées (voir *infra*) ?

II. Réalité et limites du rééquilibrage

Si l'on tient compte des seuls objectifs de départ, le bilan paraît positif. On ne peut cependant le mettre simplement au profit de la politique étatique. D'autant plus que les réalités économiques et sociales ont changé : ce qui était souhaitable autrefois ne l'est peut-être plus aujourd'hui.

▶ **En 1987 l'ouvrage de René Uhrich, *La France inverse*, fait sensation.**

Le titre est explicite : si la France du Nord-Est l'emporte encore en poids, la dynamique est du côté de l'Ouest et du Sud. Qu'il s'agisse de croissance démographique, d'évolution de l'emploi, de hausse des revenus, les seconds l'emportent dorénavant. Ici se trouvent la plupart des technopôles, à Sophia-Antipolis, le premier créé dans l'arrière-pays de Grasse dès 1969, à Rennes-Atalante, à Toulouse, à Meylan-Grenoble… Roger Brunet parle d'un nouveau « croissant fertile » où l'emploi est plus qualifié et plus dynamique.

Les évolutions ultérieures ne démentent pas l'analyse. Les objectifs essentiels de l'aménagement du territoire ont été atteints qu'il s'agisse de la répartition de la population ou de l'emploi industriel. La croissance démographique de l'Ile-de-France, sans être stoppée, se ralentit, sa part dans l'industrie régresse fortement. Enfin les revenus des Franciliens, même s'ils restent sensiblement plus élevés que ceux des autres Français, progressent maintenant moins vite que ceux des Bretons, des habitants du Sud-Ouest ou des Bas-Normands.

Encore faut-il noter que ce progrès est parfois dû à l'arrivée des retraités et à leurs prestations sociales. La même explication vaut pour le retournement démographique. L'Ile-de-

La politique d'aménagement du territoire

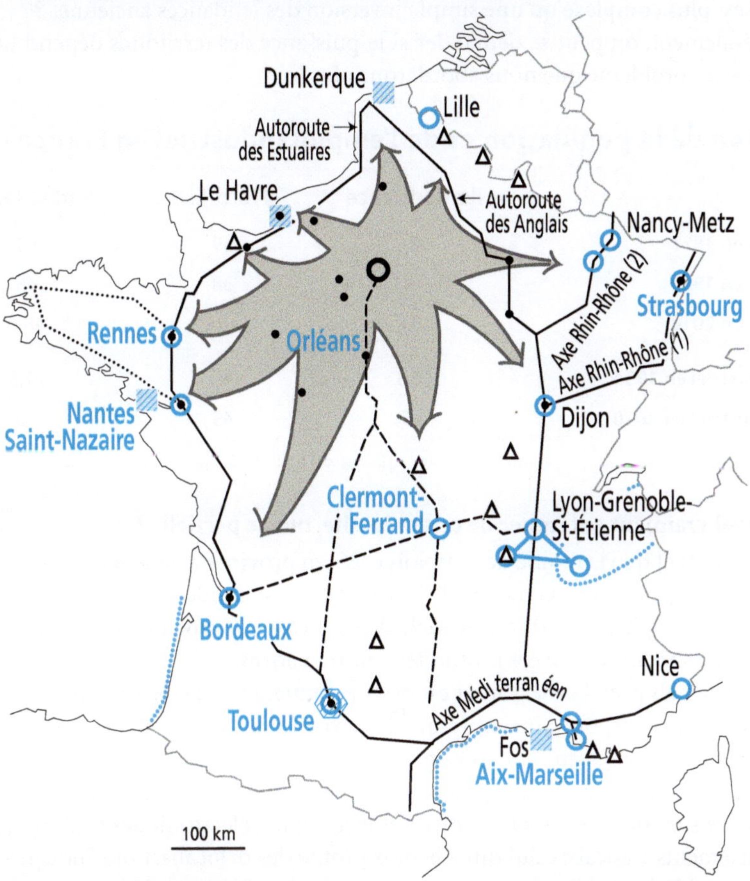

Le désenclavement par les autoroutes

- Autoroutes transversales définissant des axes échappant à la centralisation parisienne
- Autoroutes ouvrant le Massif Central
- Plan routier breton

La politique des primes

- Axe principal de la décentralisation industrielle
- Principale région ayant bénéficié de la décentralisation industrielle
- Principale ville ayant bénéficié de la décentralisation industrielle
- Orléans — Principale ville ayant bénéficié de la décentralisation administrative
- L'inversion de la politique des primes : zones de conversion et zones d'entreprise des années 1980-1990

La politique des pôles

- Métropole d'équilibre et villes assimilées
- Pôle industrialo-portuaire
- Pôle industriel
- Pôle touristique

France voit partir ses retraités mais continue à attirer les jeunes actifs ; n'est-ce pas la preuve que la réalité est plus complexe qu'une simple inversion des tendances anciennes ?

Plus généralement, on peut se demander si la puissance des territoires dépend toujours de l'industrie – un problème que nous aborderons plus loin.

Répartition de la population et de l'emploi industriel en France (en %)

	Ile-de-France	Nord-Est	Sud et Ouest
Population en 1872	8	39	53
Population en 1954	19	38	46
Population en 2010	18,8	32,6	48,6
Emploi industriel en 1954	26,5	46	27,5
Emploi industriel en 2010	16	45	40

▶ **L'État peut-il vraiment se targuer de cette réussite, même partielle ?**

Les experts notent que la moitié des emplois créés en province a bénéficié de primes dans le cadre de l'aménagement du territoire. Ils insistent sur les grandes opérations de délocalisation industrielle : la plus importante est celle de l'arrivée de Citroën à Rennes en 1961 et il est vrai que l'agglomération en a été profondément transformée.

S'il regarde de plus près, l'observateur est pris de doutes. Dans la région Centre, la Beauce et l'Orléanais, peu primés, ont plus attiré que le Berry, mieux aidé. Le paradoxe s'explique par les choix des entreprises qui ont conservé leur siège social à Paris et ont implanté leurs usines dans des villes proches de la capitale et reliées à elle par autoroute – Chartres, Dreux ou Orléans où se sont développées les industries électriques, électroniques et chimiques. De tous les départements français, celui qui a le plus profité des délocalisations industrielles est d'ailleurs l'Eure-et-Loir.

Sans doute n'y a-t-il pas que les primes. La politique des pôles a fait émerger l'aéronautique toulousaine, le tourisme languedocien et les sports d'hiver alpins. Il n'empêche, l'État n'est pas le seul ni peut-être même le principal responsable des nouvelles dynamiques régionales.

Il faut d'abord tenir compte de ce que les géographes appellent « les atouts du retard ». Les régions du Sud et de l'Ouest, plus pauvres, proposent aux entreprises des coûts de production plus faibles qu'il s'agisse des salaires, des impôts locaux ou du prix des terrains. Elles offrent souvent un cadre de vie plus attrayant, leurs paysages sont mieux préservés, leurs villes moins encombrées. Aussi peuvent-elles attirer les touristes, mais aussi la main-d'œuvre qualifiée dont les nouvelles activités ont besoin. Pour faire valoir ces atouts, encore faut-il qu'elles soient bien reliées au reste du pays. C'est là que l'État conserve toute son importance avec sa politique des transports.

En réalité les stratégies des entreprises sont primordiales. Pendant les Trente Glorieuses elles adoptent les méthodes tayloristes : elles ont besoin d'espace et de main-d'œuvre bon marché et, bien sûr, elles ne dédaignent pas les primes. On comprend le transfert des activités vers les périphéries. À partir des années 1980 les besoins changent : les activités de haute technologie, services ou industries, nécessitent des ingénieurs et des cadres qui apprécient de vivre près du soleil, de la mer ou de la montagne ; voilà qui contribue à l'émergence du « croissant fertile ».

Reste un dernier acteur que l'on néglige souvent à force d'identifier la France et Paris. La capitale est peuplée de Provinciaux qui n'ont pas renoncé à tout attachement envers leur petite patrie. L'exemple de la Bretagne le démontre. Considérée comme retardée et réactionnaire, la région est souvent moquée comme en témoigne le personnage de Bécassine. Elle bénéficie pourtant de l'ensemble des atouts du retard déjà évoqués, d'un sens profond de son identité et d'une grande cohésion sociale. Elle dispose surtout d'une élite qui aspire au rattrapage : faut-il parler de volonté de revanche après une humiliation de deux siècles ou plus simplement de réseaux d'entraide et de pouvoirs ?

Nous avons déjà évoqué le CELIB créé en 1951. Il faut maintenant parler du club des Trente qui rassemble les principaux décideurs de la région, en particulier patronaux, de l'institut de Locarn qui forme les élites locales, mais aussi des patrons et hauts fonctionnaires en position de décideurs. Ainsi Pierre Marzin, directeur du Centre national d'études des télécommunications (CENT), choisit d'installer le premier centre de transmission par satellite à Pleumeur-Bodou, près de Lannion : c'est le point de départ de l'essor de l'industrie de télécommunication dans les Côtes d'Armor. Patrick Le Lay, directeur général de TF1, pousse au lancement d'une chaîne (partiellement) en breton, TV Breizh (2000). Nombreux sont les industriels qui s'engagent à ne pas délocaliser l'emploi hors de Bretagne tels Le Hénaff ou Yves Rocher qui privilégie son village natal de La Gacilly (Morbihan). L'effort des chefs d'entreprise est relayé par de nombreuses initiatives locales qui, des écoles Diwan destinées à préserver la langue bretonne au Festival interceltique de Lorient, témoignent d'un fait : le centralisme parisien n'avait pas supprimé les identités régionales, il les avait simplement bridées.

Les Bretons auraient tort cependant de crier trop tôt victoire : TV Breizh a renoncé à la plupart de ses émissions en breton et, à la mort d'Yves Rocher, son successeur a remis en question le refus de toute délocalisation. Comme la France dans son ensemble, la Bretagne n'échappe pas aux effets de la mondialisation.

III. Crise de l'aménagement du territoire, crise de l'État-nation

L'aménagement du territoire est confronté à quatre sortes de problèmes : un manque de moyens, une remise en question du bilan, un doute sur les objectifs à atteindre, la crise de l'État-nation. Ces difficultés ne sont que la transcription spatiale de la difficulté de l'État-nation à définir sa place et son rôle entre le local et le national.

L'aménagement dans la crise

▶ **Depuis la fin des Trente Glorieuses, les moyens manquent.**

Autrefois en pointe, les entreprises publiques se désengagent des zones rurales où elles font moins de profit ; la SNCF concentre ses investissements sur les TGV et néglige les trains régionaux, la Poste réduit son implantation dans les campagnes.

Par ailleurs l'aménagement du territoire a été dans les faits un aménagement *industriel* du territoire : c'est l'automobile qui a fourni les gros bataillons des délocalisations en province. Mais à partir de 1973 l'industrie ne crée plus guère d'emplois ; les nouveaux sites automobiles, installés maintenant dans les régions en difficultés du Nord-Est, sont de taille beaucoup plus modeste que ceux du passé. Quant aux pôles industrialo-portuaires appuyés sur l'industrie lourde, loin d'entraîner les régions proches, ils entrent eux-mêmes en crise.

Le ralentissement économique réduit les moyens en même temps qu'il accroît les difficultés. Celles de la France du Nord-Est, de ses pays noirs et de ses bassins textiles, se pressentaient depuis longtemps. Elles s'aggravent bien sûr, mais la région parisienne n'est pas épargnée : les zones industrielles du 93 ou du 78 nord (l'axe de la Seine de Poissy à Mantes la Jolie) perdent leur substance.

Témoin de cet afflux de problèmes, la carte de la DATAR des régions primables se complique de plus en plus. De nouvelles préoccupations apparaissent. Le plus spectaculaire est l'apparition d'une politique dite de la ville, en fait des banlieues. Les émeutes s'y multiplient à partir des années 1980, d'abord dans la région lyonnaise (Vaulx-en-Velin), puis sur tout le territoire. Le chômage, la concentration croissante d'immigrés, le faible niveau de vie justifient un empilement de mesures prises sous l'urgence. Un délégué à la ville est institué en 1988 et un ministère créé en 1990. Puis ce seront les zones urbaines sensibles, les zones franches instaurées par le plan Juppé où les nouvelles entreprises bénéficient de déductions fiscales à condition d'embaucher sur place (1996), les grands projets de ville (1999), sans oublier les zones de redynamisation urbaine, les zones d'éducation prioritaire... En quelques années l'administration a réussi à créer un inextricable maquis dont l'efficacité reste douteuse. Le gouvernement Jospin met en cause les zones franches : il estime que chaque emploi créé ici aurait coûté la somme disproportionnée de 150 000 francs (près de 24 000 euros actuels).

Le fait est que la politique de la ville absorbe des sommes de plus en plus importantes, en particulier après les émeutes de 2005. En tout, la dépense est estimée à 90 milliards d'euros entre 1989 et 2012. Encore ces chiffres ne prennent-ils pas en compte tous les surcoûts que nécessitent ces zones au titre de la sécurité et de la redistribution sociale. L'ampleur de l'effort témoigne de l'inquiétude de la classe dirigeante (voir *infra*).

▶ **Dans ces conditions le bilan ne peut pas être aussi positif qu'on l'avait cru d'abord.**

Dans son ouvrage consacré à *La France inverse*, René Uhrich met d'ailleurs la région parisienne à part (ainsi que l'Alsace). La capitale partage la dynamique du Sud et de l'Ouest. Le rééquilibrage Paris/province ne s'est pas produit.

La politique d'aménagement du territoire s'est concentrée sur le rééquilibrage de l'industrie en un moment où cette dernière passait pour le fondement de la puissance et de la richesse. Ce n'est plus le cas. Les activités stratégiques relèvent maintenant du « tertiaire supérieur » – recherche, finances, conception, commandement, information... Or ces emplois se concentrent en région parisienne plus encore que l'industrie autrefois. L'INSEE parle de « fonctions supérieures » qui représentaient en 2002 7,9 % de l'emploi national. Dans la région parisienne le pourcentage s'élève à 16 % ; il est supérieur à 10 % dans cinq agglomérations (Grenoble, Toulouse, Montpellier, Lyon et Strasbourg). Viennent ensuite une quinzaine de villes situées au-dessus de la moyenne nationale, de grandes métropoles dont Nantes, Rennes, Bordeaux, Marseille, Nice ou Nancy ainsi que quelques villes moyennes (Orléans, Annecy, Chambéry, Bourges, Niort...). On remarquera la surreprésentation du Sud et de l'Ouest.

Le bilan est donc plus mitigé que la formule de « France inverse » le laisse penser : rééquilibrage entre le Nord-Est et le Sud et l'Ouest sans doute, mais prééminence maintenue et même renforcée de Paris ainsi que prédominance des grandes métropoles au détriment des zones rurales.

L'aménagement pris en tenaille

Que Paris sorte renforcée de quarante ans de politique d'aménagement du territoire ne devrait pas surprendre.

La notion même de « politique » suppose un centre qui dirige et organise, et ce centre est Paris. Cette contradiction persistait tant que la France en restait à la déconcentration. Pour la dépasser il fallait transférer une partie du pouvoir vers la province. La loi de décentralisation de 1982 (loi Defferre) y pourvoit. Elle transfère le pouvoir à des assemblées régionales directement élues par la population et au président qu'elles se choisissent. Les régions obtiennent des responsabilités accrues en matière de transport, de formation et d'emploi. Pour cela elles perçoivent des impôts locaux qui progressent sensiblement. En 2003, Jean-Pierre Raffarin, qui se veut représentant de la « France d'en bas », fait modifier l'article premier de la Constitution : dorénavant, « l'organisation de la France est décentralisée ». En même temps de nouvelles compétences sont accordées aux régions, par exemple la politique du tourisme.

C'est l'ensemble des structures administratives du pays que l'on entend modifier. À la hiérarchie communes/cantons/départements, les pouvoirs publics s'efforcent de substituer le triptyque communes regroupées/communautés (de pays ou d'agglomération)/régions. Le problème est que cette structure remet en question l'organisation héritée de la Révolution. Les Français, tous les sondages le prouvent, sont particulièrement attachés à leurs départements et à leurs 36 000 communes – un record ! La réforme territoriale que tente de mener Nicolas Sarkozy se traduit en 2011 par un événement exceptionnel, le passage à gauche du Sénat, « assemblée des communes de France ».

Comme toujours il faut tenir compte des réalités humaines, les centaines de milliers d'élus locaux, les attachements traditionnels. Du coup les réformes sont freinées et le vieux squelette du pays coexiste avec la nouvelle ossature : le maquis administratif français devient de plus en plus complexe, les moyens se dispersent, les aides sont saupoudrées au point qu'un ancien acteur local parlait d'une « France ligotée » [Georges Frèche].

L'affirmation du « local » n'en est pas moins une réalité. Il peut s'appuyer sur des identités fortes, nous l'avons dit. Mais il ne doit pas induire en erreur : ce sont quelques grandes métropoles qui ont su émerger sans toujours entraîner l'ensemble de la région qu'elles commandent, en particulier celles qui concentrent les activités stratégiques. On a ainsi pu parler de « Toulouse et le désert midi-pyrénéen » en parodiant la formule de J.-F. Gravier.

Remise en question par en bas, la politique d'AT l'est aussi par en haut.

Elle s'inscrit de plus en plus dans le cadre européen. L'Union européenne possède sa propre politique régionale qui prend de l'ampleur. D'abord simple guichet de remboursement, le Fonds européen de développement régional (FEDER, 1975) développe ses propres programmes – la France en profite d'ailleurs largement. Surtout la politique française est placée sous contrôle au nom du libéralisme dont se prévaut la Commission : il ne faudrait pas que les aides régionales constituent une forme de subventions déguisée ! C'est ainsi que la carte des régions primables est régulièrement revue à la baisse par Bruxelles – des départements comme l'Ille-et-Vilaine ou la Lozère en ont été retirés. Ne tombons pas cependant dans la paranoïa : la Commission ne donne pas toujours tort à la France et elle a accepté les aides exceptionnelles du plan Juppé destinées aux banlieues – il est vrai que ces soutiens sont dans l'air du temps.

Plus généralement la France doit tenir compte des effets de la mondialisation. Le territoire français n'est plus qu'une composante de l'espace mondial qui s'impose à lui. Quoiqu'ancien, le cas de Creutzwald en Moselle le prouve. En une époque où les liens avec l'Europe occidentale étaient le principal souci des industriels allemands, Grundig y a ouvert en 1969 une usine de téléviseurs et de magnétophones destinée à fournir ces marchés. L'usine emploie plus de 1 000 salariés. Puis vient la chute du mur de Berlin. L'Allemagne peut reprendre, sur un mode pacifique, la « marche vers l'est » interrompue depuis la Seconde Guerre mondiale. En 1993 le groupe qui a été entre-temps racheté par Philips déplace les activités vers son site de Vienne, plus proche des nouveaux clients d'Europe de l'Est.

Quelles sont les marges de manœuvres de l'État dans de telles circonstances ? Rendre le territoire français attractif pour faire venir les firmes multinationales. On déroule le tapis rouge lors de l'arrivée de Toyota à Valenciennes en 1998 : l'État dépense 340 millions de francs en subventions, réduction d'impôts et construction d'infrastructures. Le jeu en vaut la chandelle puisque le Japonais investit de son côté 4,5 milliards de francs et crée près de 2 000 emplois directs, sans compter les commandes à la sidérurgie de Dunkerque et aux sous-traitants nippons qui viennent dans la foulée. Tel n'est pas toujours le cas : attiré à Longwy en 1996 par des primes abondantes, le coréen Daewoo repart presque aussitôt !

Les firmes multinationales mettent en compétition le territoire français que les organisations internationales maintiennent ouvert.

Les positions de J.-F. Gravier ont été rapidement critiquées. On l'a qualifié de réactionnaire, on a retrouvé dans ses écrits l'accent d'un Barrès dénonçant l'atmosphère délétère de la capitale, on a parlé de malthusianisme. En 1962, René Minguet lui réplique dans *Paris et l'hexagone français*. Il souligne qu'affaiblir Paris ne rendra pas la France plus forte. Pierre Massé confirme : « Paris est notre Ruhr à nous ».

Dans la compétition internationale, l'agglomération parisienne représente la carte maîtresse du territoire français. Ses atouts sont nombreux :

– la présence des pouvoirs publics ;

– la concentration des médias qui fait de Paris la faiseuse des modes et des opinions du pays – 60 % des journalistes français sont installés dans la capitale ;

– un réseau de transport exceptionnel avec le centre logistique de Roissy vers lequel convergent autoroutes, RER, TGV et lignes aériennes ;

– une population relativement jeune, active, qualifiée et disposant d'un pouvoir d'achat élevé ;

– la présence d'organismes internationaux (OCDE et UNESCO), de la Bourse, des banques ainsi que des sièges sociaux des grandes entreprises – la quasi-totalité des grandes entreprises françaises ont installé leur direction dans la capitale ;

– l'importance des investissements étrangers qui explique qu'un Francilien sur sept travaille dans une entreprise étrangère ;

– le rôle des universités, des grandes écoles et des laboratoires qui en font, et de loin, le premier centre culturel et scientifique du pays ;

– le charme de la ville et de sa vie qui justifie son rang de capitale mondiale des congrès et du tourisme ;

– son image puisque, selon le titre du dernier ouvrage d'Ernest Hemingway, « Paris est une fête »...

Rien d'étonnant à ce que la capitale soit l'une des plus importantes villes mondiales et qu'elle puisse prétendre au rôle de centre européen.

Cette prétention est cependant combattue par les autres métropoles du continent. La compétition entre elles dépend de la présence de centres de commandement mondiaux et en particulier des QG des grandes entreprises américaines et japonaises. Sur ce point, Paris est dépassée par Londres qui s'est dotée d'un organisme spécifique, le *London First Center*, et par la nébuleuse des villes belgo-néerlandaises. Elle perd du terrain dans le secteur de l'organisation de Congrès au profit d'agglomérations européennes qui ont su moderniser leur offre (Berlin, Londres, surtout Barcelone et Vienne qui l'ont dépassée en 2009) ou de villes exotiques qui cassent les prix (Rio de Janeiro).

C'est que l'agglomération parisienne souffre de réels handicaps. Le premier est sans doute l'absence de structure comparable au « Grand Londres » pour gérer ses problèmes : l'autorité de la municipalité s'arrête au périphérique, les pouvoirs de la région restent limités ; d'ailleurs l'agglomération déborde au-delà de l'Ile-de-France et mord sur la Picardie (Creil). Cela rend difficile la gestion des transports et la correction des déséquilibres anciens entre Est et Ouest ou centre et banlieue. Autre handicap, le poids même de l'agglomération qui provoque saturation, encombrements, prix du logement inabordables pour les jeunes ménages, insécurité. Enfin la crise n'a pas épargné l'agglomération et a accéléré sa désindustrialisation.

▶ La politique d'aménagement du territoire en devient schizophrène.

D'un côté les pouvoirs publics institutionnalisent la décentralisation administrative ; ils multiplient les gestes symboliques comme le transfert de l'ENA à Strasbourg (achevé en 2005) ou celui de l'Institut national de la propriété industrielle à Lille (2000). Charles Pasqua entend relancer la politique de rééquilibrage et organise un comité interministériel symbolique à Mende, en Lozère, le 14 juillet 1993. Cependant les mesures adoptées alors en faveur des petits agriculteurs ou des réseaux de transports secondaires ne seront pas tenues – la ruralité est à nouveau sacrifiée.

Parallèlement les grands projets se multiplient à Paris. À l'époque de François Mitterrand, on a parlé de « chantiers du président » qui ont absorbé 38 milliards de francs en deux septennats : opéra Bastille, arche de la Défense, grand Louvre, grande bibliothèque. Après lui viendra le stade de France. Signe des temps, l'initiative la plus spectaculaire dépend d'une entreprise privée avec l'installation d'Eurodisney à Marne-la-Vallée, d'ailleurs fortement aidée. Le réseau de transport s'étoffe avec l'A 86 et de nouvelles lignes de métro, des universités sont créées dans les villes nouvelles (Versailles, Créteil, Pontoise, Melun), des efforts sont entrepris pour aménager la petite couronne, de grandes manifestations internationales sont organisées comme le Mondial de football (1998) ou la Coupe du monde de rugby (2007). Preuve que tout n'est pas parfait, Paris échoue cependant à attirer les jeux Olympiques de 2012 que lui ravit Londres. Paris, disent les critiques, a joué la carte de son image traditionnelle alors que Londres a su se présenter en cité moderne et mondialisée. Il n'en faut pas plus pour décider la reprise de la construction de tours dans la capitale, en ses quartiers périphériques il est vrai. La politique culturelle de la mairie socialiste vise d'ailleurs à donner une image jeune et festive à coups de Paris plages, de nuits blanches et de défilés disco.

Le plus important concerne peut-être la rationalisation des structures. C'est ce que vise le projet de « Grand Paris » qui prétend jouer le rôle du « Grand Londres » : développement du réseau de transport (32 milliards d'euros sont prévus d'ici 2025), nouvelle structure de gouvernance coiffant la capitale et la petite couronne, affirmation de pôles d'excellence en banlieue…

Paris se cherche : elle sait qu'elle a tout intérêt à conserver son charme ancien, elle comprend qu'il lui faut éviter de devenir une « ville écrin » consacrée au seul tourisme. Une chose est certaine : sans que cela soit avoué et en dépit de toutes les déclarations officielles, la page du rééquilibrage spatial est tournée. Une autre preuve de la difficulté de l'État-nation à définir des politiques indépendamment du contexte mondial.

IV. D'où se dirige la France ? Et qui dirige la France ?

Entre action étatique, mondialisation et réveil des identités régionales, où en est le territoire français aujourd'hui ?

Les territoires des élites

▶ **La division en grandes régions n'est peut-être pas la plus pertinente.**

Il vaut mieux changer d'échelle. L'INSEE distingue pôles urbains, périurbain (les banlieues) et espaces ruraux eux-mêmes divisés entre espaces sous influence urbaine (le « rurbain »), pôles ruraux (le « rural vivant » dont parlait Bernard Kayser) et rural isolé, en voie de désertification.

L'analyse politique permet de préciser ces divisions. Les centres-villes votent traditionnellement pour le centre-droit mais les socialistes y ont fortement progressé et les écologistes y obtiennent l'essentiel de leurs résultats. Les banlieues aisées votent comme autrefois pour la droite modérée, mais les banlieues populaires qui étaient le fief de la gauche et de l'extrême gauche ont été gagnées par un vote de droite et d'extrême-droite depuis une dizaine d'années. Sur ce point l'évolution de la région parisienne est emblématique. Paris s'était donné une municipalité de droite pour la première fois en 1900 et l'a conservée sans interruption pendant un siècle ; en 2000, la mairie passe à gauche. Elle envoyait une majorité de députés de droite à l'assemblée ; elle élit maintenant une majorité de gauche (13 députés sur 21 en 2007). À l'inverse la gauche était majoritaire en banlieue en 1978 ; elle est maintenant nettement minoritaire (18 élus sur 69) et ne domine que dans le département de Seine-saint-Denis (8 élus sur 12).

Quant aux électeurs du monde rural, ils restaient fidèles à des clivages venus de loin – catholicisme ou anticléricalisme, fidélité aux notables ou contestations agraires, adoption ou rejet de la révolution ; il existait ainsi des campagnes « rouges », socialistes et mêmes communistes, des campagnes « bleues » modérées et des campagnes « blanches » acquises à la droite catholique. Ces divisions avaient encore un sens dans les années 1960 ; elles l'ont largement perdu sans doute à cause de l'exode rural et de la rurbanisation qui ont rompu le fil des mémoires héritées. Les campagnes se sont majoritairement ralliées à la droite modérée avec même une percée récente de l'extrême-droite. Surtout elles se sentent négligées par les élites en place qui se soucient en priorité des lieux où elles habitent et des banlieues qui les entourent.

La coupure géographique est une coupure sociale.

Onéreux, les centres-villes sont devenus l'apanage des milieux aisés qui présentent deux visages : la classe dirigeante traditionnelle (patrons, professions libérales, cadres supérieurs) qui habite les « beaux quartiers » et la nouvelle élite exerçant des activités intellectuelles, souvent plus jeune et plus sensible à la modernité. Toutes deux se sentent cernés par les banlieues populaires qui, contrairement à une idée reçue, ne constituent pas la zone la plus défavorisée du pays, d'autant plus qu'une partie des revenus vient d'activités illicites non déclarées. La vraie pauvreté se trouve dans le rural profond ou dans les petites villes de province.

À la question « d'où se dirige la France », une réponse évidente émerge : à partir des lieux où habite l'élite dirigeante sous ses formes anciennes où modernes. Elle a la capacité d'inspirer directement les décideurs politiques et économiques qu'elle fréquente et qui, d'ailleurs, viennent de son sein ou l'intègrent. Elle possède les moyens financiers, soit directement, soit par le biais des budgets qu'elle gère. Dans un monde où l'opinion est devenue un acteur et un enjeu essentiels de tout rapport de force, elle dispose surtout de la possibilité de faire les idées et les modes.

Prenons un cas d'école. Puissants à Paris et dans les grandes villes, les milieux écologistes sont plus faibles en province, ils sont même parfois rejetés dans les campagnes. Ainsi lors des régionales de 2010 obtiennent-ils 12 % au niveau national, mais 21 % à Paris et 18 % dans le Rhône. C'est pourtant les idées des écologistes qui inspirent largement la réorganisation de l'espace rural en cours. Leurs thèses ont facilement accès aux médias alors que les agriculteurs éprouvent de la difficulté à se faire entendre maintenant qu'ils ne sont plus qu'une poignée.

Plus généralement, comme le montre Frémont, l'espace français a été aménagé depuis les années 1960 en fonction des besoins des classes moyennes ou aisées des grandes villes. Il est vrai que la France compte aujourd'hui six fois plus de résidences secondaires que d'exploitations agricoles (3 millions contre 0,5). L'espace rural est perçu par ces milieux urbains comme un espace de loisirs et non de production, ce qui conduit à des affrontements avec les paysans. Preuve les conflits picrocholins à propos des usines porcines, des épandages d'engrais ou du chant du coq (quand il en reste !). Les préférences des classes urbaines conduisent à une « fossilisation des paysages » pour leur conserver leur charme et leur pittoresque, alors que ces paysages s'étaient constitués dans le passé en fonction des contraintes de la production agricole.

Encore faut-il noter une évolution sensible. Dans les années 1960, les vacances deviennent accessibles à la grande masse des Français. Leurs moyens sont cependant limités. Cela explique les aménagements de masse, quasiment industriels, des champs de neige ou des littoraux. Les cotes basses et sableuses sont particulièrement concernées car leur morphologie convient aux préoccupations des familles : de longues plages, l'absence de hauts fonds, une mer calme, tout permet de laisser les enfants s'ébrouer sans risques [A. Frémont].

Depuis les inégalités se sont accrues entre classes moyennes et classe supérieure et les nouvelles élites regardent avec mépris ces choix de « Français moyens ». Elles évitent ces lieux trop fréquentés. Leur goût les porte vers l'authentique, le pittoresque, le chic, mais aussi le détourné. Ainsi récupèrent-elles des chapelles abandonnées pour en faire des résidences secondaires ou, dans les villes, des usines désaffectées pour les transformer en *loft*. Elles bâtissent une autre France, celle du luxe, qui leur est réservée.

Elles entretiennent des relations plus complexes avec les banlieues. Alors que le monde rural est lointain, les banlieues sont proches et semblent parfois menaçantes. Voilà qui explique des mesures destinées à les apaiser, de la politique de la ville déjà évoquée à la « discrimination positive ».

Le cas de Sciences Po résume à lui seul l'attitude des élites des centres-villes envers le reste du territoire. Quintessence de l'esprit parisien, situé à proximité de Saint-Germain-des-Prés, l'IEP est depuis sa création destiné à former des élites modernes ; c'était l'intention d'Émile Boutmy, son créateur, sous le coup de la défaite de 1871. Au nom de l'égalité dont elle se réclame aujourd'hui, elle a ouvert un examen d'entrée particulier pour les élèves des lycées de ZEP souvent issus de l'immigration. Parallèlement elle a supprimé son examen d'entrée après classe préparatoire et a avancé celui pour les bacheliers avant les vacances d'été. Cette dernière mesure favorise clairement les élèves des grands lycées parisiens et pénalise ceux qui viennent des bons lycées de province, mais qui sont moins au courant des exigences de l'IEP ; ils pouvaient espérer réussir avec deux mois ou un an de préparation, ils ont moins de chances dorénavant.

Recruter dans les milieux aisés parisiens, écarter la province et se concilier la banlieue : cela ne résume-t-il pas toute la politique de l'élite actuelle ?

Paris, toujours Paris

Revenons à une approche géographique plus traditionnelle. Paris dirige toujours la France, comment s'en étonner ? D'une certaine façon les évolutions récentes accentuent ce poids :

– La politique d'aménagement du territoire l'a servie dans la mesure où la capitale a pu se concentrer sur les activités du tertiaire supérieur par lesquelles passe aujourd'hui la puissance.

– Les progrès des transports ont renforcé sa place au centre de l'espace français. Prenons le cas du TGV. Il s'agit d'un investissement coûteux que l'on ne peut espérer rentabiliser que sur des lignes très fréquentées, donc pour l'essentiel sur des lignes partant de Paris. Par ailleurs le TGV réduit les distances et rapproche les villes qu'il dessert de la capitale : la zone d'influence de Paris s'en trouve naturellement agrandie au point que certaines agglomérations comme Le Mans, Reims ou Tours ont craint d'être transformées en cités-dortoirs.

– La mondialisation a accru son rôle puisque la capitale est l'intermédiaire naturel entre le monde et le reste du territoire français ; aucune autre cité française ne peut prétendre au titre de « ville mondiale » à l'égal de Paris.

– Mais Paris ne dirige pas seule. Elle doit tenir compte des régions et des autres collectivités territoriales ainsi que de quelques grandes métropoles régionales capables d'attirer les emplois stratégiques. Elle doit surtout tenir compte des centres de commandement du reste du monde – les villes où siègent les organismes auxquels appartient la France, celles qui commandent la finance et l'économie mondiale, celles enfin où sont installées les FMN qui ont des filiales dans l'hexagone.

Du même mouvement, la mondialisation renforce et affaiblit Paris. Elle en fait une ville sans rivale en France, mais en compétition avec tout le reste de la planète. N'est-ce pas la problématique même de l'État-nation et du modèle français ?

5 Borgne au royaume des aveugles ?

Les racines de la puissance française

Plus que d'autres peuples, les Français sont taraudés par le sentiment de leur déclin et par la crainte de l'avenir, les sondages d'opinion le démontrent (chapitre 2). Pourtant ils possèdent plus d'atouts que l'on pourrait le croire. Certains ont déjà été évoqués : leur territoire mis en valeur de façon ancienne, leur réseau de transport, leur passé prestigieux... Tous contribuent à la puissance française.

Leur analyse permet de tirer une conclusion qui étonnera peut-être : de tous les pays européens comparables, la France est la nation qui dispose des meilleurs atouts ! Mais il n'y a pas que l'Europe, il y a le monde !

I. Le système politique

Dans un monde désenclavé, il n'est rien qui échappe à la compétition ni au rapport de forces. Les systèmes politiques ne contreviennent pas à cette règle.

▶ **Fait nouveau depuis la Révolution française, la France dispose d'une Constitution et d'institutions qui ont passé l'épreuve du temps.**

La Vᵉ République a fêté son cinquantième anniversaire en 2008. Seule la IIIᵉ avait fait mieux. Des amendements en ont modifié la lettre, mais l'esprit a été préservé pour l'essentiel. Elle gravite tout entière autour de la personne du président « garant de l'indépendance nationale, de l'intégrité du territoire et du respect des traités » et véritable incarnation de la nation. Il nomme le Premier ministre qui n'est, selon la formule de Georges Pompidou, que « le premier des ministres », il peut dissoudre l'Assemblée, il peut adopter en cas de crise des mesures d'urgence (article 16). Comme le souhaitait le général de Gaulle, il tire son autorité du suffrage universel qui crée un lien personnel entre lui et le peuple.

La médiatisation de la vie politique a conforté cette personnalisation du pouvoir. La présidentialisation s'est ainsi accentuée depuis de Gaulle, les conseillers de l'Élysée (le « château ») prenant le pas sur les ministres.

En particulier la prééminence du président dans le domaine géopolitique est indiscutable (chapitre 8).

▶ **La vie politique du pays conforte cet atout. Entre les principaux partis de gouvernement il existe finalement un consensus sur les principaux choix géopolitiques – ce qui n'est pas le cas sur d'autres sujets.**

On aurait pu penser que l'arrivée de la gauche au pouvoir, en 1981, allait remettre en question les orientations fixées par la droite. Dénonciateur du « coup d'État permanent »,

F. Mitterrand n'allait-il pas réduire le pouvoir présidentiel ? Critiques de « l'immoralité » de la politique africaine[1], les socialistes ne rompraient-ils avec la Françafrique ? Contempteurs de la « bombinette », les nouveaux dirigeants ne supprimeraient-ils pas l'arme atomique ? Nous reviendrons sur les deux derniers points et nous verrons que la réponse est claire : après un temps d'hésitation, la continuité s'impose.

Il faut plutôt parler de lentes évolutions menées par la droite comme par la gauche, en particulier à propos de la construction européenne et les relations avec les États-Unis (cf. chapitre 9). Lors de la cohabitation entre le président J. Chirac et le Premier ministre L. Jospin, les deux hommes siègent ensemble au Conseil européen et se gardent d'afficher la moindre divergence ; ils organisent au contraire des conférences de presse communes – où conformément à la règle du « domaine réservé » le président prend la parole le premier.

La haute administration française est-elle l'une des meilleures du monde ?

Les grandes écoles qui la forment (École nationale de la France d'outre-mer jusqu'en 1959, Instituts régionaux d'administration créés en 1970) ont pourtant été l'objet de vives critiques ; aucune n'a plus été visée que l'École nationale d'administration (ENA) créée en octobre 1945 pour fournir à l'État ses cadres de haut niveau. 6 000 hauts fonctionnaires sont passés par ses bancs, dont 2 présidents, 7 Premiers ministres et environ 80 ministres, sans oublier tous les cadres de la fonction publique qui ont bénéficié de cours dans le cadre de la formation permanente. Par ailleurs l'ENA accueille de nombreux stagiaires du continent, mais aussi du reste du monde depuis qu'elle a absorbé l'Institut international d'administration publique (2002). C'est un aspect non négligeable du *soft power* français.

Les critiques contre l'ENA se sont longtemps résumées en un mot, « énarchie ». Les anciens de l'École formeraient un corps technocratique et coupé des réalités. À gauche, on insiste sur leurs origines bourgeoises. À droite, on parle de bureaucratie et de centralisation. Le fait est que l'ENA est en crise. Son installation à Strasbourg l'a éloignée du centre du pouvoir parisien ; les privatisations font disparaître les débouchés dans les grandes entreprises publiques ; Sciences Po, le vivier traditionnel, aspire à devenir une *business school* à l'américaine [A. Garrigou]. Du coup un nombre croissant de diplômés renoncent à la carrière administrative et part « pantoufler » dans le privé.

L'ENA s'efforce de réagir : instauration d'un troisième concours pour permettre l'intégration de candidats issus du secteur privé, introduction de stages, suppression annoncée du classement de sortie qui décidait de l'affectation au sortir de l'École, donc de l'orientation future de toute la vie professionnelle – ce dernier changement ne s'est toujours pas effectué.

Malgré les critiques, l'ENA continue à assurer son rôle : recruter et former l'élite de la haute administration. Elle contribue ainsi à son homogénéité et à son indépendance, loin du *spoil system* qui a longtemps été la règle outre-Atlantique. Et la qualité de leur formation est reconnue dans le monde entier : preuve en est le nombre d'énarques qui se trouvent à la tête des organisations internationales, un argument qui vaut pour l'ensemble des grandes écoles françaises (voir *infra*).

---

1. Illustrée à l'époque par « l'affaire des diamants » que l'empereur de Centrafrique Bokassa avait donnés à Valéry Giscard d'Estaing.

▶ **La structure administrative et géographique de la France se trouve elle aussi sur la sellette.**

Elle résulte, nous l'avons dit, de la coexistence d'un système ancien hérité de la Révolution et d'un système nouveau considéré comme plus « moderne » (chapitre 4). Le risque est celui de l'éparpillement et du gaspillage ainsi que de la trop petite taille des différentes pièces du puzzle français. La France compte ainsi plus de 36 000 communes contre 16 000 en Allemagne et 8 000 en Italie. Elle compte aussi 22 régions métropolitaines (et 5 outre-mer) contre 16 länder allemands, 20 régions italiennes et 17 communautés autonomes espagnoles. Le souci de ménager les intérêts locaux contribue à cette dispersion. Ainsi, lorsqu'il a fallu établir la liste des pôles de compétitivité en 2005, 66 ont été retenus, chiffre porté à 71 ensuite. En fait, comme les audits suivants le démontreront, comptent vraiment les 7 pôles mondiaux et les dix pôles à vocation mondiale.

Le risque, c'est que des structures trop petites manquent de moyens pour s'affirmer à l'échelle européenne ou mondiale. *Les Villes européennes* de Roger Brunet avait attiré l'attention dès 1989 ; son analyse a été actualisée en 2000 [Céline Rozenblat, Patricia Cicille]. Les villes européennes sont classées en 6 catégories selon leur rayonnement. Parmi les métropoles de province, Lyon, Marseille et Toulouse n'atteignent que la quatrième catégorie. Aucune française dans les classes 2 et 3 ! En revanche elles sont nombreuses dans les classes 5, 6 et 7.

La même analyse vaut pour les régions. En dehors de l'Ile-de-France, peu ont une véritable dimension européenne, à l'exception de Rhône-Alpes. Encore ne figure-t-elle qu'à la treizième place pour le PIB. La Provence-Alpes-Côte-d'Azur est 25e, le Nord-Pas-de-Calais 36e, les Pays de la Loire 37e… De l'autre côté des frontières, la Catalogne pèse le triple du Languedoc-Roussillon, la Flandre le double du Nord-Pas-de-Calais et le Bade-Wurtemberg sept fois l'Alsace ! Or les régions sont en charge d'infrastructures essentielles en matière de transport et d'éducation, deux éléments clés de leur attractivité : ne risquent-elles pas de voir partir les investisseurs vers les régions étrangères limitrophes ?

La situation n'est pourtant pas si sombre. La France manque de grandes métropoles d'envergure européenne ; mais, avec Paris, elle dispose de la première ville européenne selon le classement évoqué plus haut et ne connaît qu'une seule rivale, Londres. Le Royaume-Uni, qui ne place aucune ville en classe 2, 3 ou 4, ou l'Allemagne, dont les premières villes n'apparaissent qu'en classe 3 (Munich et Berlin), ne sont pas mieux lotis.

Même constat en ce qui concerne les régions. L'Ile-de-France se classe première ou seconde pour le PIB selon les années (en rivalité avec la Rhénanie du Nord-Westphalie). Les régions britanniques trustent un tiers des vingt premières places, mais, à l'exception de l'Écosse, leur identité, leur autonomie et leurs moyens sont faibles – il s'agit en fait de structures statistiques imposées par l'Union européenne à un pays qui ne connaissait que ses quatre nations et ses comtés. Restent les régions allemandes – 5 sur les 20 premières ; leur place et leur poids ne font que confirmer une évidence, celui de la primauté économique de l'Allemagne en Europe.

Les structures administratives et géographiques n'ont donc pas l'effet délétère parfois évoqué. Elles restent marquées par l'héritage républicain et la centralisation sur Paris qui, du coup, est l'un des organismes les plus puissants du continent.

II. Les infrastructures matérielles

Ces infrastructures matérielles sont le fruit d'un lointain héritage qui a longtemps fait illusion. La France s'enorgueillissait de la qualité de ses ponts, de la densité de ses routes, de la beauté de ses monuments, de la modernité de ses premiers barrages hydroélectriques. C'était la forêt qui cache l'arbre – l'absence d'autoroutes, la médiocrité du logement et des hôtels, la faible rentabilité des mines. Un effort de modernisation considérable a été accompli qui a porté ses fruits.

La patrie des ingénieurs

Sans revenir sur la qualité du réseau de transport déjà évoqué (chapitre 1), il convient de souligner son importance économique et géopolitique.

Il permet aux différentes régions d'affirmer leurs spécialisations. Il rend attractif le territoire et encourage les investissements directs comme les flux touristiques. Il renforce « l'isthme français » et le place, sinon au centre de l'Europe, du moins en position de carrefour, et il l'ouvre sur le monde. Il autorise une réaction rapide en cas de crise – les chemins de fer ont permis d'abréger considérablement le temps de mobilisation au début des grands conflits des XIXe et XXe siècles. Il permet aussi de constituer une « réserve » pour l'armée en cas de guerre : les pilotes et la flotte de l'aviation civile seront mobilisés pour des missions de transport. C'est une des raisons qui explique le soutien de l'État à la création d'Air France en 1933 puis sa nationalisation au lendemain de la guerre.

Plus généralement le secteur des transports contribue au prestige du pays : les records de vitesse des locomotives électriques BB et CC en 1955 ne seront battus que par le TGV qui détient l'actuel record depuis 2007. Avec le Royaume-Uni, la France a construit l'unique avion commercial supersonique au monde, le Concorde, « imité » par le seul Tupolev Tu 144[1]. Ainsi les ingénieurs français confortent leur réputation de savoir-faire et démontrent que la France n'est pas irrémédiablement condamnée au « retard ». Il en va de même sur le plan énergétique.

Le nucléaire, une histoire française

▶ La France est-elle condamnée à la dépendance énergétique ?

Sa production d'énergie fossile est en effet réduite à presque rien : plus de charbon, 1 million de tonnes de pétrole (un peu plus d'1 % de sa consommation), à peine plus de gaz (2 % de sa consommation). Or les besoins de la France sont considérables, comme il est logique pour l'une des premières économies mondiales : sa consommation dépasse 300 millions de tonnes d'équivalent pétrole qui vont aux ménages (plus de 40 % du total), aux transports (environ un tiers) et à la production agricole et industrielle (environ un quart).

Cette situation n'est pas nouvelle. Dans le passé l'une des faiblesses de la France face au Royaume-Uni ou à l'Allemagne était le manque de charbon ; pendant les Trente Glorieuses, la faiblesse devient le manque de pétrole qui la rend dépendante des *majors* anglo-saxonnes et de l'OPEP. Elle tente de réagir en soutenant les activités de Total (où l'État est présent) et

1. La ressemblance est telle que les observateurs pensèrent unanimement à un acte d'espionnage industriel.

en constituant un pôle entièrement public unifié autour d'Elf-ERAP (1967) qui deviendra Elf Aquitaine et sera repris par Total en 2000. Paris continue à exploiter le pétrole algérien jusqu'en 1971, elle encourage Elf à acquérir des concessions dans les pays de la Françafrique considérés comme sûrs (Gabon), elle entretient de bonnes relations avec les pays arabes producteurs de pétrole.

Tout cela ne change rien à la réalité : le taux d'indépendance énergétique français n'atteint en 1973 que 24 %, ce qui signifie que le pays doit importer les trois quarts de sa consommation.

▶ **La solution est cherchée dans le développement de la production électrique.**

Il s'agit d'abord de l'hydroélectricité pour laquelle la France dispose de sites nombreux et d'une technique ancienne[1]. Considérée comme une « énergie patriotique », elle voit son développement encouragé par le « programme 38 » qui sera peu à peu réalisé après-guerre : barrages de Génissiat (1948), Donzère Mondragon (1952), Serre-Ponçon (1961)... Le Rhône est particulièrement mis en valeur grâce à la Compagnie nationale du Rhône, mais aussi les Alpes et le Rhin. Aujourd'hui l'équipement est terminé, les sites rentables ayant tous été équipés, et le dernier barrage prévu sur la Rizzanese (Corse) entre en service en 2012.

C'est donc vers une autre forme de production électrique que la France se tourne lors du choc pétrolier : l'énergie nucléaire en faveur de laquelle est adopté le plan Messmer de 1974. Il prévoit de construire en dix ans 55 nouveaux réacteurs nucléaires (6 étant déjà en service). Dans ce domaine la France dispose d'outils performants avec le Commissariat à l'énergie atomique (1945) et EDF. Elle a opéré un choix décisif en 1970 lorsque le dirigeant d'EDF, Marcel Boiteux, persuade le président Pompidou de renoncer à la technologie française à base d'uranium naturel ; la France se rallie aux technologies américaines moins coûteuses à base d'uranium enrichi. Ce choix marginalise le CEA et fait d'EDF le maître d'œuvre du programme nucléaire[2]. Par l'intermédiaire de deux filiales, le CEA se réoriente vers l'extraction de l'uranium (COGEMA) et la production d'uranium enrichi (Eurodif à Tricastin). En 2001, la COGEMA, le CEA et Framatome fusionnent au sein d'Areva qui est présente sur la totalité de la filière.

De gros efforts ont aussi été accomplis en ce qui concerne les économies d'énergie. L'intensité énergétique[3] a baissé de presque 40 % depuis 1973.

Enfin, à défaut de se rendre indépendante des hydrocarbures importés, la France évite de dépendre d'un seul pays. Dans les années 1970, elle faisait venir son pétrole principalement du Proche-Orient grâce au contrat d'approvisionnement à long terme négocié par Michel Jobert en 1974 avec l'Arabie saoudite et aux bonnes relations avec l'Irak et les émirats du Golfe. Aujourd'hui le Proche-Orient ne fournit plus que 22 % des achats français contre 29 % pour l'Afrique, 29 % pour le monde russe et 20 % pour la mer du Nord. La même diversification vaut pour le gaz (28 % de Norvège, 16 % des Pays-Bas, 14 % d'Algérie et 13 % de Russie).

La France en retire un avantage géopolitique important : sa diplomatie risque moins d'être prise en otages par ses fournisseurs – ce qui n'est pas le cas de l'Allemagne ou de l'Italie très dépendantes du gaz russe.

---

1. Marcel Desprez a mis au point le transport de l'électricité par câble en 1882-1883.

2. « Le CEA visait le prix Nobel et EDF le prix de l'électricité » a-t-on pu dire.

3. Consommation d'énergie divisée par le PIB.

Le taux d'indépendance énergétique remonte à 50,5 % (2010).

La production nationale d'énergie atteint 137 millions de tonnes équivalent pétrole. Le nucléaire assure 76,5 % de cette production, essentiellement de l'électricité, et la France, forte de ses 58 centrales, est le second producteur mondial d'électricité nucléaire derrière les États-Unis. La France en exporte même en direction de ses voisins. Ces ventes ne compensent pas, bien sûr, les importations : entre 80 et 90 millions de tonnes de pétrole, 17 millions de tonnes de charbon, 500 millions de TWH de gaz naturel... La facture énergétique de la France est donc négative de plus de 45 milliards d'euros à la fin des années 2000, malgré la crise.

Pourtant le bilan est indiscutablement positif. Non seulement la France est moins dépendante que la plupart des pays européens, mais elle produit une électricité bon marché. Elle a développé une filière nucléaire qui exporte son matériel et son savoir faire. Ici comme dans le secteur des transports l'un des atouts de la France apparaît clairement, la qualité de son corps d'ingénieurs issu des grandes écoles.

Cependant, après le « tout pétrole » des années 1960, le « tout nucléaire » des années 1970 est contesté.

En ce qui concerne l'indépendance énergétique d'abord. La filière nucléaire est considérée comme « nationale » ; mais la France a eu besoin de capitaux étrangers et de technologies étrangères pour la développer. Elle doit importer maintenant tout son uranium. Sans doute Areva a-t-elle su acquérir des concessions dans de grands pays producteurs (Niger, Kazakhstan, Canada) : elle a réussi pour l'uranium ce que les *majors* avaient réussi pour le pétrole avant 1973. Les troubles récurrents au Niger et les enlèvements commis par AQMI (Al Qaida au Maghreb islamique) rappellent pourtant que ces ressources n'ont rien de sûres. D'autant plus que les réserves d'uranium à l'échelle mondiale sont comptées, comme celles des combustibles fossiles.

En ce qui concerne le prix de l'électricité, les polémiques sont vives. Les écologistes accusent EDF de sous-estimer le coût du nucléaire en refusant de prendre en compte les dépenses liées au futur démantèlement des centrales.

En ce qui concerne la technologie française, les retards considérables pris pour la mise en service de l'EPR (réacteur pressurisé européen, dit de 3e génération) inquiètent. Sans doute les atouts de cette filière sont considérables : le nouveau réacteur produit plus d'électricité avec 20 % de minerai en moins, génère moins de déchets et est soumis à des normes de sécurité particulièrement strictes. Sa complexité explique-t-elle le retard pris pour la mise en service du premier réacteur en Finlande ? Elle contribue en tout cas à son prix élevé : en décembre 2009 Abou Dabi a renoncé à l'achat de quatre réacteurs français et leur a préféré les modèles plus simples du sud-coréen KEPCO.

Enfin le « tout nucléaire » aurait détourné la France d'autres énergies pour lesquelles elle bénéficie pourtant de nombreux avantages : l'importance des forêts et de la production agricole, le potentiel éolien le long de ses côtes, l'amplitude des marées de l'océan Atlantique, le soleil du Midi. Elle dispose des deux premières entreprises mondiales dans le secteur du développement durable (Veolia et GDF-Suez) et a prouvé ses capacités techniques en construisant l'usine marémotrice de la Rance en Bretagne (inaugurée en 1967) ou la centrale solaire Thémis en Cerdagne (inaugurée en 1983, arrêtée en 1986 pour devenir un centre de recherche, en cours de réactivation actuellement).

Le contexte actuel est d'ailleurs peu favorable à cette énergie prométhéenne. La catastrophe de Fukushima en 2011 donne des arguments de poids aux écologistes qui réclament l'arrêt total de la filière et ont obtenu satisfaction en Allemagne.

Les énergies renouvelables (hors consommation domestique de bois) ne représentent pourtant que 16 % de la production nationale d'électricité dont 12 proviennent de l'hydroélectricité ; l'éolien ne représente que 2 %, les agrocarburants 1 % et le reste est négligeable. Annoncée en 2011, la construction de quatre fermes éoliennes en mer est en recul par rapport aux projets du « Grenelle de l'environnement » et ne devrait pas changer la situation : la crise n'est pas favorable à de grands projets dont la rentabilité est douteuse.

▶ **Dans ces conditions définir une politique énergétique est difficile.**

Il faut tenir compte des engagements pris à l'échelle européenne[1], des besoins du pays, des contraintes budgétaires, du poids des grandes compagnies productrices, des pressions de l'opinion influencée par les thèses écologistes. Ces thèses elles-mêmes sont souvent contradictoires : la peur du réchauffement climatique devrait faire choisir le nucléaire, le risque d'accident et la gestion des déchets conduisent à s'en détourner ; l'éolien abîme les paysages ; la production d'agrocarburants utilise des engrais et du carburant, donc du pétrole, et elle se fait au détriment de la production agricole, donc de l'alimentation de la planète !

Comme sur d'autres sujets, un consensus avait cependant émergé. Grands pourfendeurs du nucléaire avant 1981, les socialistes avaient fini par s'y rallier. Aujourd'hui, la notion de « mix énergétique » semble faire consensus – nucléaire, énergies nouvelles, gaz, économie d'énergie – les nuances se réfugiant dans la proportion attribuée à chacun. Le poids des écologistes conduit cependant les partis, et en particulier le parti socialiste, à envisager une « sortie du nucléaire ». Mais quand ?

Bâti et voirie

La France souffre après 1945 d'une pénurie de logements. En cause les destructions de la guerre, mais aussi le blocage des loyers qui avait dissuadé d'investir dans ce secteur. Les mesures s'enchaînent. Dès 1948 les propriétaires sont autorisés à fixer le prix des loyers librement pour les appartements nouveaux ou rénovés. En 1949 l'État encourage la création des sociétés de HLM (habitations à loyers modérés, autrefois HBM, habitations bon marché) et soutient la création massive de grands ensembles. En 1965 il instaure l'épargne logement qui facilite l'accès à la propriété. Il s'efforce même de donner à tous l'accès à un bon logement : en 1977 est créée dans ce but l'aide personnalisée au logement et en 2007 la loi DALO instaure un « droit au logement opposable » qui fonde le principe du droit au logement pour tous.

Le bilan est impressionnant. Le nombre de logements construits passe de 100 000 par an au début des années 1950 à 550 000 au début des années 1970 ; il diminue ensuite puis remonte à 400 000 en 2007 avant une nouvelle chute liée à la crise. Un habitant sur six bénéficie d'un logement social et la construction de logements sociaux est passée de 50 000 par an dans les années 1980 à 100 000 dans les années 2000 (et même 130 000 en 2010).

1. En particulier l'objectif des « 3 fois 20 » adopté en 2008 : 20 % de réduction des émissions de gaz à effet de serre, 20 % d'économie d'énergie et 20 % d'énergie renouvelable dans la consommation totale d'énergie d'ici à 2020.

Parallèlement la qualité du logement s'est considérablement améliorée depuis 1950. Enfin 57 % des Français sont propriétaires de leur logement.

D'où vient alors le malaise actuel ? D'abord de l'augmentation du prix du logement, en particulier dans les centres-villes ; la qualité se paye ! Les classes populaires ou même moyennes se voient rejetées en lointaine banlieue. Ensuite de la crise économique, de la montée du chômage et de la précarité : alors se développe le phénomène des « SDF » (sans domicile fixe) qui devient d'autant plus visible qu'il est fortement médiatisé. Il faut surtout tenir compte des contradictions de la politique du logement. La politique des grands ensembles contredit la création du prêt épargne logement qui favorise les zones pavillonnaires. Les architectes qui rêvent de la ville parfaite peuvent fulminer, les Français préfèrent le logement individuel dès qu'ils en ont les moyens !

En fait le logement français est surtout victime des difficultés économiques et sociales du pays : montée du chômage, moindre progression des revenus, concentration des immigrés dans certains quartiers, éclatement de la société française.

Ces jugements ne doivent pas conduire à négliger l'ampleur des résultats obtenus. Ils s'ajoutent à l'effort global de développement et d'entretien des infrastructures urbaines (voirie, parkings), à la construction de monuments susceptibles d'attirer les touristes, au ravalement des quartiers anciens dans les grandes villes de province, à la transformation du parc hôtelier. Celui-ci a été complètement rénové à l'initiative de grandes sociétés comme Novotel (maintenant Accor) qui ouvre son premier hôtel à Lille en 1967. L'effort porte moins sur la quantité que sur la qualité avec le système des étoiles ; le nombre d'hôtels a même tendance à diminuer aujourd'hui (19 000 hôtels classés), mais le nombre de chambres reste stable car la baisse touche les hôtels indépendants de petite taille. Aujourd'hui l'effort porte sur le développement des palaces pour attirer la clientèle riche du monde entier.

III. Les infrastructures immatérielles

L'argent et le commerce

Comme l'hôtellerie, le commerce était le domaine de la France des « petits ».

Le terme de « boutique » résumait à lui seul tous les retards français. Tout change avec la circulaire Fontanet (1960) qui punit les refus de vente comme les prix imposés : elle interdit ainsi les réseaux commerciaux préférentiels (à l'exception de quelques cas comme la parfumerie, la franchise et depuis la loi Lang la librairie).

Les grandes surfaces peuvent alors proposer des prix inférieurs aux petits commerçants. Le développement de l'automobile et des banlieues leur permet de construire à proximité des axes routiers ou autoroutiers de vastes parkings qui facilitent l'accès à leurs magasins. Le mouvement consumériste conduit à s'approvisionner en ces lieux où les prix sont moins élevés. Les grandes surfaces réalisent aujourd'hui les deux tiers des ventes de produits alimentaires (un tiers pour les seuls hypermarchés).

Le système financier a connu un bouleversement comparable.

Il s'agit d'abord de la Bourse qui se rénove pour contrer la concurrence de la Bourse de Londres, la première à avoir opéré son *big bang* (1986). La cotation assistée en continu est introduite à partir de 1986, des marchés de produits dérivés sont créés (MATIF et MONEP), le second marché (pour les grosses PME) est lancé en 1983, le nouveau marché (pour les entreprises de haute technologie, à l'instar du Nasdaq) en 1996. Plus généralement les marchés financiers sont déréglementés, ce qui permet entre autres aux banques d'opérer directement en bourse : les agents de change perdent leur monopole.

Une fusion s'opère avec d'autres bourses européennes (Amsterdam, Bruxelles puis Lisbonne). Elle débouche sur la création d'Euronext (2000) qui achète le LIFFE britannique (2002). En 2007, Euronext fusionne avec le NYSE (New York Stock Exchange) pour donner naissance à NYSE Euronext et en 2011 est adopté le principe d'une fusion avec la Bourse de Francfort. Ainsi la Bourse de Paris est-elle devenue membre du premier ensemble boursier mondial, mais elle y a perdu son autonomie, le centre de décision basculant à New York et dans l'avenir probablement à Francfort.

Le réseau bancaire français a connu le même mouvement de libéralisation. Autrefois fortement contrôlé par l'État, il a été privatisé dans les années 1980 et 1990 (Paribas et Société générale en 1987, BNP en 1993, Crédit lyonnais en 1999), déréglementé et décloisonné (ce qui signifie que les banques peuvent se concurrencer sur tous les secteurs d'activité). Les fusions, qui avaient commencé sous la houlette des pouvoirs publics avec la création de la BNP (1966), se sont accélérées : en 2000 la BNP acquiert Paribas après une OPA hostile. On a parfois reproché aux banques françaises de conserver une attitude frileuse et de se concentrer sur la banque « de détail » (services aux particuliers) au détriment des activités d'investissement ou de finances plus audacieuses. Il faut dire que la principale société qui se lance dans la « banque universelle », le Crédit lyonnais, évite de peu la faillite en 1993 grâce à l'aide massive de son actionnaire, l'État. Mais cette originalité des banques françaises leur a permis de mieux traverser la crise de 2008 que beaucoup de leurs homologues plus audacieuses.

Enfin le secteur des assurances a connu lui aussi une nette affirmation et une exceptionnelle concentration autour d'Axa, à l'origine petit assureur rouennais qui acquiert plusieurs sociétés françaises et adopte son nom actuel en 1985 avant de lancer dans de nombreuses acquisitions internationales.

Banques, bourse, commerce, hôtellerie, bâtiment et travaux publics, transports, énergie… La modernisation des infrastructures françaises n'a rien d'original et pourrait concerner tous les pays développés. Un fait cependant mérite attention. Dans tous ces secteurs la France a réussi à faire émerger des champions mondiaux[1]. Axa est 14e mondiale et première dans le secteur de l'assurance, BNP Paribas est 26e et 3e banque mondiale, Carrefour est 32e et seconde société de distribution, GDF-Suez est 38e, le Crédit agricole 43e et EDF 68e… Se classent aussi parmi les 500 premières entreprises mondiales Auchan, Vinci, Bouygues, la SNCF, La Poste… Les banques et les sociétés de distribution sont fortement implantées à l'étranger, en particulier en Europe du Sud où elles dominent le marché.

Comment douter qu'il s'agit de l'un des points forts de l'économie française et que le savoir faire français est reconnu, entre autres à cause de la qualité des infrastructures du pays ?

1. Tous les chiffres qui suivent concernent le chiffre d'affaires et viennent de l'enquête 2011 de Fortune sur les 500 premières entreprises mondiales.

Production et transmission du savoir

▶ **Reste un domaine beaucoup plus controversé, celui de l'éducation.**

Non seulement il y règne un climat de protestation et de contestation qui rend les réformes difficiles, mais les classements internationaux sont inquiétants. Les enquêtes PISA sont effectuées par l'OCDE auprès d'élèves âgés de 15 ans et mesurent leurs connaissances en mathématiques et en sciences ainsi que la maîtrise de leur langue : la France se place respectivement en 22e, 27e et 22e position, les premières places étant trustées par les pays asiatiques, les nations scandinaves, la Suisse, le Canada ou l'Australie (2009). Mais les Français font aussi moins bien que les Allemands (16e en moyenne), ils obtiennent des résultats comparables aux Britanniques ou… aux Américains dont ils méprisent tellement l'inculture. Et ils ont fortement régressé depuis 2000 lorsqu'ils se situaient entre la 12e et la 21e place.

Le résultat est encore plus médiocre en ce qui concerne l'enseignement supérieur si l'on prend comme référence le classement académique des universités mondiales couramment appelé « classement de Shanghai ». Les établissements d'outre-Atlantique dominent, la France ne classe en 2011 que trois établissements parmi les 100 premiers à des places médiocres – Paris XI 40e, Paris VI 41e et l'École normale supérieure 69e.

Enfin 12 % des jeunes de 18-24 ans quittent le système éducatif sans formation ni diplôme, ce qui place la France dans la moyenne européenne, certes loin devant l'Espagne (30 %) mais derrière la Suède (7 %). Ces résultats choquent dans un pays dont le modèle gravite autour de l'école, vecteur des valeurs républicaines.

Le fait est grave car la qualité et la réputation du système éducatif représentent pour les pays modernes un enjeu multiforme :

– La formation des salariés et leur productivité contribuent à la compétitivité du pays et à son attractivité.

– La capacité à attirer des étudiants étrangers apporte des devises, permet de fixer certains d'entre eux comme travailleurs et forme les autres à des méthodes françaises qu'ils rapporteront chez eux.

– La réputation de l'enseignement et des professeurs renforcent l'influence du pays et son *soft power.*

Comment expliquer ces médiocres résultats ?

Les syndicats d'enseignants mettent en cause la pingrerie de l'État qui ne consacrerait pas assez de moyens à l'éducation. Les dépenses intérieures d'éducation ont pourtant doublé en termes réels entre 1980 et 2009 et les dépenses moyennes par élève ont augmenté de 80 %. Ces dépenses publiques représentent aujourd'hui 5,5 % du PIB[1], ce qui met la France au-dessus des « bons élèves » asiatiques (le Japon est à 3,3, la Corée à 4,8) ou de la plupart des pays européens (Allemagne 4,4, Italie 4,7) et à des niveaux comparables aux États-Unis (5,4) et au Royaume-Uni (5,3). Seuls les pays scandinaves font sensiblement plus.

L'effort de l'État français n'est donc pas insignifiant. Il est contrebalancé par deux particularités de notre pays. D'abord les dépenses privées d'éducation sont plus faibles qu'ailleurs : 0,6 % du PIB contre 3,1 en Corée du Sud, 2,1 aux États-Unis, 1,7 au Royaume-Uni

1. Source UNESCO. Les chiffres concernent selon les pays les années 2008 ou 2009.

et au Japon. On peut y voir la preuve de l'attachement français à l'égalité et à la gratuité de l'enseignement, une intériorisation profonde des principes du « modèle ». Par ailleurs la France consacre une part élevée de ses dépenses à l'enseignement primaire et secondaire, mais une faible proportion à l'enseignement supérieur.

Pourtant les statistiques internationales ne doivent pas être surestimées. Le classement de Shanghai privilégie la réputation mondiale des enseignants, ce qui favorise les riches universités américaines capables de les attirer, et la grande taille des établissements. C'est oublier que le supérieur français est complexe – universités, grandes écoles, filières sélectives courtes (IUT, BTS)… « Nulle part ailleurs dans l'OCDE ne prévaut une telle diversité de voies postsecondaires » [F. Munier]. Cet éparpillement ne va pas dans le sens du classement de Shanghai d'autant plus que les grandes écoles captent une part élevée des meilleurs étudiants.

À l'inverse le classement du *Financial Times* qui concerne les masters en management européens installe aux premiers rangs les écoles de gestions françaises : 7 sur les 10 premières avec en tête l'ESCP (en 2010). L'École des Mines établit quant à elle un classement original à partir d'un critère unique : le nombre d'anciens de l'établissement qui détiennent le poste de dirigeant de l'une des 500 premières entreprises mondiales. Si Harvard arrive en tête suivi de deux japonaises, HEC est 4e, Polytechnique 7e, l'ENA 9e et la France se situe globalement à la troisième place derrière les États-Unis et le Japon (classement de 2010).

En fait le système français n'a guère changé depuis sa mise en place sous la Révolution et l'Empire. Il s'agit d'un système à deux vitesses qui assure une formation de base pour tous et une formation élitiste pour les meilleurs. Ainsi la méritocratie républicaine prétend-elle concilier égalité des chances et inégalité des résultats. La scolarisation commence jeune – une autre originalité française – grâce à une école maternelle généralement reconnue comme performante. À la sortie 63 % d'une classe d'âge obtient le baccalauréat (contre 1 % au début du XXe siècle et 30 % au milieu des années 1980), au prix d'un allégement des programmes sans doute. En revanche une sélection sévère reste la règle dans le système des classes préparatoires et des grandes écoles qui prépare la formation de l'élite.

Si l'on voulait une dernière preuve de l'efficacité du système français, on la trouverait dans le nombre de nos compatriotes qui figurent à la tête de grandes institutions internationales : des anciens de l'ENA (Jean-Claude Trichet à la BCE jusqu'en 2011, Pascal Lamy[1] à l'OMC, Christian Noyer à la BRI, Jean-Pierre Costa à la Cour européenne des droits de l'homme) ou de Sciences Po (Raymond Benjamin à l'OACI) mais aussi de « véto Toulouse » (Bernard Vallat, Organisation mondiale de la météo internationale). Et quand il a fallu remplacer à la tête du FMI l'ancien HEC Dominique Strauss-Kahn, le monde s'est rallié à la candidature d'une juriste, Christine Lagarde, qui avait tenté l'ENA. Les statistiques internationales peuvent railler notre système éducatif, les décideurs internationaux le légitiment.

Tout va-t-il pour le mieux dans la meilleure des écoles possibles ? Sans doute pas car plusieurs menaces pèsent sur le système français.

Les grandes écoles sont sur la sellette. Dès 1964, dans *Les Héritiers*, Pierre Bourdieu et Jean-Claude Passeron parlent de reproduction sociale et d'écoles monopolisées par les « héri-

---

1. Pascal Lamy est également diplômé d'HEC.

tiers de la culture dominante ». Les critiques notent que ces écoles poussent au conformisme et entretiennent un « esprit de corps ». Ils dénoncent enfin un système où la carrière future se joue dès 20 ans, le diplôme permettant d'accéder à un statut privilégié. Ainsi se formerait une aristocratie qui, pour se prétendre républicaine, n'en serait pas moins en décalage avec les idéaux égalitaristes.

– De leur côté les universités reprochent à ces grandes écoles d'accaparer les moyens financiers et aimeraient les faire passer sous leur coupe. L'uniformisation européenne menace enfin un système profondément français.

– Sur le long terme, il n'est pas possible de baisser les exigences du secondaire tout en maintenant celles du supérieur. L'un finira par affecter l'autre.

– Les performances françaises sont honorables par rapport à celles des pays européens comparables. Restent les remarquables résultats des nations asiatiques qui distancent la plupart des pays développés. Il s'agit d'un aspect du « grand basculement » du monde vers l'est.

▶ **Les Français entretiennent le même pessimisme en ce qui concerne leur recherche-développement.**

Les statistiques révèlent une baisse sensible de l'effort de R&D depuis plusieurs décennies. Proche de 2,5 % du PIB pendant les Trente Glorieuses, il est tombé à 2,08 % en 2007, loin derrière les pays scandinaves ou Israël qui détiennent les records mondiaux, mais aussi derrière la Corée, le Japon, les États-Unis (2,67 %) ou l'Allemagne (2,54 %). Différents classements ont dégradé récemment la France qui se placerait selon eux à la 10e place européenne (ministère de l'Industrie), à la 14e place (Indicateur de l'Union Européenne) ou à la 19e place mondiale (indicateur de l'INSEAD) [Séverine Le Loarne et Christophe Fontaine].

La recherche française se trouve sous le feu des critiques autant que le « modèle » dont elle partage plusieurs caractéristiques : non seulement elle est largement financée par l'État (ce qui est le fait de tous les grands pays), mais elle est définie par lui et largement effectuée dans des organismes publics comme le CNRS. Ce dernier fait l'objet des mêmes reproches que toutes les administrations : médiocrité des liens avec les entreprises, efficacité insuffisante, faible souci de la rentabilité…

En fait la France continue à vivre au rythme ancien du « colbertisme *high-tech* » : l'État est en charge de la définition et de la réalisation des grands programmes de recherche dont dépendent à terme la croissance du pays et sa puissance. Il les soutient par l'intermédiaire de ces propres instituts de recherche, de ses entreprises nationales, de ses commandes au secteur privé. Ainsi se sont formés des savoir-faire d'excellence dans l'aéronautique, le nucléaire ou les télécommunications. Au détriment d'autres domaines de recherche que l'État a délaissés.

Sur ce point comme sur d'autres, le modèle français prouve son originalité et sa capacité de résistance. L'État, encore lui, vient à son secours suivant quatre axes principaux [C. Tellenne].

– La création d'un nouvel instrument de financement, l'Agence nationale de la recherche (ANR), soucieux de rentabilité ; il apparaît comme un nouveau « lieu de pouvoir » de la R&D française[1]. En même temps est institué un système d'évaluation que les chercheurs du CNRS critiquent vertement.

– La mise en place des pôles de compétitivité en 2005.

1. « La recherche en France, les nouveaux lieux de pouvoir », *La recherche* n° 416, février 2008.

– La réforme sur l'autonomie des universités, engagée en 2007 pour leur donner les moyens de rivaliser avec les grandes universités anglo-saxonnes, fer de lance de la recherche outre-Atlantique et outre-Manche.

– Le lancement d'un « grand emprunt » dont les sommes seront affectées pour une large part à l'innovation : sur les 35 milliards d'euros de subventions, 11 iront à l'enseignement supérieur, 8 à la recherche, 4,5 à l'économie numérique, 5 au développement industriel et 6,5 aux filières industrielles.

Le bilan est-il si désastreux ? Les classements internationaux se prêtent à autant de manipulations que ceux qui concernent le système éducatif. Pour en rester à des chiffres simples, la France pointe en cinquième position mondiale pour l'effort de R&D en chiffres absolus (derrière les États-Unis, la Chine, le Japon et l'Allemagne) et en cinquième pour les dépôts de brevets internationaux[1] (derrière les États-Unis, le Japon, l'Allemagne et la Corée du Sud). Elle figure aussi en quatrième place pour l'attribution des prix Nobel scientifiques depuis 1945 avec 33 récompenses. Dans les cinq premières, mais juste en dessous du podium.

Restent les médailles Field, considérées comme les « Nobel des mathématiques », pour lesquelles elle arrive en seconde position avec 11 récompenses (contre 13 pour les États-Unis), dont dix anciens élèves de l'École Normale Supérieure – encore une preuve que le système typiquement français des grandes écoles possède ses vertus.

IV. Les Français

Principal fondement de l'économie et de la puissance françaises, sa population. Elle ne représente sans doute qu'un pour cent de la population mondiale. Ce chiffre ne doit pas inquiéter : le dynamisme démographique et la qualité de la main-d'œuvre constituent des atouts dont tous les pays développés ne disposent pas au même degré.

▶ **Au 1er janvier 2011, la population de la France atteint un peu plus de 65 millions d'habitants dont 63,1 en France métropolitaine.**

Elle se situe à la 29e place dans le monde et à la 3e en Europe. À ce chiffre il faudrait d'ailleurs ajouter les expatriés installés dans le reste du monde dont le nombre est imprécis – environ deux millions de personnes. La densité de l'hexagone s'élève à 115 hab./km², un chiffre égal à celui de l'Union européenne et double de la moyenne mondiale. Au sein de l'Europe occidentale, elle apparaît cependant comme un territoire sous-peuplé, la densité du Royaume-Uni atteignant 247, celle de l'Allemagne 231 et celle de l'Italie 195.

L'histoire démographique de la France est singulière (chapitre 2). Après le *baby-boom* qui se prolonge jusqu'aux années 1960, la fécondité régresse rapidement comme dans tous les pays développés. Mais un redressement s'opère à partir des années 1990 : tombé à 1,65 en 1994, le taux de fécondité remonte à 2,01 aujourd'hui. Sans doute le chiffre est-il inférieur au seuil de reproduction (2,1), mais c'est le second chiffre de l'Union européenne (après l'Irlande) et l'un des plus élevés des pays développés. Les explications tiennent à l'ampleur de la politique familiale (l'ensemble des dépenses et dégrèvement fiscaux atteint 70 milliards d'euros par an), au développement des crèches et de l'école

---

1. Selon les calculs de l'OMPI.

maternelle qui permettent aux femmes de concilier vie professionnelle et maternité, à la qualité du système de soins, enfin au nombre d'immigrants : sur les 824 000 naissances de 2009, 223 000 sont le fait de couples dont un parent au moins est immigré. On notera cependant que le redressement de la fécondité se fait sentir dans toute l'Union, y compris dans les pays de l'Est où l'immigration est inexistante : rebond d'un continent qui craint le déclassement ?

Les bonnes notes abondent[1]. À près de 82 ans, l'espérance de vie est l'une des plus élevée du monde (6e place mondiale) alors que le taux de mortalité infantile (3,9 pour mille) figure parmi les plus faibles. Surtout la France vieillit, bien sûr, mais moins nettement que la plupart de ses partenaires. Les plus de 65 ans représentent 15,2 % de la population totale contre 19,3 en Allemagne et 16,7 en moyenne dans l'Union ; des grands pays européens, seul le Royaume-Uni dispose d'un taux proche de celui de la France. Celle-ci est encore plus avantagée en ce qui concerne les moins de 15 ans dans la population totale : avec un pourcentage de 18,6, elle arrive en deuxième position dans l'Union (derrière l'Irlande).

Les prévisions mettent la France en position favorable, du moins au sein du continent européen. Elle devrait (re)devenir le pays le plus peuplé de l'Union vers 2080. La proportion des plus de 65 ans serait en 2050 de 27,3 contre près du tiers en Allemagne, en Espagne ou en Italie et 30 % pour l'ensemble de l'Union.

▶ **Les Français sont l'un des peuples les plus productifs de la planète.**

La structure démographique explique le nombre élevé de Français en âge de travailler (de façon conventionnelle, les statistiques internationales retiennent la tranche d'âge 15-65 ans) et de Français actifs (qui exercent ou recherchent un emploi). Ces derniers ont augmenté de façon régulière depuis les années 1960 et atteignent dans la métropole 28,5 millions dont 1,5 million d'étrangers (2009). Ce chiffre résulte de la conjonction de deux phénomènes contradictoires – la montée du travail des femmes et l'augmentation de la population en âge de travailler d'un côté ; de l'autre l'allongement de la durée des études et le passage à la retraite à 60 ans (1982). Le bilan est un taux d'activité légèrement inférieur à la moyenne de l'Union européenne (70,7 % contre 71,1) et aux taux allemand, anglais ou scandinave (environ 75 %).

Sur ce plan également la France devrait mieux évoluer que ses partenaires européens. Selon Eurostat[2], la population en âge de travailler de l'Union européenne diminuerait de 8 % entre 2010 et 2040, malgré l'immigration. La France serait épargnée et sa population active resterait stable.

Il ne suffit pourtant pas de disposer d'actifs, il faut leur donner un emploi. Les résultats de la France dans ce domaine sont beaucoup moins satisfaisants. Longtemps la politique économique a privilégié la croissance au risque de l'inflation et du déficit commercial ; le taux de chômage était alors inférieur à la moyenne de l'OCDE. Le changement de politique en 1982 a brutalement renversé la situation : depuis le milieu des années 1980 le taux de chômage français est supérieur à celui de l'OCDE – en général de 2 à 3 points même

1. L'ensemble des chiffres et des prévisions qui suivent viennent d'Eurostat.

2. *Statistics in focus*, 72/2008.

si l'écart s'est réduit depuis la crise de 2008. Particulièrement médiocre la performance française en ce qui concerne le chômage longue durée et, répète-t-on souvent, le chômage des jeunes[1].

On a parfois parlé d'une « préférence française pour le chômage ». La protection sociale est élevée, ce qui suppose un transfert de revenus des travailleurs et des entreprises vers les chômeurs, donc des cotisations sociales importantes. Dès lors le travail coûte cher, ce qui décourage les entreprises d'embaucher, et le chômage ne diminue guère, même en cas de reprise. Un peu comme si ceux qui bénéficient d'un travail achetaient la « paix sociale » en entretenant, même mal, les chômeurs.

On pourrait tout aussi bien parler d'une « préférence française pour la productivité ». Toutes les études le démontrent, la productivité du travail est l'une des plus élevées du monde. Selon les calculs américains, la France arrive en 2009 au septième rang mondial pour le PNB par heure travaillée avec 54,50 $ contre 57,50 $ aux États-Unis ; dans l'Union européenne elle est distancée par les pays du Benelux et l'Irlande, mais fait mieux que tous les grands pays[2]. Les statistiques européennes donnent un résultat comparable, la France arrivant même selon ces calculs à la troisième place dans l'Union derrière la Belgique et les Pays-Bas avec une productivité égale à 92 % de celle des États-Unis.

Cette performance doit être rapprochée d'une autre statistique, beaucoup moins favorable : les Français travaillent bien, mais peu. La baisse du temps de travail a pris dans notre pays toutes les formes possibles : allongement des congés payés jusqu'à 5 semaines, baisse du temps de travail hebdomadaire jusqu'à 35 heures en 1998, nombreux jours fériés payés (11 contre 8 en Allemagne, au Royaume-Uni et en général aux États-Unis[3]). La conséquence est que le nombre d'heures travaillées par an est particulièrement faible dans notre pays : 1 460 heures par an contre 1 640 au Royaume-Uni, près de 1 800 aux États-Unis et au Japon, 1 940 en Pologne et près de 2 300 en Corée, même si les comparaisons internationales sont difficiles et si les chiffres sont contestés parfois[4]. Ajoutons que les Français entrent tard sur le marché du travail et le quittent plus tôt. La conséquence est simple : au cours de sa vie un Français effectue un tiers de temps de travail de moins qu'un Américain.

On pourra parler d'une préférence française pour le temps libre, ce qui contribue à la douceur de vivre prêtée à notre pays. La conséquence n'en est pas moins claire : avec une productivité du travail comparable à celle des Américains, les Français bénéficient d'un PIB par habitant égal aux deux tiers du leur ! Ce qu'ils gagnent en loisirs, ils le perdent en revenu.

En fait il existe de grandes inégalités en ce qui concerne le temps de travail. Si la grande majorité est touchée par la loi des 35 heures, et parfois moins dans la fonction publique, les cadres sont soumis à des obligations différentes qui expliquent des horaires beaucoup plus

1. Cette idée doit être nuancée. Le taux de chômage est calculé en divisant le nombre de chômeurs par le nombre d'actifs. Or beaucoup de jeunes en France suivent des études longues, ce qui explique un faible nombre d'actifs parmi eux et un taux de chômage surestimé. Si l'on divise le nombre de jeunes chômeurs par le nombre de jeunes qu'ils suivent ou non des études, la France se trouve dans la moyenne.

2. Source : USBL, International Comparisons of GNP per capita and per hour, 21/10/2010.

3. En revanche, le nombre de jours fériés payés est supérieur en Italie et au Japon.

4. Source OCDE. Les chiffres concernent l'année 2008 et sont calculés pour l'ensemble des salariés, y compris à temps partiel. Seule de tous les grands pays, l'Allemagne fait moins avec 1 350 heures.

lourds, comme c'est le cas pour les professions libérales et les indépendants (commerçants). C'est d'eux que dépendent en grande partie les performances du pays, d'autant plus que leur productivité est particulièrement forte et qu'ils paient l'essentiel de l'impôt sur le revenu qui permet d'alimenter le système. En parodiant Churchill on pourrait dire que jamais un si grand nombre d'hommes ont dû autant à un si petit nombre[1] !

Autre originalité française, le taux d'épargne des ménages est particulièrement élevé : 16 % de leurs revenus disponibles en 2010 (et 17 % en 2011) contre 5,8 aux États-Unis, 5,4 au Royaume-Uni, 11,4 en Allemagne[2]. Le fait est ancien. Le taux était encore plus élevé au début des années 1970 à plus de 20 %, il a chuté jusqu'au début des années 1990 et remonte depuis. On peut interpréter cette évolution comme la preuve d'un manque de confiance des Français pour leur avenir. Cette épargne n'en donne pas moins à la France la capacité de mobiliser une quantité élevée de capitaux.

▶ Les Français sont-ils un atout pour la France ?

Tout dépend, encore une fois, de l'échelle adoptée. Parmi les pays européens, la France verra sa population augmenter et vieillir moins que les autres. Son dynamisme devrait lui permettre de jouer un rôle accru au sein de l'Union, surtout depuis que la pondération des votes intègre le critère démographique. De ce point de vue, son futur rival n'est pas l'Allemagne, mais le Royaume-Uni.

À l'échelle mondiale, la vision est tout autre : sa part dans la population de la planète ne peut que se réduire et sa population vieillir. Cela affectera le financement des postes retraite et santé de la Sécurité sociale : l'organisme a connu en 2010 un déficit record de 23,1 milliards d'euros, à peine réduit en 2011. La productivité et le coût du travail seront aussi touchés : une population active plus âgée risque d'être moins mobile et moins adaptable, elle a aussi toutes les chances de coûter plus cher puisque les salaires évoluent tout au long de la carrière.

Cette évolution ne peut qu'affecter sa compétitivité face à des pays émergents qui bénéficient, les uns après les autres et pendant une fenêtre étroite (une trentaine d'années), d'un « dividende démographique » : la population active augmente rapidement chez eux tandis que les retraités sont encore peu nombreux et que le pourcentage des jeunes inactifs se réduit. Peu de charges sociales, des coûts du travail faibles, une main-d'œuvre abondante dont la productivité augmente rapidement… La France est confrontée à ce défi, comme tous les pays développés.

Les choix qu'elle a effectués dans le passé rendront les solutions plus difficiles pour elle. Il est difficile de réformer la « Sécu », partie intégrante du modèle. Par ailleurs la France a eu plus que d'autres recours à l'immigration, ce qui explique partiellement son dynamisme démographique. Mais ce n'est pas sans conséquences sur la cohésion du pays (chapitre 3) et l'immigration qu'attire la France est généralement peu qualifiée (chapitre 7). Cette particularité explique sans doute le niveau élevé du chômage chez les immigrés. Dès lors tous les

---

1. C'est ce que confirme une étude publiée par Rexeco de janvier 2011. Elle confirme que les salariés français travaillent moins que les autres, moins que les Allemands affirmait-elle même. À l'inverse, les professions libérales et les indépendants ont des horaires particulièrement lourds. Pour tenter d'être équilibré sur un sujet délicat et polémique, signalons que selon une autre enquête, menée par l'institut Régus, le travail des Français serait plus important qu'on le dit, entre autres à cause du travail que beaucoup emportent chez eux le soir pour le terminer, une pratique plus répandue qu'à l'étranger.

2. Source OCDE.

arguments qui font des immigrés les futurs cotisants de la « Sécu » et les garants du maintien du modèle pourraient bien se révéler illusoires.

Moins affectée que les autres pays développés par le phénomène du vieillissement, la France risque donc d'être plus affectée qu'eux par les réformes qu'il impose.

La puissance française dispose de fondements solides si on la compare aux autres pays développés. Un système politique et une administration efficaces, un vieillissement moins marqué, des infrastructures de qualité, une élite de chercheurs et d'ingénieurs de premier plan. Parmi les pays européens la France fait bonne figure. Mais l'Europe souffre globalement d'un déclassement et peine à définir sa place entre son tuteur traditionnel, les États-Unis, et ses challengers que sont les émergents. Serait-elle le borgne au royaume des aveugles ?

6 *Gold, hard et soft power*

Les aspects de la puissance française

« Grande puissance moyenne », la France ne fait plus partie des puissances primordiales qui déterminent le sort de la planète. Mais elle reste une vraie puissance susceptible de jouer un rôle de premier plan en Europe et en Afrique, de faire entendre une voix originale comme ce fut le cas lors de la guerre d'Irak, d'œuvrer en faveur de la paix ou de la guerre (comme le prouvent le compromis lors du conflit Russie-Géorgie de 2008 ou l'intervention en Libye en 2011).

Cette position est-elle durable ? La montée en puissance des émergents se fait dans des zones où la France est peu présente, en Asie et en Amérique latine. Non seulement elle remet en question le rang de la France qui se trouve mécaniquement déclassée – comme l'ensemble des pays développés, à l'exception peut-être des États-Unis –, mais elle affecte la capacité d'influence de la France à laquelle ces pays paraissent moins sensibles.

La France pourra-t-elle conserver son rang ?

I. Le *gold power*

Combien vaut la France ? À cette question iconoclaste, les statistiques officielles fournissent pour l'année 2007 la réponse de 12 513 milliards d'euros, cinq fois le PIB. Il s'agit de l'addition du patrimoine des administrations, des entreprises et des ménages.

La précision du chiffre peut sembler dérisoire : comment estimer la valeur des œuvres d'art et des monuments historiques ? Le calcul n'en a pas moins le mérite de rappeler que le *gold power* repose sur un héritage exceptionnel, une somme d'investissements matériels et immatériels que nous avons évoqués au chapitre précédent. Malgré la rapidité de leur rattrapage, les pays émergents mettront du temps à construire une telle richesse. D'autant plus que les Français se caractérisent par un taux d'épargne élevé qui est même monté à 17 % de leur revenu disponible en 2011. C'est un formidable atout si l'on compare aux autres grandes puissances développées : on sait ce que leur impécuniosité a coûté aux Américains !

Autre considération intéressante : la valeur de ce patrimoine a doublé depuis 1978 (en termes réels). Le patrimoine des ménages français est le quatrième au monde en 2011, devant celui des Allemands, et la France est le premier pays d'Europe pour le nombre de millionnaires en dollars. Voilà qui suffirait à contredire le pessimisme ambiant !

Toute la palette des activités, ou presque...

La France pointe en cinquième position pour le PIB avec 2 260 milliards $ (2010), derrière les États-Unis, la Chine, le Japon et l'Allemagne, juste avant le Royaume-Uni avec lequel elle rivalise depuis les années 1980 et devant l'Italie et le Brésil. Fait remarquable, la France occupait pratiquement la même place en 1900 (derrière les États-Unis, l'Allemagne, le Royaume-

Uni et à égalité avec la Russie). Voilà qui relativiserait l'idée d'un « déclin français » sur le long terme. Mais il y a le classement en PPA[1] qui ne lui donne que la huitième ou neuvième place ; elle est alors distancée par l'Inde, la Russie, le Royaume-Uni et le Brésil. Cette hiérarchie ne fait que préfigurer ce qui est attendu en 2050[2] : la France serait alors dépassée également par le Mexique ou l'Indonésie et se retrouverait en onzième position.

Cette place somme toute honorable, la France la doit à son tissu économique à la fois complexe et spécialisé. On a l'habitude de négliger ce point, mais l'une des principales supériorités des économies développées face aux émergents tient à la diversification de leurs économies : alors que la Chine est « l'usine du monde », que l'Inde aspire à en être le « bureau d'études » et que le Brésil en devient le centre d'approvisionnement, les pays riches ont su développer des tissus économiques complets ; leur marché intérieur achète une vaste gamme de biens et de services courants, leur avance technique leur permet d'exporter des biens industriels variés, la présence des principales multinationales suscite une myriade d'activités de conseil, de communication et de financement.

La France ne fait pas exception. Grande puissance agricole, elle est le troisième exportateur de produits agroalimentaires mais aussi le cinquième producteur industriel de la planète et le quatrième exportateur de services commerciaux. Cette variété s'appuie sur de nombreux points forts.

Le grenier de l'Europe

▶ **Dans cette liste l'agroalimentaire vient en premier.**

Sans doute bénéficie-t-elle dans ce domaine des atouts d'un milieu favorable et d'une mise en valeur ancienne (chapitre 1). L'agriculture française n'en était pas moins taxée d'archaïsme au sortir de la Seconde Guerre mondiale ; en 1946 il n'y a que 46 000 tracteurs dans le pays et la balance commerciale est restée déficitaire jusqu'en 1971, essentiellement à cause de la faiblesse de l'industrie de transformation agroalimentaire. Les fonds du plan Marshall qui permettent l'achat de matériel américain, l'effort des agriculteurs, la concentration des entreprises (Danone) et surtout l'intervention de l'État français et de l'Union européenne ont permis une exceptionnelle modernisation.

Aujourd'hui la France figure parmi les premiers producteurs mondiaux pour de nombreux produits. Premier producteur mondial de sucre de betterave et deuxième de vin (derrière l'Italie), elle figure parmi les cinq premiers pour des produits aussi divers que le lin, les haricots verts, les petits pois, les poireaux, le blé, l'orge, les champignons, les raisins, les graines de colza et de tournesol, la viande de canard et de dinde et même le kiwi… Cet inventaire à la Prévert démontre une chose : la France est à la fois bien placée pour les grands produits de l'agriculture productiviste et pour ceux de l'horticulture, de l'arboriculture ou de l'aviculture, des secteurs où elle peut faire valoir sa réputation de qualité grâce aux appellations d'origine contrôlées. Remarquable la progression des rendements : en ce qui concerne le blé ils atteignaient 16 quintaux à l'hectare en 1946 et 75 en 1999 – une hausse proche

---

1. Parité pouvoir d'achat. Ce calcul permet de prendre en compte les différences de niveau de vie entre les pays. Pour calculer ces parités, on compare le prix de deux « paniers » de biens et de services dans les deux pays et on en déduit la parité « réelle » entre leurs monnaies.

2. Selon l'étude de PricewaterhouseCoopers, *The World in 2050*.

d'un quintal par an ; depuis ils ne progressent plus guère (74 en 2009), preuve selon certains que l'agriculture productiviste a atteint ses limites. Ils sont pourtant parmi les premiers du monde.

Peu de performances françaises tiennent à si peu d'hommes.

Elles reposent sur un million de personnes réparties en 490 000 exploitations[1]. En fait l'essentiel de la production vient des 10 % les plus grandes qui dépassent 140 hectares.

On comprend leur malaise devant les difficultés qui s'accumulent : réformes de la PAC qui réduisent les soutiens, critiques écologistes, coût de la modernisation qui explique un niveau élevé d'endettement. Les revenus sont inférieurs à la moyenne nationale, la profession n'attire guère et les exploitants sont âgés, ce qui pèse lourdement sur l'avenir de la filière. La pression écologiste se révèle à double tranchant. D'un côté, elle encourage le développement d'une agriculture « bio » pour laquelle la France est bien placée grâce à sa réputation de qualité. De l'autre, elle explique l'interdiction d'utiliser les OGM, ce qui affaiblit les grandes entreprises exportatrices. À l'extrême, le rêve de certains n'est-il pas de transformer les agriculteurs en « gardiens du paysage », ce qui convient aux classes moyennes urbaines (chapitre 4) ?

Il faut aussi tenir compte de la montée des concurrents : aux États-Unis et aux Pays-Bas s'ajoutent quelques pays dopés par la PAC (Allemagne, Royaume-Uni même), les anciens pays communistes dont la production redevient excédentaire (Pologne, Russie) et surtout les émergents d'Amérique latine (Argentine, Brésil qui a ravi à la France la place de second exportateur mondial). Même un produit aussi « français » que le vin souffre : à l'Espagne et à l'Italie s'ajoutent les États-Unis et les nouveaux vignobles du Sud (Chili, Argentine, Australie, Afrique du Sud) : ils profitent d'une main-d'œuvre moins coûteuse et ont su jouer la carte de produits moins compliqués et plus standardisés que les vins français.

L'agriculture n'en est pas moins précieuse pour le pays.

Elle constitue le maillon central d'une filière qui, des industries d'équipement à la restauration en passant par la transformation, emploie près d'un Français sur six. Elle contribue à l'image de la France par le biais de la gastronomie. Elle apporte des devises (8 milliards d'euros d'excédent en 2010 pour l'ensemble de la filière agroalimentaire). Le potentiel agricole pourrait permettre aussi le développement de la fabrication d'agrocarburants, justifiant avec retard la référence au « pétrole vert » de la France que l'on attribue à Valéry Giscard d'Estaing.

Surtout la puissance agricole assure l'indépendance alimentaire du pays. Ce point semblait avoir perdu de son importance depuis une trentaine d'années, puisque les marchés mondiaux permettaient de s'approvisionner à bas prix. Il retrouve toute son importance. Au moment où le monde se demande comment nourrir 9 milliards d'hommes en 2050, la France dispose d'un « pouvoir vert » considérable. La France ne peut se passer d'un tel atout ; il faudra pour cela qu'elle résiste aux mesures libérales que veut Bruxelles et qu'elle retienne le meilleur des arguments écologistes.

1. Le calcul du ministère de l'Agriculture concerne l'année 2010 et concerne « les personnes participant régulièrement au travail des exploitations ».

La fin de l'industrie ?

▶ L'industrie française s'est longtemps concentrée sur les biens de consommation.

Ce secteur est devenu largement déficitaire, dans le cas du textile depuis 1976, et souffre particulièrement du phénomène de délocalisation. Seule rescapée, l'industrie du luxe reste la première mondiale avec une part de marché supérieure à 25 %. Son chiffre d'affaires (22 milliards d'euros) est le double de celui de l'Italie, sa principale rivale, et PPR est la première entreprise mondiale du secteur.

Sous l'impulsion de l'État la France a développé après 1945 la production des biens d'équipement. La réussite est au rendez-vous dans de nombreux domaines : aéronautique, armement, télécommunications, matériel ferroviaire, réacteurs nucléaires...

Deux cas sont particulièrement éclairants : celui de l'énergie nucléaire (chapitre 5) et celui de l'industrie aéronautique. Les Français ont bénéficié en 1945 du retrait allemand et japonais auxquels la production d'avions militaires était interdite. C'est d'ailleurs un programme d'avion de transport pour l'armée qui débouche sur le lancement de la Caravelle en 1955[1], premier avion commercial à réaction avec le B 707. Ensuite les dirigeants français s'interrogent : soit décliner la Caravelle en multipliant les versions, ce qui serait le plus rentable ; soit franchir un seuil technologique et lancer un avion commercial supersonique, ce qui est plus risqué. Le second choix est adopté et débouche sur le Concorde construit en coopération avec les Britanniques. C'est un échec économique : la hausse du prix du carburant après 1973 l'explique comme le protectionnisme discret des États-Unis. Pourtant la France a conforté son rôle de leader technique et lance avec les Allemands le programme Airbus avec succès (1969). Aujourd'hui Airbus s'est imposée à côté de Boeing qu'elle a même dépassé pour les commandes et les livraisons. Si le travail est réparti à travers toute l'Europe, la France continue à effectuer à Toulouse l'essentiel de l'assemblage (sauf pour la famille des A 320 assemblés à Hambourg) et la fabrication stratégique du nez de l'appareil.

Il faut ajouter aux biens d'équipement quelques produits pour lesquels la France est particulièrement bien placée : l'automobile (même si la France ne figure plus qu'à la huitième place mondiale), la pharmacie (première dans l'Union européenne et troisième exportatrice mondiale), le pneumatique (avec Michelin) ou certaines productions de produits de base : les aciers plats pour l'automobile (grâce à l'usine Usinor de Dunkerque, l'une des premières du monde dans ce domaine), le verre...

▶ Le solde commercial de l'industrie française est pourtant négatif (chapitre 7).

La France souffre de faiblesses. Deux se révèlent particulièrement graves sur le plan stratégique : l'informatique et les machines-outils. L'État a pourtant multiplié les initiatives dans ces deux domaines : plans Calcul à partir de 1966, plan robotique sous Valéry Giscard d'Estaing puis plan machine-outil de 1982 doté de près de 3 milliards de francs. À chaque fois c'est l'échec.

Même en ce qui concerne ses points forts traditionnels la France traverse une période difficile. Longtemps elle s'est considérée comme le leader européen naturel en matière aéronau-

1. Le lancement commercial aura lieu en 1959. Pour être juste, il faut signaler que les Anglais avaient tenté l'expérience auparavant, mais sans succès.

tique. Mais Airbus a permis à l'Allemagne de se refaire une santé dans ce secteur, le Royaume-Uni est entré dans l'Union et les autres pays s'irritent de ce qu'ils considèrent comme de la suffisance. La France n'a pas réussi à s'imposer comme maître d'œuvre de l'avion de chasse européen ; en 1985 elle choisit de développer seule son propre avion, le Rafale, tandis que ses partenaires coopèrent pour fabriquer l'Eurofighter. Par ailleurs la crise traversée par EADS en 2008 a provoqué une réorganisation de l'entreprise que les Français, peut-être atteints de paranoïa, ont jugée moins sévère pour les Allemands que pour eux.

Autre revers, celui du projet de vente de quatre réacteurs nucléaires EPR à Abu Dhabi en 2009.

> En fait, il faudrait parler de l'échec de la fine fleur du capitalisme français EDF,GDF Suez, Areva, Total, Alstom et Vinci qui proposaient le réacteur français de la troisième génération EPR à l'Émirat… le tout avec le soutien appuyé de Nicolas Sarkozy. La France était pourtant partie sûre de sa suprématie technologique et de l'efficacité de son lobbying politique que le marché semblait déjà acquis. Ce sont les Coréens qui ont raflé la mise avec un projet moins ambitieux et moins cher porté par un consortium nippo-coréen[1].

▶ Le bilan global pourrait encore s'aggraver sous l'effet des délocalisations que connaît la France.

Nous reviendrons dans le chapitre 7 sur son attractivité. Retenons pour l'instant une date essentielle : en 2006, pour la première fois de leur histoire, les firmes automobiles françaises ont produit plus à l'étranger que sur le territoire national. Conséquence logique, la balance commerciale de ce secteur est devenue négative en 2009.

La France est-elle condamnée à voir se défaire son tissu industriel ? Comme tous les pays développés elle souffre d'une chute du nombre de travailleurs dans ce secteur (y compris l'énergie et l'agroalimentaire) : 5,3 millions de salariés en 1980, 3,4 en 2009. La perte est particulièrement élevée dans le secteur des biens de consommation (– 50 %) et le recul est deux fois plus rapide que dans l'ensemble de la zone euro [P. Artus et M.-P. Virard]. Les délocalisations y contribuent, mais aussi les gains de productivité. Aussi la production continue à augmenter régulièrement. La France perd moins son industrie que son emploi industriel ; c'est le tertiaire qui crée aujourd'hui les postes de travail dont le pays a besoin.

Encore ne faudrait-il pas tirer des conclusions trop lénifiantes de ce fait. Si les grandes entreprises industrielles ne créent plus d'emplois directement, elles le font indirectement en externalisant de nombreuses activités de service qu'elles opéraient autrefois en interne (surveillance, entretien, comptabilité…). Si les délocalisations s'aggravaient, c'est tout l'emploi français qui serait affecté.

Par ailleurs la performance française se situe très en dessous de la moyenne européenne : le secteur manufacturier ne représente plus que 16 % de la valeur ajoutée (contre près de 30 en Allemagne et plus de 22 dans la zone euro), la croissance de la production n'a été que de 4,3 % entre 2000 et 2008 (contre 13,1 dans la zone euro). La réalité de la désindustrialisation y est plus sensible qu'ailleurs.

---

1. É. Duquenoy, « Ne pas se reposer sur ses lauriers. Les points forts de l'économie française », *in* P. Gauchon et J.-M. Huissoud (dir.), *Vive la France quand même !*, Paris, PUF, « Major », 2010.

Services ou tourisme ?

En toute première place le tourisme, l'un des secteurs économiques qui connaît la croissance la plus vive depuis plusieurs décennies : le nombre de touristes internationaux a atteint un record en 2010 (935 millions de voyageurs) et les recettes mondiales ont atteint 919 milliards $. Or la France est le premier pays au monde pour l'arrivée de touristes (77 millions en 2010), le troisième pour les recettes touristiques (49 milliards $ en 2009), le premier à nouveau pour le solde touristique car les Français partent moins à l'étranger que la plupart des habitants des pays développés.

La France doit-elle être fière de ce résultat ? Ne s'agit-il pas d'une rente de situation qui doit tout au milieu et aux héritages historiques et artistiques ? Ce jugement néglige l'effort accompli par l'État et les entreprises : infrastructures de transport, bâtiment et hôtellerie, monuments et centres d'attraction. La liste des sites les plus visités en France comporte autant de lieux récents qu'anciens : en tête Disneyland, puis la tour Eiffel, le Louvre, le centre Georges Pompidou, Versailles, le musée d'Orsay, la Cité des sciences de La Villette, le Parc Astérix ou le Futuroscope de Poitiers… On est loin d'une liste figée qui devrait tout au passé.

Le tourisme souffre également d'une réputation peu flatteuse : des emplois peu qualifiés, du service pour ne pas dire de la servilité, des activités « futiles »… En un mot le tourisme ne contribuerait en rien au progrès ni à la puissance du pays, à l'inverse de l'industrie lourde autrefois, de pointe aujourd'hui. Pourtant la réputation des garçons de café ou des taxis parisiens démontre jusqu'à la caricature que les services ne sont pas toujours rendus avec servilité ! Surtout le tourisme crée des emplois et en induit plus encore – agriculture, industrie de luxe, bâtiment-travaux publics, transports, commerce… Pour 500 000 emplois directement créés par l'activité touristique, il faudrait en compter 3 ou 4 fois plus générés indirectement.

Même en raisonnant en termes de puissance, le tourisme propage une image positive de la France qui contribue à son *soft power*. En fait les critiques adressées au tourisme font penser à la remarque de Jacques Ferry, président du Groupement des intérêts sidérurgiques dans les années 1960 à la recherche d'un soutien public : « Un pays ne peut se contenter de l'industrie de la crème glacée et du cosmétique ». La puissance d'un pays dépend-elle aujourd'hui de sa production d'acier ?

On entend aussi dire que l'arbre du tourisme cache la forêt des services pour laquelle la France est beaucoup moins bien placée, en particulier en ce qui concerne les transports et les redevances. Mais d'autres secteurs sont largement excédentaires. Celui du bâtiment et travaux publics apporte des recettes considérables – le savoir-faire de l'ingénierie française est confirmé.

Le résultat se voit dans les chiffres : la France est quatrième exportatrice de services commerciaux au monde avec une part de marché de l'ordre de 5 %.

Tourisme. Travaux publics. Agriculture. Luxe. Beaucoup font la moue devant cette énumération qui prouverait la faible modernité de la France (voir conclusion). Elle est pourtant bien placée pour beaucoup d'activités de pointe comme l'aéronautique, le nucléaire ou la pharmacie. Sa grande faiblesse concerne l'électronique. Selon le palmarès Deloitte Technology Fast, la France place 93 entreprises parmi les 500 entreprises technologiques les plus performantes, bien avant l'Allemagne ! Il est vrai qu'elle a renoncé à l'électronique grand public – mais s'agit-il encore d'une activité de pointe ? En revanche elle est bien positionnée dans le secteur stratégique de l'électronique militaire, dans la conception de logiciels et dans la fabrication de cartes à mémoire dont elle est leader mondial avec Gemalto. Elle s'efforce de conforter ces spécialisations grâce à une véritable relance de sa politique industrielle : définition de pôles de compétitivité, grand emprunt, naissance d'un *cloud computing* à la française associant Orange, Thales et Dassault Systèmes sous l'égide de l'État (2011), soutien aux « activités vertes » auxquelles le plan de relance de 2009 a consacré 20 milliards d'euros.

La France des réseaux

La puissance économique de la France est celle de son territoire. Mais c'est aussi celle de ses réseaux, qu'il s'agisse de la francophonie, de sa diaspora ou des filiales de ses entreprises. Toutes concourent à l'essor de l'économie et de la puissance nationales.

Particulièrement importantes les grandes entreprises françaises. Un effort gigantesque de concentration a été accompli. En 1958 la France ne comptait qu'une seule firme parmi les 100 premières mondiales et il s'agissait de Total, en 98e position. Aujourd'hui elles sont, selon les années, entre 8 et 9. Si l'on retient les 500 premières entreprises mondiales[1], la France place 35 de ses firmes, ce qui la situe à la quatrième place derrière les États-Unis, le Japon et la Chine (qui l'a dépassée depuis peu) mais devant tous les pays européens.

Les premières entreprises françaises mondiales

(source *Fortune* ; le chiffre correspond à la place mondiale de ces entreprises)

Total	1
AXA	14
BNP Paribas	26
Carrefour	32
GDF Suez	38
Crédit Agricole	43
Électricité de France	68
Société générale	72
Peugeot Paris	90
Groupe BPCE	97
France Télécom	121
CNP Assurances	130
Groupe Auchan	142
Saint-Gobain	155
Renault	163
Veolia Environnement	175
Sanofi-Aventis	187
Vinci	192
Bouygues	206

1. Selon le classement 2011 du magazine *Fortune*.

SNCF	209
Foncière Euris	217
Vivendi	225
La Poste	306
Air France-KLM Group	308
Christian Dior	344
Alstom	348
Schneider Electric	374
L'Oréal	378
Michelin	411
Groupama	420
PPR	421
Danone	433
Lafarge	455
Alcatel-Lucent	461
Sodexo	470

La liste de ces « champions » confirme les spécialisations françaises : outre la prédominance du secteur financier que l'on retrouve dans tous les pays développés, la France se caractérise par la présence de quelques leaders industriels mondiaux (Michelin, Danone), en particulier dans le secteur du luxe (PPR, Dior, L'Oréal), du BTP (Bouygues, Vinci, Lafarge) et de la grande distribution (Carrefour, Auchan). Un inventaire assez disparate qui renvoie aux activités à forte connotation française (luxe, alimentation), aux engagements de l'État (BTP, services aux collectivités locales, énergie) mais aussi au dynamisme des entrepreneurs.

La puissance des grandes entreprises est-elle la puissance de la France ? Cette question renvoie à celle des délocalisations que nous reprendrons dans le chapitre 7.

II. Le *soft power* à la française

Le *soft power* a été défini par Joseph Nye comme une forme d'influence qu'exerce une nation sur ses partenaires : il s'agit de les amener à faire leurs les objectifs qu'elle poursuit. Depuis 1945, le *soft power* des États-Unis domine tous les autres. La France ne manque pourtant pas d'atouts dans ce domaine. Dans son ouvrage *Soft power, The means to success in world politics*, Joseph Nye faisait d'ailleurs l'éloge de la politique culturelle française. Marc Fumaroli date ses débuts de 1883, moment où est constitué le réseau culturel français afin de compenser la défaite de 1870 : la France peut ainsi prétendre au titre de première nation à avoir développé une « diplomatie culturelle ».

Modèle et art de vivre

▶ **La France se présente comme la patrie des droits de l'homme, de la Liberté, de l'Égalité et de la Fraternité.**

Il s'agit de l'héritage révolutionnaire qu'elle prétend incarner aujourd'hui dans l'ordre international. Remarquable le rôle de *leader* moral qu'elle a assumé dans les relations Nord/

Sud. Sur de nombreux sujet elle a pris la défense des pays du Sud, en particulier dans les années 1980 à propos de leur dette. Elle a donné l'exemple en supprimant unilatéralement la dette publique que les pays les plus pauvres lui devaient (Dakar 1989). Elle a insisté pour que l'Europe signe des accords préférentiels avec les pays africains (ce qui débouche sur la convention de Lomé). Elle se vante d'être une terre d'asile et accueille environ 10 000 réfugiés par an au cours des années 2000[1]. Elle fournit une aide importante aux pays en voie de développement et, même si cet effort est comparativement inférieur à ceux des pays nordiques ou du Benelux, il place la France dans les premiers rangs mondiaux et même au second derrière les États-Unis en 2010 (13 milliards $).

À l'aide publique il faut ajouter l'action des bénévoles. La France avait déjà une tradition importance de « médecins coloniaux » qui ont contribué à faire reculer les maladies tropicales en Afrique. Le docteur Schweitzer qui combattit la lèpre et construit l'hôpital de Lambaréné au Gabon est devenu célèbre par ses écrits, par le film qu'il inspira et par le prix Nobel de la paix qu'il obtint en 1952. Aujourd'hui de nombreuses ONG françaises continuent sur cette voie. La plus célèbre, Médecins sans frontières, a été fondée en 1971 par des médecins français qui étaient partis au Biafra ; parmi eux Bernard Kouchner est devenu une icône médiatique tandis que la formule *French Doctors* est devenue un terme générique.

Dans l'ordre économique et social, la France oppose volontiers son modèle à celui des Anglo-Saxons : davantage de contrôle des grands intérêts privés, davantage de redistribution sociale, davantage de justice…, en un mot elle prétend définir un « capitalisme à visage humain » dont Jacques Chirac a esquissé les traits dans son mémorandum de 1996 où il proposait un « modèle européen » qu'il imaginait décalqué du modèle français.

La France a toujours parlé le discours de la morale, mais la morale de la France a évolué.

La morale du général de Gaulle reposait sur l'équilibre international et la souveraineté des nations, même modestes. Il posait au défenseur des faibles et des petits contre les forts. Le refus de l'intervention en Irak en 2003 sonne, avec le recul, comme le chant du cygne de cette position : « Tout au long de notre histoire, notre nation s'est sentie investie d'une mission particulière sur le théâtre du monde, porteuse de valeurs qu'elle voulait partager avec les autres peuples » (Dominique de Villepin[2]). Nulle allusion à la nature du régime irakien, mais la condamnation de l'usage de la force par les puissants. Le fond et le ton sont encore gaulliens, mais la politique française avait déjà commencé à changer du tout au tout.

Signe du changement, la France a radicalement modifié son attitude envers l'ONU. Le général de Gaulle la méprisait et l'appelait le « machin ». Il refusait de participer à ses opérations : la France n'intervient pour la première fois dans une opération de maintien de la paix qu'au milieu des années 1970 au Liban. Depuis, Paris a œuvré pour une réforme et un renforcement de l'organisation. Jacques Chirac a soutenu l'élargissement du Conseil de sécurité à de nouveaux pays. Bernard Kouchner a popularisé l'idée d'un « devoir d'ingérence » qui se situe aux antipodes des convictions du Général de Gaulle.

Le tournant se manifeste dans d'autres domaines. Est-ce désir de satisfaire l'opinion, souci de l'image de la France ou conviction sincère, les politiques font leurs depuis les années

1. En 2010 les demandes d'asile, qui ne seront pas toutes acceptées, ont atteint le chiffre de 55 000.
2. *Le Figaro*, 9 septembre 2002.

1980 toutes les causes considérées comme morales : défense des droits de l'homme bien sûr, mais aussi protection de l'environnement[1], lutte contre la misère, la spéculation ou les paradis fiscaux… Phénomène très français, toutes ces causes sont défendues par des intellectuels médiatiques qui se considèrent comme l'incarnation de la majorité. On a vu le rôle que certains ont joué en faveur des interventions en Bosnie et surtout en Libye où la France a pris l'initiative d'une coalition internationale pour soutenir les rebelles révoltés contre Mouammar Kadhafi (2011).

Les sceptiques peuvent ricaner, la prétention de la France à incarner des idéaux universels n'est pas sans fondement on le voit. Reste que ces idéaux ont radicalement changé en moins de 50 ans, ce qui est quand même fâcheux pour leur crédibilité !

▶ L'allusion aux intellectuels est révélatrice.

Incalculable bien sûr l'apport que représentent pour l'image de la France ses grands monuments, sa littérature, ses œuvres d'art. Cette culture française n'est pas « muséifiée », elle reste vivante et son rayonnement réel.

Preuve le succès du système éducatif français qui, nonobstant les critiques, attire plus de 250 000 étudiants étrangers, à la troisième place mondiale derrière les États-Unis (600 000) et le Royaume-Uni, avant l'Allemagne que la France a dépassé en 2005 et juste devant l'Australie qui progresse rapidement. La France arrive donc en tête des pays non anglophones, ce qui n'est pas une mince performance dans une planète où mondialisation rime avec américanisation. Logiquement ces étudiants viennent principalement de pays francophones (55 % du Maghreb) mais les Chinois (15 %), les Allemands (6 %) ou les Italiens fournissent des contingents importants.

La culture française ne repose par sur les seules humanités, mais aussi sur les sciences. Sans doute la France détient-elle le record des prix Nobel de littérature depuis sa création avec 14 bénéficiaires, mais elle est aussi quatrième en ce qui concerne les prix Nobel scientifiques (chapitre 5). Ces scientifiques tirent l'ensemble du corps des ingénieurs et contribuent à des succès techniques qui caractérisent la France des grands barrages au TGV : l'un de leurs exploits, la tour Eiffel, n'est-elle pas le symbole de Paris et de la France ?

▶ L'image de la France est aussi celle d'un certain art de vivre.

À l'inverse du système américain, le *French way of life* ne mise pas principalement sur la consommation de masse. Le climat équilibré, la gastronomie, la tradition de l'art de la conversation et des salons, la prétention au raffinement et à la culture, la qualité des infrastructures et des services de santé, la redistribution sociale concourent à cette réputation. Elle est en grande partie usurpée ? Bien sûr, mais en termes d'images, ce qui compte n'est pas ce que l'on voit mais ce que l'on veut regarder. Elle entretient l'idée du pays de la douceur de vivre. D'ailleurs l'UNESCO elle-même conforte ce lieu commun en déclarant en 2010 le repas à la française « patrimoine culturel immatériel de l'humanité ».

Les intellectuels, les ingénieurs et les professeurs seront peut-être vexés de l'apprendre : pour l'étranger, ils représentent sans doute moins la France que les coureurs du Tour de France. Considéré par les élites comme « popu » voire ringard, le Tour est retransmis dans

1. Cf. le discours de Jacques Chirac à Johannesburg en 2002.

le monde entier ; le long des étapes les caméras filment habilement les paysages nationaux, les petites villes se parent de leurs plus beaux atours tandis qu'une foule bon enfant brandit des drapeaux aux couleurs de tous les pays d'Europe et offre le visage d'une France pacifiée. Par un étrange masochisme c'est le football que les élites chargent de tous les espoirs – de victoire et même de réponse aux problèmes sociétaux ; le moins que l'on puisse dire est qu'il ne contribue pourtant pas à véhiculer la meilleure image du pays !

La formule « douce France » résume ce *French way of life* idéalisé. Il profite à la nation sur le plan économique en termes de tourisme ou d'attirance pour la *French touch* et les activités du luxe. Elle légitime aussi le modèle puisque la qualité de vie dépend aussi des « services publics à la française » et de la « Sécu ».

Les mots et les images

▶ **La francophonie reste l'un des principaux vecteurs du *soft power* de l'hexagone.**

Sans doute le français n'est-il plus la langue des diplomates comme ce fut le cas des traités de Westphalie au traité de Versailles. Il reste cependant l'une des langues de travail de l'ONU, l'une des deux langues officielles du Comité international olympique. Il est surtout la langue parlée par environ 220 millions de francophones, l'une des deux seules (avec l'anglais) utilisée sur tous les continents (2010).

En 1970 est créée une Organisation internationale de la francophonie à Niamey entre 18 pays en grande partie africains. L'organisation rassemble aujourd'hui 56 membres (et 14 observateurs). Elle s'est donné des dirigeants prestigieux, l'Égyptien Boutros Boutros-Ghali qui avait défendu le français à l'ONU quand il en était le secrétaire général, puis le Sénégalais Abdou Diouf. Pour soutenir sa langue la France dispose de 283 Alliances françaises à l'étranger ; l'Agence pour l'enseignement du français coiffe par ailleurs 252 établissements scolaires dans le monde.

Sans doute la francophonie coûte-t-elle cher au pays : entretien des alliances françaises, soutien à l'enseignement, aide à l'exportation de livres et de films... Le CNN chiffre à 1,4 milliard $ les dépenses de la France pour promouvoir sa langue. Elle rapporte en retour. Les pays francophones représentent un marché naturel pour l'exportation de biens culturels, mais aussi de services comme les grands travaux qui nécessitent l'envoi de techniciens français. Ils envoient dans l'hexagone leurs étudiants. Plus généralement, les relations économiques, humaines et culturelles sont facilitées.

Par ailleurs les pays francophones ont soutenu la position de la France dans diverses négociations : ils se sont prononcés comme elle pour « l'exception culturelle », puis pour la « diversité culturelle », afin de s'opposer à la prépondérance de l'anglais. En 2005 ils obtiennent l'adoption de l'UNESCO d'une convention sur ce thème (2005). Ils se sont engagés dans la défense des grandes valeurs dont la France se prévaut : la charte de la francophonie adoptée à Hanoï (1997) se réclame de la démocratie et des droits de l'homme (en dépit du régime communiste installé au Vietnam...).

Reste que la position du français est fragile. Autrefois langue de l'élite dans toute l'Europe du Sud mais aussi en Amérique latine ou en Turquie, il a reculé face à l'anglais. Il régresse dans les institutions internationales : à l'ONU 43 pays s'exprimaient en français en 1963 et une vingtaine seulement aujourd'hui ; à Bruxelles l'anglais fait de plus en plus figure de *lingua*

Le Français dans le monde

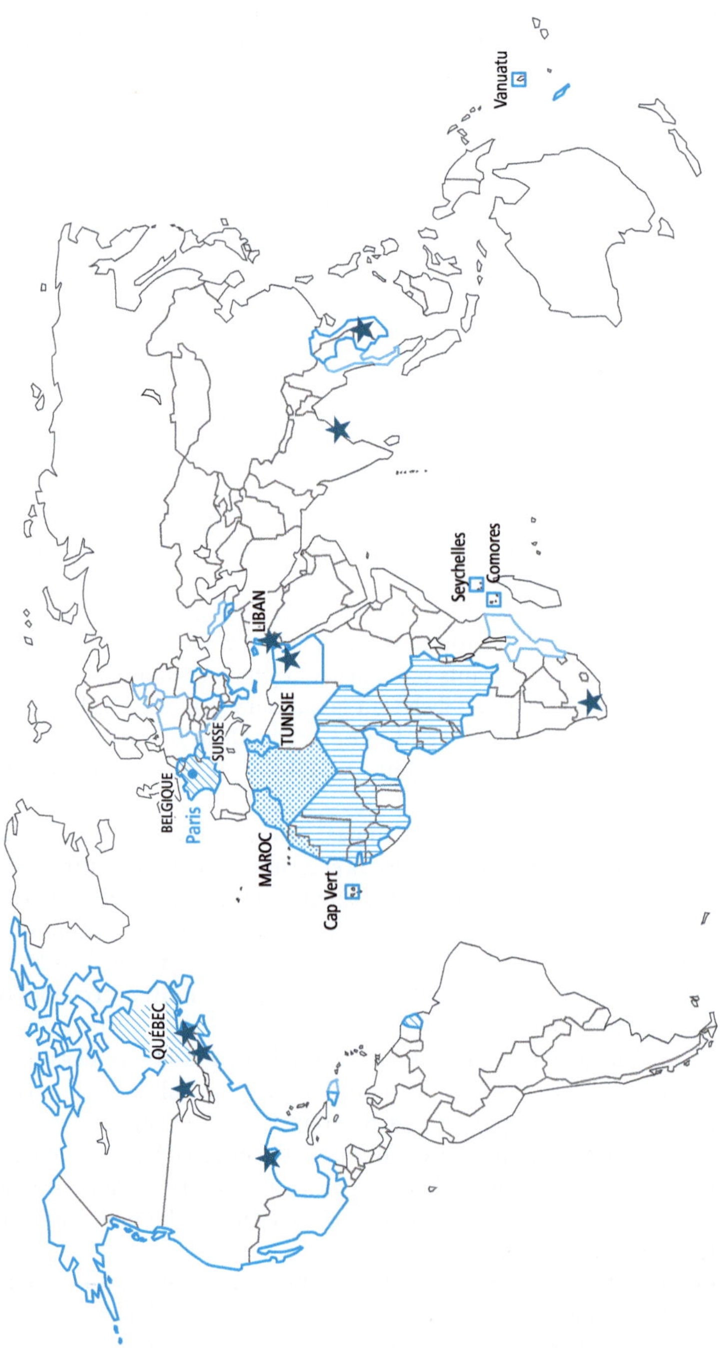

- États membres de l'Organisation internationale de la francophonie
- Pays associés à l'Organisation internationale de la francophonie
- Pays ou régions où le français est langue maternelle
- Pays ou régions où le français est langue officielle
- Pays où l'usage du français est répandu
- ★ Minorités francophones

Source : Organisation internationale de la francophonie.

franca. En France même, le français se sent menacé. Nombre d'entreprises utilisent de plus en plus l'anglais comme moyen de communication interne. Au point que la loi Toubon (1994) s'est crue obligée de rappeler que « le français est la langue de l'enseignement, du travail, des échanges et des services publics » et d'imposer l'usage du français pour l'étiquetage des produits.

Le français apparaît à la fois comme le vecteur le plus puissant de l'influence française et comme l'un des fondements de l'identité nationale les plus menacés. L'action des pouvoirs publics illustre la géopolitique *bifrons* de la France, entre volonté d'expansion et besoin de protection (chapitre 2).

▶ **Comme le *soft power* américain, le *soft power* français dépend de plus en plus de sa capacité à créer et à exporter des biens culturels.**

Le déséquilibre paraît considérable entre les deux pays : les États-Unis ne réalisent-ils pas à eux seuls la moitié des exportations mondiales de « contenus » ? Pourtant le cinéma français est celui qui a le mieux résisté en Europe à la domination américaine.

L'État a accompli depuis peu un effort considérable pour développer les chaînes d'information françaises destinées à l'étranger. L'enjeu est la promotion du français, mais aussi la diffusion du point de vue de la France et la défense de ses choix diplomatiques et de ses intérêts : Radio France Internationale, TV5 et surtout France 24 lancée en 2006 qui diffuse en français, mais aussi en anglais et en arabe, censée apporter, selon le ministère des Affaires étrangères, « un regard et une sensibilité française sur l'actualité mondiale ». À l'origine de cette création, la crise irakienne avait révélé la capacité d'influence des chaînes d'information internationales (CNN, Al-Jazeera). Ainsi s'explique le surnom initial de « CNN à la française » attribué à France 24, malgré des budgets beaucoup moins importants (10 % de celui de CNN).

L'un des problèmes de la politique culturelle de la France réside dans la dispersion des organismes qui les coiffe et la rivalité qui les oppose. La création de France 24 a généré des conflits que l'on a tenté de résoudre par la création en 2008 d'Audiovisuel extérieur de la France (AEF), un holding d'État coiffant l'ensemble des chaînes tournées vers l'international.

Dans le même esprit est créé en 2010 l'Institut français chargé de reprendre l'ensemble de la politique culturelle de la France. Selon son premier président Xavier Darcos, il doit apporter « le concours de la culture à la stratégie diplomatique française ». Mais le rattachement à l'Institut de l'ensemble des activités culturelles à l'étranger a été repoussé à plus tard, les ambassades et les Alliances françaises réussissant à préserver leur autonomie. L'Institut ne sera donc pas dans le proche avenir le fer de lance d'une grande stratégie diplomatique !

III. Le *hard power*

De Turenne à Napoléon, la France bénéficie d'une tradition guerrière exceptionnelle qui s'est encore illustrée pendant la Grande Guerre. Depuis cette date cependant, à l'exception d'interventions extérieures ponctuelles (Tchad, Kolwezi), elle n'a plus connu que des défaites, glorieuses parfois (Diên Biên Phu), politiques plus que militaires en d'autres moments (guerre d'Algérie), rachetées par un sursaut de résistance enfin (Seconde Guerre mondiale) ; mais enfin il s'agit bien de défaites !

▶ L'armée a traversé des crises tragiques depuis ses dernières grandes victoires de 1914-1918.

Le choc de la défaite de 1940, Mers el-Kébir et le sabordage de la flotte à Toulon en 1942, l'épuration, les guerres coloniales en témoignent. La guerre d'Algérie fut particulièrement éprouvante : l'armée fut conduite à prendre le relais d'une administration civile défaillante. Dans la tradition du Bureau arabe, les sections administratives spéciales encadrèrent la population et assumèrent de nombreuses missions (éducation, soins de santé). À la demande des politiques, les militaires prirent en mains le maintien de l'ordre avec des méthodes qui choquèrent. Ils mobilisèrent 160 000 auxiliaires algériens connus sous le terme générique de « harkis » auxquels officiers et sous-officiers promirent que la France ne les abandonnerait jamais.

L'argument de la « parole donnée » explique largement le soulèvement d'une partie d'entre eux contre la politique du général de Gaulle de plus en plus favorable à l'indépendance. En avril 1961, les régiments d'élite, parachutistes et légionnaires, tentent un putsch qui échoue rapidement. Les plus résolus basculent dans la clandestinité et rejoignent l'OAS, persuadés qu'en utilisant les mêmes méthodes terroristes que les indépendantistes du FLN, ils se feront entendre. En vain : l'Algérie est perdue, la majorité des « pieds noirs » se réfugient en France avec quelques rares « harkis », beaucoup d'entre eux faisant l'objet d'un massacre généralisé dans l'Algérie indépendante. C'est donc une armée brisée, à la réputation ternie par la répression menée contre le FLN et par le putsch, tourmentée par la trahison des harkis, qui sort des conflits coloniaux.

De Gaulle accepte l'indépendance de l'Algérie pour des raisons politiques et économiques, mais aussi pour des raisons militaires. « Messieurs il n'y a pas que l'Algérie, il y a l'Europe, il y a le monde », explique-t-il aux officiers du Ier REP. À cause du maintien de l'ordre, la France immobilisait ses meilleures troupes et ses moyens en Algérie ; du coup sa sécurité en Europe dépendait du parapluie atomique américain et elle devait aligner sa politique extérieure sur celle de son protecteur. Pour le général de Gaulle il faut rompre avec cette situation.

Ce débat rejoignait les vieilles rivalités entre « troupes coloniales » et armée de métropole. Du XIXe siècle au début du XXe, la première se battait contre des adversaires dotés d'une puissance de feu beaucoup plus faible, mais mobiles et bien insérés dans la population ; la victoire au combat était facile, mais ne suffisait pas, il fallait gagner les populations (ou les mâter) et asphyxier lentement l'ennemi. On a reproché à ces « coloniaux » d'être mal préparés à la « grande guerre » européenne qui nécessitait des armements et une coordination très supérieurs. Dans les années de guerre froide où la principale menace vient de l'est, c'est la seconde qui occupe l'esprit des stratèges. Aujourd'hui, alors que les guerres asymétriques sont revenues au premier plan, la tradition des « coloniaux » retrouve tout son intérêt.

▶ Ainsi se forge une doctrine militaire qui fait globalement consensus jusqu'aux années 2000.

Elle a été théorisée par les généraux Ailleret et Gallois. La notion centrale est celle d'indépendance nationale que garantit la « dissuasion du faible au fort ». Sans doute la France n'a pas autant d'armes atomiques que l'URSS (ou les États-Unis), elle peut être facilement anéantie ; mais elle possède suffisamment de bombes pour infliger des destructions considérables à l'agresseur. Dès lors, pour Moscou, le jeu n'en vaut pas la chandelle : acquérir l'outil économique que représente la France coûterait autant ou plus à l'outil économique russe. Dans ce genre de poker géopolitique, tout est affaire de crédibilité. Aussi la décision de déclencher le feu atomique dépend en dernier ressort d'un seul homme, le président, garant de l'indépendance et gardien du code nucléaire. De même la France se dote de trois sortes de vecteurs pour être assurée de toucher ses cibles : les avions Mirage, les fusées du plateau d'Albion et les sous-marins lanceurs d'engins.

La volonté d'indépendance conduit le général de Gaulle à quitter le commandement intégré de l'OTAN en 1967 (chapitre 2). Pourtant la France continue de faire partie de l'Alliance et, au sein de l'armée, aucune ambiguïté ne règne : c'est de l'est que vient la menace, c'est à l'est, en Allemagne, que sont déployées les divisions blindées qui mèneront si nécessaire la bataille de l'avant. Quant aux régiments de conscrits de métropole regroupés au sein de la Division opérationnelle du territoire, ils se chargeront de la résistance en cas d'invasion.

Les forces de projection ne sont pas une priorité. Quelques régiments parachutistes ou d'infanterie de marine (le nouveau nom des régiments coloniaux) peuvent intervenir en Afrique, mais la France n'hésite pas à utiliser les services discrets de mercenaires. C'est ainsi que les anciens combattants de l'Algérie française, dont les derniers sont libérés après mai 1968, sont encouragés à combattre au Biafra au côté des rebelles[1]. Les services utilisent aussi Bob Denard, un ancien sous-officier qui a l'idée prémonitoire de former une troupe de mercenaires permanents dont il louerait les services à des gouvernements[2].

Les choix du général de Gaulle lui valent railleries et plaisanteries sur la « bombinette ». Ils sont pourtant confirmés par ses successeurs. Une inflexion se dessine cependant, un rapprochement progressif avec l'OTAN. Mais la France refuse toujours de réintégrer l'organisation. Elle doit par ailleurs multiplier les interventions en Afrique, en particulier au Tchad où l'armée française combat tout au long des années 1970 contre différentes rébellions encouragées par la Libye de Kadhafi.

Les années 1990 provoquent une véritable rupture.

La cause principale en est l'effondrement de l'URSS : la France n'a plus grand-chose à craindre à l'est. À l'inverse les attentats de 2001 révèlent une nouvelle menace, celle du terrorisme, et la France est conduite à intervenir en Afghanistan dans une guerre qui rappelle les anciens conflits coloniaux. De même les troubles de l'après-guerre froide (Bosnie, Kosovo, Somalie, Rwanda) conduisent à l'envoi de troupes dans des missions à la fois humanitaires et militaires de maintien de l'ordre. Les difficultés économiques conduisent par ailleurs à réduire les budgets militaires, alors que la complexité croissante des armements modernes coûte cher : la tentation grandit de chercher une coopération avec les alliés, en particulier européens, ne serait-ce que pour provoquer des économies d'échelle. La guerre du Golfe de 1991 enfin démontre qu'aucune puissance européenne n'a les moyens d'une intervention de grande ampleur au-delà des mers : une autre raison d'accroître la coopération entre Européens.

---

1. Bien sûr Paris ne peut soutenir ouvertement la rébellion des Ibos qui habitent le sud-est du Nigeria, mais les Français verraient d'un bon œil une partition qui affaiblirait le plus grand pays anglophone de la région et permettrait d'avoir accès à ses richesses pétrolières.

2. Pour compléter son projet, Bob Denard ira jusqu'à mettre la main sur l'archipel des Comores afin de disposer d'une base où abriter et entraîner ses hommes (1978). Lâché par la France, il sera arrêté et jugé ; après lui il faudra attendre une quinzaine d'années pour que revienne vraiment le temps des mercenaires.

Dans ce contexte le nucléaire ne peut plus être l'alpha et l'oméga de la politique militaire du pays. Sans doute la prolifération de l'arme atomique justifie-t-elle que la France conserve cette option qui fait d'elle une puissance majeure, mais elle réduit son effort. La réorganisation de nos forces armées, les actions de groupes hostiles au nucléaire comme Greenpeace qui prennent la France comme cible principale, l'hostilité des pays du Pacifique envers les essais nucléaires à Mururoa (Polynésie), la recherche d'économies vont dans le même sens : les essais nucléaires sont abandonnés en 1996 tandis que l'on annonce le démantèlement du site du plateau d'Albion et de ses 18 silos à missiles ainsi que la fermeture des sites de fabrication des matières fissiles.

En revanche, les forces de projection deviennent l'objet d'une attention croissante. Cela suppose une réorganisation de l'appareil militaire et un effort d'investissement considérable.

Enfin le souci d'économie et la complexité du matériel conduisent à professionnaliser l'armée. Jacques Chirac annonce la suppression du service militaire en 1996. Il est vrai que les politiques rechignent à envoyer des appelés dans des opérations extérieures, craignant que leur mort choque l'opinion. Déjà lors de la guerre du Golfe décision avait été prise de ne pas les utiliser (1991).

L'effort de défense est peu à peu réduit et chute à 1,8 % du PIB. Entre 1991 et 2009, le personnel de la défense est passé de 450 000 personnes (dont 130 000 civils) auxquels s'ajoutaient 240 000 appelés à 310 000 (dont 70 000 civils). Le livre blanc de 2008 fixe les orientations à suivre pour les 15 années à venir. L'accent est mis sur la capacité d'intervention extérieure : l'armée de terre doit être capable de projeter 30 000 hommes en six mois à 7 ou 8 000 km. Dans cette logique les capacités de transport et de ravitaillement aériens et maritimes seront améliorées. Le renseignement se voit élevé au rang de priorité stratégique, une force de 10 000 hommes pour la sécurité intérieure sera constituée. En revanche la décision de construire un second porte-avions est reportée et l'armée de l'air devra se contenter de 300 avions modernes. La qualité des matériels est censée compenser leur faible quantité.

« Sur plus d'un siècle, jamais les effectifs de l'armée de terre n'avaient été aussi réduits » [L. Gautier]. Ce phénomène provoque une grogne croissante. Engagés dans de nombreuses opérations extérieures, les militaires ont le sentiment d'être à la limite de la rupture (voir *infra*).

▶ **Tous ces changements s'accompagnent d'une rupture essentielle, l'intégration de l'armée française dans des structures internationales.**

Il s'agit d'abord des premiers pas de la défense européenne. L'initiative en revient à la France et à l'Allemagne avec la brigade franco-allemande créée en 1989. En 1992 la politique étrangère et de sécurité commune (PESC) est adoptée, l'Eurocorps[1] est instauré et les domaines d'intervention de la force armée européenne sont définis : missions humanitaires, maintien de l'ordre et de la paix, autant de motivations qu'intériorise la nouvelle géopolitique française. L'ensemble est complété en 1999 par la politique européenne de sécurité et de défense tandis que les premières opérations sont menées en Bosnie, en Macédoine et République démocratique du Congo (2003) puis au Tchad (2008), en Géorgie (2008), au large de la Somalie (depuis 2008), en Guinée Bissau…

1. Créé en 1992, ce corps d'armée est une initiative franco-allemande à laquelle se sont successivement joint la Belgique, l'Espagne et le Luxembourg. Il peut mobiliser 60 000 hommes.

Reste un problème majeur : celui des relations de la PESD avec l'OTAN, donc avec les États-Unis. De celles-ci dépend l'intégration du Royaume-Uni dans la défense commune ; or ce pays réalise le premier effort de défense avec la France, il possède la quatrième entreprise mondiale d'armement, BAE, alors que les trois premières sont américaines. Est-il possible de se passer de lui ? En 1998, Paris et Londres recherchent un compromis à Saint-Malo mais la position de Washington reste intransigeante : elle ne conçoit une défense européenne que comme le pilier européen de l'OTAN. Et Londres approuve.

C'est alors que la France choisit de réintégrer l'OTAN (2009, chapitre 9). Une rupture majeure s'est produite, la plus importante sans doute depuis la période gaulliste : la France a renoncé à l'autonomie de ses forces armées.

▶ Comment se situe l'effort de défense français aujourd'hui ?

La France reste au premier rang européen en ce qui concerne les dépenses militaires. Elle est aussi la seule à disposer d'une force de frappe totalement autonome – alors que celle du Royaume-Uni dépend des États-Unis.

> Le postulat de l'indépendance de notre dissuasion n'a pas été remis en cause. Ainsi la dissuasion française est-elle soigneusement tenue en dehors des négociations sur la réintégration française dans l'organisation militaire intégrée de l'Alliance transatlantique qui ne concernent que ses forces conventionnelles. [L. Gautier][1]

La France dispose toujours de 300 têtes nucléaires environ et de deux types de vecteurs, les avions Rafale et surtout les quatre sous-marins lanceurs d'engin nouvelle génération lancés à partir de 1997 et transportant 16 missiles chacun. Six autres pays seulement disposent de ce type d'armement. Grâce à eux la France reste une puissance militaire de premier rang.

L'armée française a mené un nombre exceptionnel d'opérations extérieures : elle a engagé en moyenne 12 000 hommes par an dans ces interventions depuis les années 1990. Beaucoup se sont déroulées dans les régions où la présence française est forte (Afrique noire, Liban) mais de nouveaux théâtres sont apparus en Europe (Bosnie) ou en Asie (Afghanistan). Symbole de cette diversification, la France a réduit le nombre de ses bases en Afrique où il n'existe plus que deux bases permanentes (Djibouti et Libreville au Gabon) et ouvert une base à Abu Dhabi. Beaucoup de ces nouvelles interventions se font dans le cadre international pour des missions humanitaires ou de maintien de l'ordre.

Ces opérations extérieures sont l'occasion pour l'armée de démontrer son savoir-faire, fruit d'une tradition séculaire et de progrès techniques récents. Elle renoue avec les pratiques de la « coloniale », sa capacité à mener à mener de front administration, action politique, mesures sociales et maintien de l'ordre dans des conflits de « basse intensité ». À l'occasion des guerres d'Irak et d'Afghanistan le Pentagone redécouvre les stratèges de la guerre contre-insurrectionnelle qui s'étaient illustrés pendant la guerre d'Algérie : les colonels Trinquier, Gardes ou Galulla. Gagner les cœurs et les esprits autant que les batailles. Mais face à des talibans dont les moyens militaires se renforcent régulièrement, l'armée française ne réussit pas vraiment mieux que les autres à pacifier le terrain afghan.

---

1. Encore faut-il noter que l'accord militaire signé entre la France et le Royaume-Uni pose un problème sur ce sujet puisqu'il prévoit de développer la coopération sur ce sujet entre Londres et Paris. Or la force nucléaire britannique est étroitement liée à celle des États-Unis.

Le déploiement militaire français fin 2011

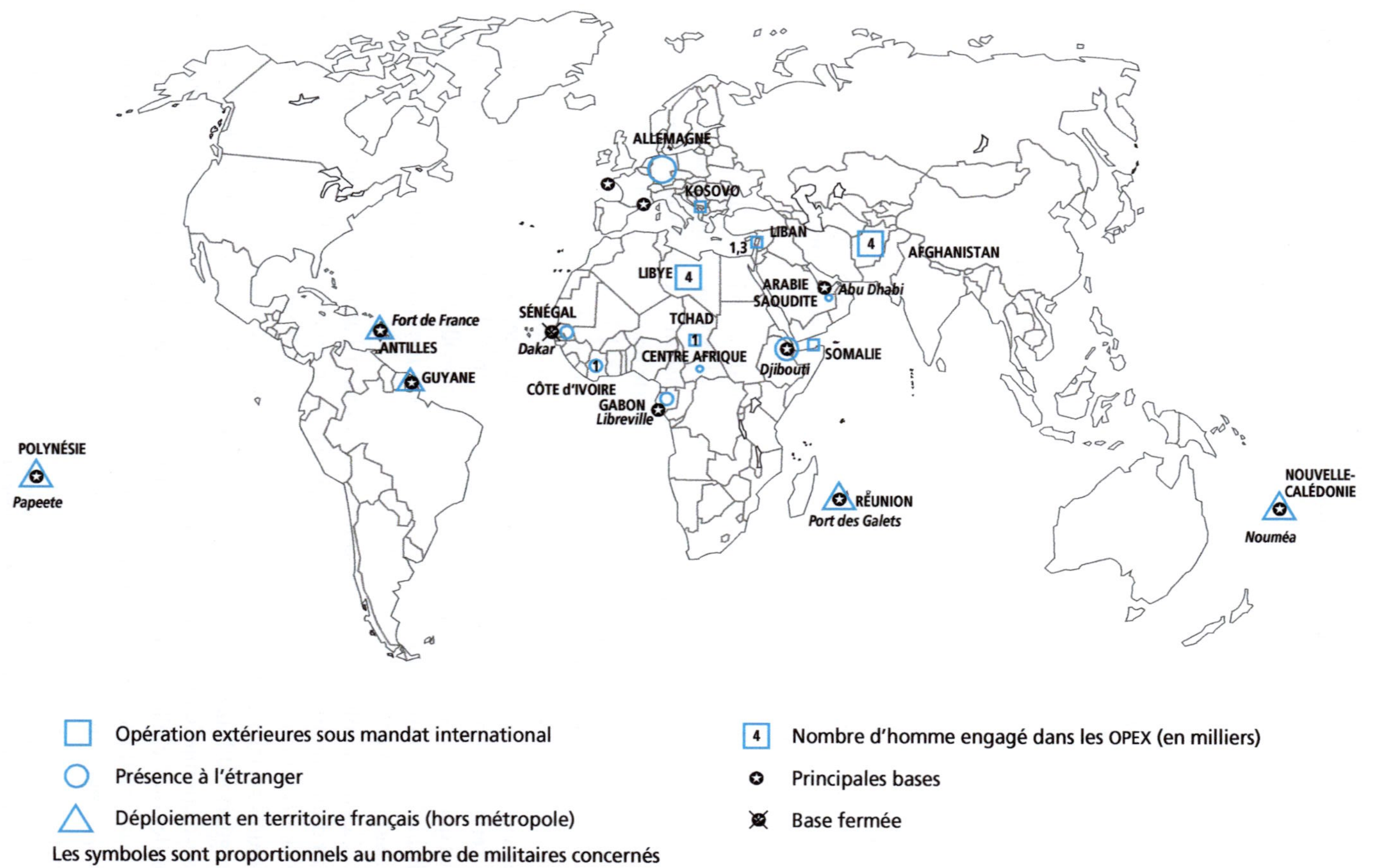

Ces opérations posent cependant le problème des moyens de la France. Alors que les effectifs diminuent, le nombre d'hommes déployés en OPEX reste considérable. Lors de l'intervention en Libye (2011), l'aviation française a assuré environ le quart des sorties des alliés, soit 200 sorties hebdomadaires sur 800 ; elle atteignait ses limites de même que le porte-avions Charles de Gaulle. C'est un problème de nombre d'appareils, mais aussi de fatigue des pilotes, d'usure du matériel et même de réserve de munitions ! Le conflit libyen a aussi démontré les limites françaises en matière de renseignement par satellite, de ravitaillement ou de drones – autant d'outils essentiels pour lesquels le corps d'intervention dépendait des États-Unis, même si ces derniers avaient arrêté leurs raids début avril.

C'est que les contraintes budgétaires conduisent l'armée à faire des choix en matière d'armement qui sont aussi des choix stratégiques. Outre la dissuasion, l'hypothèse retenue était autrefois celle d'un conflit majeur en Europe. Dans cette optique ont été conçus le char Leclerc et le Rafale dont les prototypes sont expérimentés dans les années 1980. Aujourd'hui en service dans un contexte différent, ils seront utilisés jusqu'en 2040 au moins. Sans doute a-t-on réduit les commandes (240 chars Leclerc au lieu des 1 500 prévus au départ). Il n'en existe pas moins une inertie des grands programmes d'armement [Benoît Bihan]. Aujourd'hui l'optique a changé, on parle moins de « guerre industrielle » et plus de « guerre bâtarde[1] », la France soigne ses moyens d'intervention et veut combler ses manques en matière de renseignement ou de drones, elle adopte le système FELIN d'équipement du fantassin.

Une question reste pendante : que seront les guerres de demain ? Une grande puissance se doit d'être capable de les mener toutes ; faute de moyens, un pays comme la France est contraint soit de faire des paris et de se concentrer sur une hypothèse dont découlent une stratégie et un armement, soit d'acquérir un peu de tout en petite quantité en espérant que la qualité suppléera les manques. Au risque de faire l'impasse sur les économies d'échelle, ce qui menace son industrie de l'armement.

▶ **À l'époque gaulliste, le primat de l'indépendance supposait que la France produise les armes dont elle avait besoin.**

Activée par la Délégation générale pour l'armement (DGA), les industriels publics (DGEN) ou privés (Dassault, Panhard repris par PSA) ont longtemps joué ce rôle. Assurés des commandes du ministère de la Défense, ils pouvaient partir à la conquête de marchés étrangers en bénéficiant du soutien des diplomates français et d'un argument de taille : s'approvisionner auprès de la France, c'était s'approvisionner auprès d'un pays qui refusait la logique des blocs, c'était donc garantir son indépendance à l'égard des deux Super Grands comme la France en montrait l'exemple.

La période est devenue beaucoup moins favorable. La fin de la guerre froide et la crise expliquent une baisse relative des commandes de l'armée française, mais aussi de la plupart des pays. Des concurrents sont apparus en Asie ou en Amérique latine comme le Brésil. Le matériel, de plus en plus complexe, coûte cher et oblige les États à des arbitrages.

Les solutions sont recherchées dans la concentration des entreprises et la coopération européenne. Dans ce domaine le savoir-faire français reste reconnu et permet l'émergence

1. Selon les termes utilisés par le groupe « Surcouf » rassemblant des officiers généraux tenus à l'anonymat qui avaient protesté contre le Livre blanc de 2008.

de groupes puissants autour d'un actionnariat et d'un management français (EADS, Thales, Safran, DCN, Dassault, Nexter – l'ancien GIAT).

Le résultat est probant. Selon Louis Gautier, la France représente environ 30 % de la base industrielle et technologique de défense européenne. Elle conserve une compétence dans la plupart des secteurs de défense. À l'inverse des autres pays européens qui se sont spécialisés sur des créneaux précis, voire sur des niches, la France continue à disposer d'un véritable tissu industriel militaire et assure l'essentiel de ses besoins.

L'industrie de l'armement française reste ainsi l'une des premières exportatrices du monde, servie par la qualité de ses produits et le positionnement politique du pays. Ces ventes ont sans doute fortement régressé depuis les années 1980 : de 9 milliards d'euros par an en moyenne elles ont chuté à 5,2 milliards annuels pendant la période 2000-2009. 2010 s'est révélée décevante (4,3 milliards), plusieurs grands contrats ayant été annulés ou reportés (en particulier l'achat du Rafale par le Brésil). Mais la France a réagi en améliorant les services qu'elle apporte à ses clients (formation du personnel, maintenance sur le long terme). Emblématique la vente de navires de projection et de commandement de type Mistral à la Russie : la fourniture de ces « couteaux suisses » flottants, comme on les surnomme, aurait-elle provoqué un tel tollé aux États-Unis si le matériel français ne présentait pas d'évidentes qualités ?

En moins de 20 ans le *hard power* français a été bouleversé. Il a souffert de coupes budgétaires. Il a renoncé à ce qui constituait son originalité, l'autonomie à l'égard de toute puissance. Il s'est réorienté de la défense jalouse du « pré carré » à des missions de protection des intérêts et de promotion des principes humanitaires dans le monde. Il a intégré de nouvelles menaces et des rivalités émergentes.

Reste que le *hard power* tricolore a plutôt mieux traversé ces épreuves que les autres européens. La même conclusion pourrait être tirée en ce qui concerne son *soft power* et même son *gold power*. Masochisme, sens de l'autodérision ou regret d'un passé plus glorieux ? Les Français ont du mal à en tirer la conclusion : la France reste l'une des puissances européennes qui comptent à l'échelle mondiale.

7 Un pays compétitif ?

Les relations économiques de la France

Faut-il analyser l'économie comme la géopolitique ? Les libéraux ne le croient pas. Pour le géopoliticien tout ce qui est gagné par l'un est perdu par tous les autres : la superficie de la planète ne change pas et les terres qu'une puissance annexe échappent à ses voisins. À l'inverse, grâce au commerce, la production mondiale progresse, c'est ce qu'enseignent Adam Smith et Ricardo. L'échange permet une opération « gagnant-gagnant » où tous se partagent le surplus de richesse, à condition de se spécialiser intelligemment.

Le raisonnement libéral néglige un fait. Géopolitique et économie ne délimitent pas deux mondes séparés par un mur infranchissable. L'économie a besoin de la protection que procure la puissance, la puissance dépend de l'économie. Et toutes les activités économiques ne procurent pas la même puissance. Est-il équivalent de produire des potatoes ships *et des* computer ships *demandait l'économiste Boskin ? En termes de richesse produite, peut-être, mais pas en termes de puissance : les armées modernes dépendent de plus en plus de l'électronique qui guide leurs missiles, qui leur apporte des informations sur le front et qui permet à leurs fantassins de combattre en toutes circonstances. Alors qu'on a rarement vu une charge ennemie dispersée par un tir nourri de frites !*

D'ailleurs, entre protectionnisme et libéralisme, le choix est moins affaire de principes que de circonstances. En des périodes où les ressources essentielles pour le développement économique sont rares, celui qui les contrôle bénéficie d'un avantage considérable. Le mercantilisme du XVIIe siècle s'explique par la pénurie de métaux précieux qui sévit alors : le pays qui dégage un excédent commercial réussit à accaparer une part croissante du stock mondial. Depuis le début du XXIe siècle une pénurie comparable semble se reproduire. Elle concerne les « ressources rares » de l'économie : énergie, produits agricoles, matières premières en général, mais aussi capitaux en une époque où l'endettement des États devient insupportable ou encore cerveaux qu'un nombre croissant de pays s'efforcent de mobiliser.

Au temps des « ressources rares » correspond le temps de la « guerre économique », une formule récusée par les économistes libéraux. Ils ont raison sur un point : la guerre économique n'est pas une « vraie » guerre et il est choquant de comparer le sort des chômeurs, aussi tragique soit-il, avec les mutilations subies pas les combattants. Ils ont tort pour le reste car ils se trompent d'époque. Les gouvernements le savent qui, tous, développent des stratégies « d'intelligence économique » et prennent leurs aises avec la théorie.

Dans ce contexte, la question pour la France est la suivante : est-elle capable d'être compétitive et attractive, c'est-à-dire de se procurer les « ressources rares » dont dépendent en dernier ressort son bien-être, sa puissance et sa souveraineté, et peut-elle gagner la « guerre économique » ?

I. Les échanges et les flux : bilan

Les relations économiques de la France sont toutes contenues dans un document simple, sa balance des paiements.

Un commerce extérieur déficitaire

La France est le cinquième exportateur et importateur mondial. Longtemps considérée comme un pays fermé, la France s'est considérablement ouverte depuis les Trente Glorieuses. Son taux d'ouverture[1] atteint 25 %. C'est un peu moins que les pays européens de taille comparable comme l'Allemagne ou le Royaume-Uni, preuve que les originalités françaises n'ont pas totalement disparu.

Sur le long terme ce solde commercial est généralement déficitaire. Avant 1958, les excédents sont rares – quatre années d'affilée au lendemain de la Première Guerre mondiale, une seule année sous la IVᵉ République (1955). Les choses s'améliorent entre 1958 et 1973 : la France connaît un excédent commercial global et même quatre années successives de surplus (1970-1973). Y contribuent deux dévaluations réussies (17,5 % en 1958 et 12,5 % en 1969). La crise ouvre ensuite une période difficile à cause de la facture pétrolière qui est multipliée par dix entre 1973 et 1984. Dans les années 1980, la situation se dégrade. Le déficit devient la règle, il atteint même un record en 1982 (93 milliards de francs). C'est la politique socialiste de relance à contretemps qui l'explique ainsi que la hausse des coûts provoquée par les mesures de 1981-1982. Le choc est si rude est si insoutenable qu'il contraint à un changement radical de politique, une véritable remise en question du modèle (chapitre 5).

De ce rappel historique, les analystes tirent une conclusion simple. La France a traditionnellement assis sa compétitivité sur la dépréciation de sa monnaie. Pendant les Trente Glorieuses elle connaît une croissance supérieure à celle de ses partenaires, mais aussi une inflation élevée ; il convient donc, régulièrement, de « remettre la pendule à zéro » en dévaluant afin d'annuler le différentiel d'inflation accumulé avec ses voisins. En 1982 encore, beaucoup de dirigeants socialistes conseillent de reprendre ces vieilles recettes et de sortir du Système monétaire européen (SME) pour laisser la monnaie se déprécier. Mais cette politique ne paraît plus possible : quitter le SME remettrait en question l'ancrage européen du pays, un choix improbable. Les mêmes questions se poseront au début des années 2010 à propos de la participation à la zone euro.

Les experts concordent : plutôt que la dépréciation monétaire permanente, véritable politique de facilité, il faut choisir un cadre stable et rigoureux qui force les entreprises à chercher en elles-mêmes d'autres sources de compétitivité. Le tournant est radical, peut-être définitif puisque la France a adopté l'euro et ne possède plus de politique monétaire autonome. Pour qu'elle reprenne ses anciennes habitudes, il faudrait plus qu'un bouleversement, une véritable révolution.

Faut-il croire que la nouvelle politique est la bonne ? La France connaît, pour la première fois de son histoire contemporaine, une décennie d'excédents commerciaux ininterrompus (entre 1992 et 2002). Pourtant les années 2000 sont celles d'un nouvel enchaînement de

---

1. Calculé en divisant la somme des exportations et des importations par deux fois son PIB.

Le solde commercial de la France

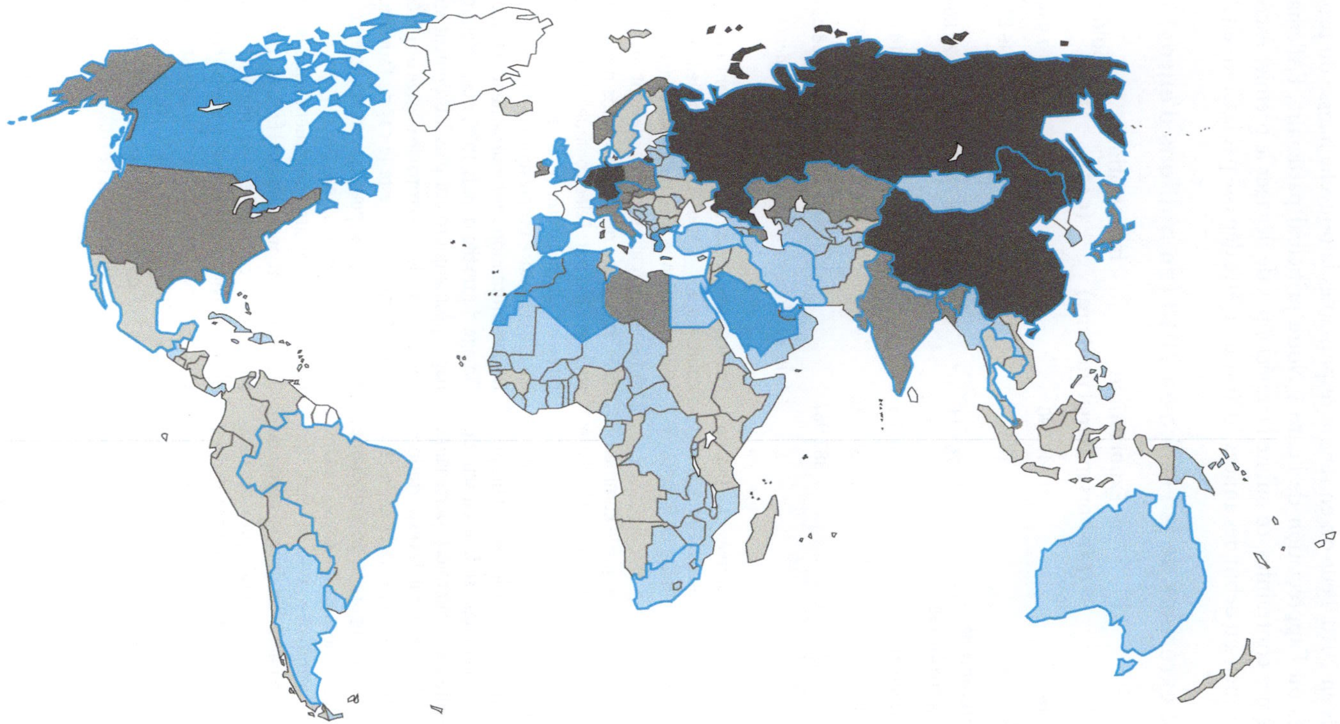

- Les déficits les plus lourds (plus de 5 milliards d'euros)
- Les déficits moyens (de 1 à 5 milliards d'euros)
- Les déficits légers (moins de 1 à 5 milliards d'euros)
- Les principaux excédents (plus de 1 milliards d'euros)
- Les excédents légers (moins de 1 milliards d'euros)
- Principaux marchés de la France (plus de 5 milliards d'euros)

Source : Direction générale des douanes. Chiffres de 2010.

déficits avec un record de 56 milliards d'euros en 2008, le déficit le plus élevé jamais atteint, et de 51,4 milliards en 2010. Peut-on en rendre responsables la nouvelle hausse du prix des matières premières ou l'appréciation de l'euro ? Notre principal partenaire, l'Allemagne, est soumis aux mêmes contraintes, ce qui ne l'empêche pas de dégager le premier excédent commercial de la planète au début des années 2000 avant d'être dépassé par la Chine en 2007.

Le commerce extérieur de la France en 2010 (en millions d'euros)

	Exportations (FAB hors matériel militaire)	Importations (CAF)	Solde
Agroalimentaire	49 690	41 706	+ 7 984
Énergie et minerais	18 974	66 790	– 46 816
Équipement mécanique, électrique et électronique	75 911	96 715	– 20 804
Matériel de transport	84 106	69 625	+ 14 481
Autres industries	156 100	178 379	– 22 279
Total	387 962	456 859	– 68 897

Source : Ministère des Finances, données des Douanes.

Les chiffres sont calculés en données CAF/FAB, ce qui explique un déficit plus élevé qu'en données FAB/FAB (51 milliards). Par ailleurs ils n'incluent pas le matériel militaire.

L'analyse géographique prouve que le commerce extérieur français s'est totalement réorienté depuis 1945. En 1962, l'Allemagne remplace l'Algérie comme premier partenaire de la France. Depuis, l'hexagone s'est tourné vers l'Europe : les deux tiers de ses échanges se font au sein de l'Union européenne, ses premiers partenaires étant l'Allemagne (17 % du total des exportations et importations) devant l'Italie et la Belgique (8 % chacun), les États-Unis figurant en cinquième position (7 %) juste devant le Royaume-Uni. Parallèlement le commerce avec le Sud, qui constituait une originalité française, a perdu de son importance : il représentait près du tiers des échanges français à la fin des années 1970 et 20 % maintenant (dont la moitié pour l'Asie en développement). C'est que la France commerçait surtout avec l'Afrique et le Proche-Orient, peu avec l'Asie, c'est-à-dire avec les futurs émergents.

Points forts et points faibles se sont inversés au cours du XXe siècle. Traditionnellement déficitaire[1], la balance agroalimentaire (agriculture et industrie agroalimentaire) devient positive en 1971 et le reste depuis. Les biens d'équipement sont grevés par l'électronique, mais si l'on y intègre l'aéronautique (excédentaire de 18 milliards), la balance est presque équilibrée. Les biens de consommation sont lourdement déficitaires à l'image du textile depuis 1976, mais l'électroménager pèse aujourd'hui plus lourdement sur les comptes ; seule la pharmacie dégage un excédent élevé (4 milliards). Reste le cas de l'automobile, déficitaire depuis peu, ce qui renvoie au problème des délocalisations (voir III).

Les grands contrats constituent un cas à part. Généralement négociés par l'État, ils concernent les grandes commandes de matériel militaire, d'avions civils ou de grands travaux. Leur montant avait considérablement augmenté dans les années 2000, passant de 10,3 milliards d'euros en 2000 à 37,6 en 2007. La crise les a fait chuter à un peu plus de 20 milliards (2010).

1. Pour être précis, la balance agricole des produits bruts était généralement excédentaire ou équilibrée, mais la balance alimentaire des produits transformée était déficitaire.

Des invisibles qui ne sont pas vus…

▶ **Effet du masochisme français ? Politiques et journalistes se concentrent sur le commerce des marchandises et négligent le bilan des services.**

La France est pourtant le quatrième exportateur mondial et dégage un substantiel excédent (10 milliards d'euros en 2010). En première place le tourisme (chapitre 6). La France est également bien placée en ce qui concerne certains transports – transports aériens et transports ferroviaires en particulier. Là encore, elle profite d'un « donné », sa position d'isthme à l'ouest de l'Europe, mais il ne serait rien sans la construction et l'entretien du réseau de transports. Les sociétés de travaux publics françaises figurent d'ailleurs parmi les premières mondiales, ce qui explique l'excédent du poste « génie civil ». Elles possèdent des spécialisations fortes dans la construction des centrales énergétiques, des chemins de fer et des transports urbains, dans le traitement de l'eau et même dans les « services de développement durable », ainsi que Veolia Environnement définit son métier. Dans le secteur financier, banques et assurances ne font pas aussi bien que leurs concurrentes britanniques, mais la position française a progressé au fur et à mesure que les grandes sociétés françaises se sont étendues à l'étranger, en particulier dans le sud de l'Europe.

Quelques déficits persistent (les échanges de brevet, les transports maritimes). Ils ne modifient pas un bilan d'ensemble positif. Notons cependant un recul récent de nos entreprises de travaux publics. En 2010, Vinci est passé à la seconde place mondiale et Bouygues à la quatrième. Globalement, les firmes françaises ne se situent plus qu'au troisième rang derrière les allemandes et les chinoises (pour le chiffre d'affaires réalisé à l'international). Simple « trou d'air » ou déclassement réel, la suite le dira.

▶ **La balance des opérations courantes comporte deux autres postes dont le solde s'annule presque.**

Le poste « revenus du capital et du travail » comprend principalement les revenus du capital placé ou investi à l'extérieur : profits des filiales des entreprises françaises, intérêts payés aux banques pour leurs prêts, dividendes versés à ceux qui ont acheté des actions à l'étranger. Ce poste doit d'ailleurs être pris avec prudence car son solde varie fortement au rythme de l'évolution des parités monétaires mondiales. Traditionnellement positif, négatif dans les années 1980, il est aujourd'hui redevenu positif (27 milliards d'euros en 2010). C'est la preuve que la position internationale de la France n'est pas si dégradée.

Le poste « transferts » agglomère transferts publics et transferts privés et est, lui, déficitaire.

Les transferts publics sont les paiements à l'étranger de l'administration. Ils prennent la forme de l'aide publique au développement et des versements aux organismes internationaux (cotisations à l'ONU…) ou européens (chapitre 9). C'est un poste lourdement déficitaire, comme il est logique pour un pays qui entend rester une puissance influente à l'échelle mondiale et qui fait figure, au sein de l'Union européenne comme du monde, de « riche ». 18 milliards d'euros, c'est le prix à payer pour l'influence française dans le monde, c'est aussi le ticket d'entrée dans l'Union européenne.

Les transferts privés sont les transferts de travailleurs immigrés vers leurs pays d'origine. Ils renvoient au développement de l'immigration dont nous parlerons dans le III. Pour l'instant, notons que ce poste est déficitaire (2 milliards d'euros). Pourtant la France avait adopté en 1976 la politique de regroupement familial pour des raisons économiques autant

Le stock d'investissement direct de la France à l'étranger

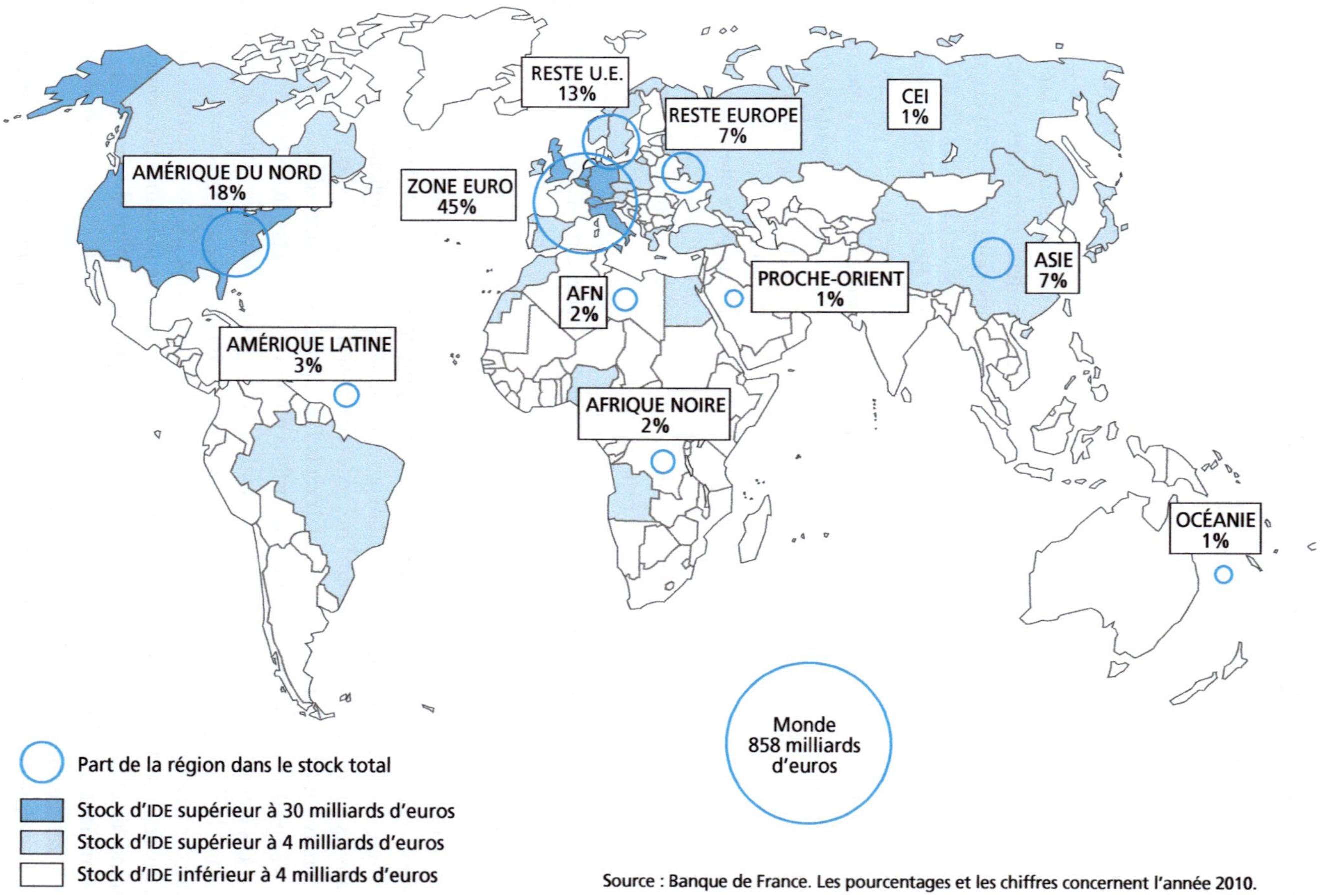

Source : Banque de France. Les pourcentages et les chiffres concernent l'année 2010.

qu'humanitaires : permettre aux travailleurs immigrés de vivre avec leur famille sans doute, mais aussi réduire les transferts opérés en direction des parents restés au pays.

La balance des capitaux constitue le second volet de la balance des paiements. C'est le miroir inversé de la balance des opérations courantes. Si la seconde est positive, le pays dispose de capitaux qu'il peut placer à l'étranger[1]. Dans le cas inverse, il faut faire venir des capitaux de l'étranger[2], une pratique où les États-Unis sont passés maîtres grâce au prestige du dollar et à l'inventivité de leurs financiers – avec les conséquences que l'on voit. Elle sera analysée plus loin.

II. Compétitive, attractive ?

Les failles étonnantes de la compétitivité française

La compétitivité peut être définie comme la capacité à affronter la concurrence internationale. Elle concerne prioritairement les échanges de biens et de services. Le déficit de la balance des opérations courantes impose une première réponse simple, peut-être trop simple : la compétitivité française est menacée. Le confirme le recul des parts de marché de la France à l'échelle mondiale.

La part de la France dans les exportations mondiales de marchandises

1958	5,5 %
1973	6,3 %
1979	6,3 %
1985	5,1 %
2002	5,1 %
2009	3,9 %

La part de la France a régressé sur le long terme, mais ce n'est pas une surprise : un nombre croissant de pays participent avec succès au commerce mondial. La compétitivité est toujours relative. La forte chute des années 2000 est moins la conséquence de nos difficultés internes que la preuve du succès des pays émergents.

▶ **La France dispose pourtant d'atouts réels en ce qui concerne ses coûts de production, du moins par rapport aux pays développés comparables.**

Les charges sociales sont lourdes, mais les salaires moins élevés que dans bien d'autres pays – c'est la logique même du « modèle » qui pousse à la socialisation des revenus –, la productivité du travail est l'une des meilleures du monde, l'électricité y est relativement bon marché (cf. encadré) Sur tous ces plans nous faisons nettement mieux que l'Allemagne, notre principal partenaire économique. Et pourtant l'Allemagne bénéficie du second excédent commercial mondial et la France du second déficit de l'Union européenne.

---

1. Il peut aussi les conserver dans les réserves de sa Banque centrale ou, depuis la fin du contrôle des changes, de l'ensemble de ses établissements financiers.

2. Le pays peut aussi puiser dans ses réserves, mais cette politique ne pourra durer longtemps.

Les fondements de la compétitivité française

Les coûts salariaux horaires dans l'industrie manufacturière en 2008 (en dollars)

Allemagne :	48,22
France :	41,68
Royaume-Uni :	35,81
États-Unis :	32,26
Japon :	27,80
Corée :	16,27
Taïwan :	8,68
Brésil :	8,28
Mexique :	4,04

Source : BLS.

La productivité du travail en 2008 (PNB en dollars en PPA divisé par le nombre d'heures travaillées)

Allemagne :	47,89
Royaume-Uni :	42,94
France :	48,99
États-Unis :	50,69
Japon :	34,97
Corée :	21,98

Source : BLS.

L'observateur doit faire preuve d'une certaine prudence : les coûts salariaux sont exprimés en dollars et les niveaux varient avec l'appréciation ou la dépréciation du billet vert. C'est ainsi que l'appréciation de l'euro pousse à la hausse les coûts salariaux de la zone euro par rapport à ceux des États-Unis, mais aussi du reste du monde. Par ailleurs la productivité du travail est donnée pour l'ensemble de l'économie et pas seulement pour l'industrie.

Le coût de l'électricité (Prix payé par le consommateur en centimes d'euros par kWh)

Italie :	16,58
Allemagne :	13,81
Royaume-Uni :	13,21
France :	9,22

Source : Eurostat.

Le prix de l'électricité apporte la preuve que l'intervention de l'État ne provoque pas seulement une aggravation des coûts pour l'économie ; le choix du nucléaire explique le prix particulièrement faible de l'électricité en France. Il est vrai que, selon ces écologistes, ces coûts sont sous-estimés car ils prennent mal en compte les dépenses de démantèlement des centrales.

D'ailleurs la situation s'est brutalement aggravée depuis le début des années 2000. Les coûts salariaux français ont considérablement augmenté depuis la fin des années 1990 – les 35 heures y ont contribué, mais aussi les fortes hausses salariales des années 2000. Au même moment l'Allemagne a effectué un effort considérable de réduction des coûts de production au prix d'une politique d'austérité dont la France s'est dispensée. Selon le MEDEF les coûts salariaux allemands seraient maintenant inférieurs aux coûts français – ce que ne confirment pas les analyses du *Bureau of Labor Statistics* américain (voir encadré). Il est certain en revanche que l'avantage français, s'il ne disparaît pas, se réduit. De 1998 à 2008, les coûts unitaires de la main-d'œuvre[1] sont passés de l'indice 80 à l'indice 112 en France et de 86 à 108 en Allemagne. Preuve que les gains de productivité ne compensent plus suffisamment la hausse des coûts salariaux.

Cette réalité alimente le discours sur le déclin d'une France qui céderait de plus en plus à la facilité.

▶ **Les coûts de production n'expliquent pas tout.**

Les entreprises françaises souffrent d'une image médiocre, en tout cas moins bonne que celle de leurs concurrentes allemandes, qu'il s'agisse de leurs services après-vente ou de la qualité de leurs produits. Jugement injuste dira-t-on, mais ce qui compte est ce que les gens croient... Par ailleurs la France ne paraît pas toujours très bien spécialisée. Parmi ses principales exportations figurent les produits agroalimentaires pour lesquels la concurrence des pays émergents se fait de plus en plus rude tandis que l'Europe constitue un marché de moins en moins réservé. Sur le plan géographique, c'est en Afrique que ses parts de marché sont les plus élevées, le continent dont la croissance a été la plus faible depuis les années 1960 (malgré un sursaut dans les années 2000). En revanche la France exporte peu de matériel électronique et est peu présente en Asie...

On tire parfois de ces faits la conclusion que notre économie est forte avec les faibles (les pays en développement) et faible avec les forts (les pays développés). L'Afrique en apporterait la preuve puisque nous tirons de ce continent des excédents réguliers (3 milliards d'euros en 2010 en données CAF/FAB). Pourtant la France y est en compétition avec toutes les grandes puissances industrielles – elle se heurte aujourd'hui à la concurrence chinoise et américaine.

L'argument ne prouve donc pas grand-chose, sinon un fait : la France a conservé des positions fortes là où son influence géopolitique se fait le plus sentir – en Afrique, au Proche-Orient, en Europe méditerranéenne. Comme si les entreprises ne pouvaient progresser que dans les fourgons de l'État et l'économie dans la foulée de la géopolitique.

Une autre faiblesse doit être signalée. L'exportation est le fait d'un nombre limité d'entreprises : moins de 100 000. Une dizaine de groupes effectue le quart de nos exportations, 4 % seulement des PME exporteraient, contre 11 % en Allemagne.

Les secrets de l'attractivité

L'attractivité peut être définie comme la compétitivité des territoires, leur capacité à attirer et à fixer les facteurs de production (capital, travail, technologie). Aujourd'hui elle prend le dessus sur la compétitivité : elle permet de remédier aux failles de la compétitivité en apportant les capitaux qui permettent d'investir et le travail qualifié qui permet de développer les secteurs modernes.

Brain drain et *gold drain* constituent les deux nouvelles mamelles du pré carré français.

---

1. Coûts salariaux par unité produite. Cet indicateur permet de prendre en compte la productivité du travail (sa hausse permet de fabriquer plus d'unités en une heure de travail) et le coût d'une heure de travail.

▶ Le territoire français est-il attractif ?

La question est d'autant plus complexe que les flux de capitaux prennent des formes diverses – prêts internationaux, placements de portefeuille, investissements directs à l'étranger (IDE) qui donnent le contrôle de l'entreprise acquise. Les deux premiers ne contribuent à la modernisation du pays qu'indirectement, dans la mesure où ils facilitent l'achat de biens d'équipement et de technologies. Les IDE à l'inverse sont parés de toutes les vertus car ils apportent à la fois des capitaux, des technologies et souvent des exportations (vers le pays de la maison-mère ou d'autres pays européens).

La France réussit-elle à attirer ces précieux capitaux ? Le débat a été lancé à la fin des années 1990. De 2000 à 2008, les sorties d'IDE ont atteint 1 000 milliards de dollars alors que les entrées se situaient à 500 milliards. En 2010 la place de la France s'est encore dégradée pour les entrées d'IDE (elle figure en dixième place avec 34 milliards de dollars de flux) tandis qu'elle reste troisième pour les sorties (84 milliards de dollars)[1]. Si l'on compare la France à l'Allemagne en comparant ces IDE à la FBCF de chaque pays (leur investissement intérieur), on constate que le pourcentage français est le double de celui de l'Allemagne pour les capitaux sortants (19,6 % contre 9,6 % pour la période 1990-2000 et la tendance est comparable ensuite) alors que les IDE français sont un peu plus élevés pour les flux entrants (9,3 % contre 6,3 %). Conclusion ? La France est plus ouverte à la mondialisation que l'Allemagne, elle délocalise beaucoup plus, mais aussi elle reste un peu plus attractive pour l'extérieur.

Selon ses goûts et son optimisme, chacun y verra la preuve du dynamisme des entreprises françaises parties à l'assaut des marchés mondiaux ou leur rejet d'un « modèle français » qui pèse trop lourdement sur leurs comptes.

▶ Autre attractivité à prendre en compte, celle des migrants.

La France est l'un des grands pays d'immigration, et le nombre de migrants augmente régulièrement. Les permis de séjour atteignent maintenant 200 000 par an et même 250 000 en 2010, le double des années 1980, tandis que les naturalisations se situent au-dessus de 100 000.

Mais la France présente la particularité d'attirer des migrants beaucoup moins qualifiés que ses partenaires (cf. encadré).

Des efforts ont été faits récemment pour élever la qualification des travailleurs au nom de « l'immigration choisie ». Inspirés des visas H1B américains, les visas « compétence et talents » ont été lancés en 2007 pour faire venir des étrangers dotés d'un haut niveau de qualification : ils n'ont attiré que 470 personnes en 2008 ! Le système migratoire français fonctionne dès lors à rebours de la logique économique. Il attire les immigrants les plus démunis et rejette les plus entreprenants. On pourra justifier ce choix au nom de la morale, mais pas au nom de l'efficacité économique.

Cette analyse est confirmée par le départ des jeunes diplômés français à l'étranger. Le nombre de jeunes Français hautement qualifiés installés dans un pays de l'OCDE atteint 300 000 en 2000 dont un tiers aux États-Unis et 15 % au Canada, en hausse de 50 % par rapport à 1990[2]. Sans doute faut-il être prudent dans ces estimations. Il est certain que la

---

1. Selon la CNUCED. Les chiffres de la Banque de France sont très différents et donnent 26 milliards d'entrées contre 64 de sorties. Le constat reste le même pourtant.

2. Rapport du Conseil d'analyse économique « Immigration, qualifications et marché du travail », 2009.

La qualification des travailleurs migrants[1]

	Pourcentage des travailleurs migrants ayant reçu une formation supérieure	Pourcentage des travailleurs nationaux ayant suivi une formation supérieure
France	14 %	24 %
Allemagne	15 %	24 %
Canada	23 %	17 %
Suède	30 %	26 %
États-Unis	34 %	38 %
Royaume-Uni	42 %	28 %

La France fait sensiblement moins bien que la plupart des grands pays développés. L'immigration élève le niveau de formation moyen des travailleurs dans beaucoup de pays. En France, comme en Allemagne, elle le diminue considérablement. Le phénomène est aggravé, note l'OCDE, dans la mesure où le pourcentage des travailleurs parmi les immigrants est faible en France ; 54 % des entrants légaux sont des femmes. Du coup ses immigrés ont un taux d'activité faible, inférieur à la moyenne nationale.

1. *Source* : Tendances des migrations internationales, OCDE, 2004.

crise actuelle a ralenti le mouvement, en particulier le départ des financiers vers Londres ou New York. Nul ne dit par ailleurs combien d'expatriés reviennent finalement en France. Il n'en est pas moins symptomatique que ces travailleurs aient choisi de partir à l'étranger pour leurs premières années de travail, celles où l'on confronte la formation reçue avec le terrain. Et si par hasard ils ne revenaient en France que pour leur retraite ?

Nicolas Baverez le notait avec une vigueur iconoclaste : la France aspire la pauvreté du monde et rejette le talent et la richesse[1] :

> Le territoire français se vide de sa substance économique… À l'inverse le niveau de la protection sociale française (et notamment les minima sociaux) exerce un fort pouvoir d'attraction non seulement vis-à-vis des pays tiers, mais aussi des étrangers présents sur le sol de l'Union européenne… La France, si elle n'y prend garde, s'apprête donc à voir fuir les jeunes et les riches pour concentrer les pauvres et les vieux.

Toutes les attractions ne sont sans doute pas équivalentes…

III. La France dans la mondialisation

La France est devenue un pays ouvert. Contrairement à une idée qui a la vie dure, elle est même l'une des plus ouvertes parmi les grandes économies de la planète. Son taux d'ouverture commercial reste modeste sans doute, 23 % contre 37 pour l'Union européenne à 27. Mais elle est particulièrement pénétrée par les capitaux étrangers : 40 % du capital des entreprises cotées au CAC 40 sont possédés par des non-résidents, un chiffre

1. *La grande illusion*, *Sociétal*, 24 mars 1999.

Les Français expatriés

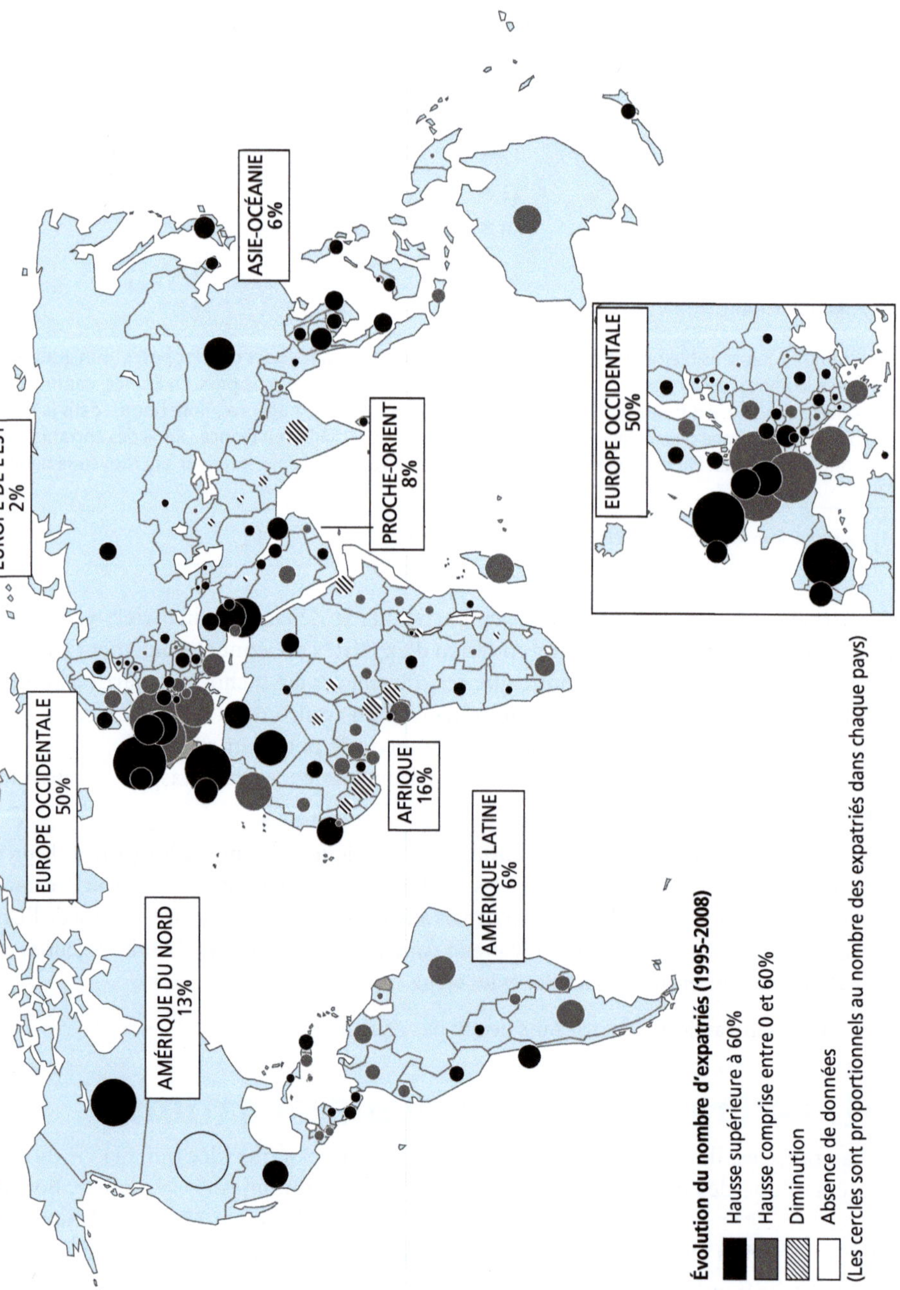

particulièrement élevé qui s'explique largement par l'absence de fonds de pension français. Un tiers de l'emploi industriel se situe dans des entreprises étrangères – un pourcentage considérable à peine inférieur au chiffre britannique. Les flux d'immigrés se situent parmi les premiers du continent européen.

En un mot la France est aujourd'hui immergée dans la mondialisation. Est-ce pour cela que les Français se montrent particulièrement critiques à son endroit, comme le démontrent toutes les enquêtes du *Pew Institute ?*

Le modèle pour le meilleur et pour le pire

Le modèle caractérise la France pour le meilleur et pour le pire.

C'est la conclusion que l'on peut tirer des analyses sur les fondements de la compétitivité et de l'attractivité du pays. Les entreprises étrangères qui s'installent en France le font pour des raisons qui renvoient au modèle : la densité des infrastructures, la productivité de la main-d'œuvre, la qualité de la vie à laquelle contribuent les services publics, la position en Europe... Après avoir interrogé une cinquantaine de dirigeants étrangers, le rapport Giacobbi d'août 2010 classe ces atouts : le crédit d'impôt-recherche, le TGV, le prix de l'électricité, le pourcentage des jeunes ayant atteint un niveau d'éducation supérieure...

De son côté le prix Nobel Gary Becker insiste sur les atouts de notre « capital humain » – bon niveau de formation, bonne productivité, vieillissement moins rapide que chez ses principaux concurrents. Il félicite même nos fonctionnaires et nous considère comme « créatifs » voire travailleurs – il en veut comme preuve les Français expatriés qui montrent toutes leurs capacités dès qu'ils sont placés dans « des environnements plus favorables à l'épanouissement industriel ». Tant de compliments finissent par devenir gênants.

Mais il existe un revers à la médaille précise G. Becker – le système économique avec ses 35 heures et les rigidités du marché du travail[1]. Il rejoint les conclusions de la plupart des économistes étrangers qui dénoncent le poids de la fiscalité, la réglementation et le médiocre climat social. Le rapport Giacobbi note que la France souffre du niveau de l'impôt sur les sociétés et du poids des cotisations sociales.

On croirait lire l'état de santé du modèle ! Les atouts du territoire valent par leur mise en valeur, mais aussi par la qualité des infrastructures matérielles et immatérielles et le niveau de protection sociale assurés par l'État. La contrepartie réside dans l'interventionnisme tatillon, la lourdeur des impôts et l'appel aux pouvoirs publics à la moindre difficulté. Ainsi le cabinet PricewaterhouseCoopers a étudié pour le compte de la Banque mondiale la fiscalité pesant sur les entreprises dans 183 pays. Le cas étudié est celui d'une PME de 60 salariés. Un premier résultat étonne de façon favorable : contrairement à une idée reçue, les déclarations fiscales sont relativement simples et les entreprises françaises y perdent moins de temps que leurs consœurs américaines, allemandes ou japonaises, preuve d'une indiscutable efficacité de l'administration hexagonale. Mais le poids des prélèvements est exceptionnellement lourd : la France arrive à la 165e place du classement[2] ! Circonstance aggravante, le taux de prélèvement

1. Interview publiée dans *Les Échos*, 13 mars 2007.
2. *Les Échos*, 24 novembre 2009.

obligatoire qui avait baissé depuis la fin des années 1990 augmente à cause de la politique de rigueur : il devrait dépasser 43 % du PIB dès 2012 (42,5 % en 2010). D'autant plus que ces prélèvements pèsent particulièrement sur les entreprises (chapitre 3).

▶ **La crise économique de 2008 confirme ce constat en demi-teinte.**

Dans un premier temps même les journaux anglo-saxons se sont mis à vanter les performances françaises : le 9 mai 2009, l'hebdomadaire anglais *The Economist* consacrait sa « une » à « la nouvelle hiérarchie européenne » que, selon lui, la France dominait. Il est vrai que le PIB français a d'abord baissé moins que d'autres. L'État-providence a servi d'édredon ; l'État interventionniste a soutenu l'activité ; plus prudentes et mieux surveillées, les banques hexagonales ont d'abord mieux résisté que leurs homologues anglo-saxonnes. Preuve semble faite que la France a raison : on ne peut pas laisser le marché faire ce qu'il veut, il faut encadrer les activités financières les plus risquées, il faut maintenir un système de protection sociale qui limite l'explosion de la misère en cas de crise…

Encore ne faut-il pas exagérer les succès français. Les sceptiques noteront que l'optimisme a été de faible durée. La croissance française, qui avait moins chuté, repart moins vite, le chômage reste à des niveaux élevés, l'investissement privé continue de diminuer. Conséquence de l'activisme étatique, la dette publique explose (voir *infra*).

Succès et incertitudes

▶ **Les Français ont raison sur un point et c'est une économiste américaine, Laura d'Andrea Tyson, qui le reconnaît.**

Elle définit ainsi la compétitivité : la capacité à soutenir la compétition internationale *en améliorant le sort du plus grand nombre*. Sinon la compétition tourne au *dumping* social et fiscal : gagne celui qui réduit le plus les salaires et la protection sociale ! Ce sont justement ces effets d'une mondialisation débridée que beaucoup craignent.

Mais ils ont tort de se plaindre car force est de constater qu'ils n'ont pas si mal réussi sur ce point. La France est restée à sa place de quatrième puissance économique et de quatrième pays exportateur parmi les grands pays du Nord. Sa compétitivité s'appuie sur des fondements solides dont le plus important consiste dans le « capital humain » signalé par Gary Becker, en particulier la productivité du travail. Les revenus des Français ont continué à progresser ainsi que leur consommation, et ceci sans que les ménages soient contraints de s'endetter exagérément ni de sacrifier leur épargne comme dans beaucoup d'autres pays. Face à la crise, les plans d'austérité sont restés beaucoup moins sévères que dans la plupart des autres nations ; ses dirigeants semblent avoir trouvé un juste milieu entre la rigueur nécessaire pour rassurer les marchés et le soutien à la croissance. Fait remarquable, les inégalités progressent peu, sauf au sommet. Le pourcentage de ceux qui vivent en dessous du seuil de pauvreté a considérablement diminué : entre 1970 et 2008 leur nombre a chuté de 15 à 7 % des ménages[1]. Une différence notable avec les pays anglo-saxons généralement présentés comme les modèles à suivre pour réussir dans l'économie mondialisée.

1. Le seuil de pauvreté est fixé à 50 % du revenu médian. Source INSEE. Il est vrai que le pourcentage s'est stabilisé depuis les années 1990. Si l'on adopte le seuil de 60 % du revenu médian, le taux a continué à diminuer, mais à un rythme moins rapide.

Ainsi la France est restée plus prudente, plus égalitaire et plus stable que la plupart de ses partenaires tout en tenant sa place dans l'économie mondialisée.

▶ **Les Français ne sont pas vraiment conscients de cette performance fragile.**

Elle provoque même un effet pervers : elle persuade que la situation n'est pas si grave et elle démobilise. Ainsi s'explique la difficulté de toute réforme. Non pas que cela soit totalement impossible, le cas de la Sécurité sociale le démontre. Il est vrai que son déficit pèse lourdement sur les comptes de l'État (23 milliards d'euros en 2010) et que le vieillissement de la population aggrave la situation. Les réformes à petit pas, depuis les mesures d'Édouard Balladur (1993) jusqu'à la loi de 2010, démontrent que le modèle peut évoluer. Mais lentement : c'est à la fin des années 1980 que Michel Rocard avait prévenu : « Dans vingt ans le système va exploser ». Et combien de réformes patinent, comme celle de l'Éducation, ou provoquent des frustrations lourdes de conséquences politiques comme celles de la carte judiciaire et de l'organisation territoriale.

Tout se passe comme si les dirigeants français avaient intériorisé l'idée d'une fragilité intrinsèque de la France et de son modèle, tout entier bâti sur des compromis et des équilibres instables. Ils ont évité de lui imposer une adaptation brutale à la mondialisation, ils l'ont ménagé, ils l'ont fait évoluer en douceur. Ils ont eu raison, diront ceux qui sont sensibles aux charmes couleur sépia du modèle et qui craignent les conséquences d'une rupture trop brutale. Ils ont eu tort penseront les partisans d'une conception virile de l'économie, ils ont masqué aux Français les réalités, ils ont provoqué une fuite en avant qui se traduit par l'endettement de l'État, ils ont encouragé les geignardises alors que les vrais défis et les vrais dangers sont encore à venir. Et les créanciers étrangers ne manqueront pas de le rappeler aux Français.

▶ **C'est sans doute cela que ressentent confusément les Français : ils sont moins inquiets pour leur sort actuel que pour l'avenir.**

En particulier ils sont persuadés que leurs enfants vivront moins bien qu'eux, tous les sondages le démontrent. Le perfectionnement de la technique, l'idéologie des Lumières, les utopies de tout genre avaient persuadé les générations antérieures que l'humanité allait sur une pente croissante et que l'avenir serait toujours meilleur. Aujourd'hui, c'est l'idée même de progrès, une idée fondamentale pour le modèle républicain, qui est atteinte.

La mondialisation n'est pas heureuse, les délocalisations le prouvent. Le phénomène est ancien dans le textile : la filière textile-habillement qui employait un million de salariés en 1970 n'en fait plus travailler en métropole que 100 000 à la fin des années 2000 – moins qu'en Tunisie. Tant qu'il ne s'agissait que des ouvrières des Vosges ou du Nord, la plupart des Français ne se sentaient pas concernés. Mais avec le temps tous les secteurs ou presque sont touchés : l'automobile qui a produit en 2006 plus de voitures à l'étranger que dans l'hexagone, pour la première fois de son histoire, les équipementiers qui partent vers les pays de l'Est (Continental fermant son site de Clairoix au profit de la Roumanie) et jusqu'au luxe. Aussi les produits assemblés dans l'hexagone ne contiennent-ils plus en 2009 que 69 % de composants français (contre 75 % en 1999)[1].

---

1. Observatoire du « fabriqué en France », août 2010.

Il n'y a pas que le travail ouvrier, il y a les emplois de cols blancs. Les progrès des télécommunications et de l'informatique permettent de transférer à l'étranger les centres d'appel, la comptabilité ou le traitement de texte. Même les emplois de chercheurs sont menacés : au début des années 2000 Alcatel annonce sa volonté de réduire ses effectifs de R&D des Yvelines et de les augmenter en Chine et en Inde.

▶ La crise actuelle ne ralentit pas le rythme des délocalisations.

Certains l'avaient prévu en tablant sur la hausse du coût des transports qui rend moins rentable le rapatriement de la production. Mais deux raisons militent en sens inverse.

D'abord la croissance s'est encore ralentie dans le Nord alors qu'elle reste forte dans les pays émergents. Les industriels s'installent là où les marchés sont les plus dynamiques[1]. Ainsi Danone a supprimé en 2008-2009 3 000 emplois dans l'hexagone tandis qu'elle en créait 3 000 en Chine. Du moins ces productions destinées au marché local ne seront-elles pas réimportées vers la France… pour l'instant.

Par ailleurs les revenus des Français progressent moins vite et, pour certains, stagnent ou diminuent. Ils s'intéressent au *low cost*. Mais où est fabriquée la Logan, la voiture bon marché de Renault qui est le plus emblématique de ces produits bon marché ? D'abord à Pitesti en Roumanie, en un lieu où les coûts salariaux étaient si faibles qu'il n'était pas nécessaire de robotiser ; puis en Colombie, en Iran, en Russie et surtout au Maroc dans la nouvelle usine de Tanger d'où les voitures partiront vers Saint-Nazaire et Sète. Demain au Brésil et en Inde.

Conscients du rapport de force, les pays émergents peuvent exiger beaucoup des entreprises du Nord. Ils réclament en particulier des transferts de technologie qui permettront de se passer d'elles à terme. Par ailleurs le risque de détournement de marques ou de copiage des techniques n'est pas négligeable : Danone, L'Oréal et Schneider en ont été victimes. En s'installant aujourd'hui dans le Sud les industriels du Nord font naître leurs concurrents de demain. Airbus monte en Chine des A 320 en Chine dans son usine de Tianjin qui est la copie conforme de celle d'Hambourg. Depuis le groupe chinois COMAC a annoncé le lancement de son premier moyen-courrier d'ici 2016, même si des retards sont probables.

▶ Les délocalisations provoquent un climat d'incertitude qui entretient l'inquiétude.

Les économistes libéraux ont raison de rappeler que les délocalisations n'ont pas que des inconvénients. Elles apportent des produits bon marché aux consommateurs français, des profits aux entreprises, des dividendes aux actionnaires petits ou gros, des emplois de contrôle et de coordination dans les sièges sociaux. Les Français ne perdent pas tout dans l'affaire, ou pour mieux dire tous les Français ne perdent pas.

Par ailleurs les délocalisations ne sont pas irréversibles. Elles engendrent pour les firmes des coûts de coordination élevés et exposent à des risques – rupture d'approvisionnement, vols de technologie, mauvaise qualité des produits. Dès lors le « retour au pays » est possible même si, il faut l'avouer, il reste rare. Les plus optimistes notent même que les pays émergents s'enrichissent peu à peu ce qui signifie que leurs salaires augmentent et que leur consommation progresse. Pour certaines activités typiquement françaises comme l'industrie du luxe ou le génie civil ils représentent des marchés de plus en plus précieux. À terme, quand les

1. L'argument a été développé de façon convaincante par Pascal Morand, directeur général de l'ESCP dans *Les Échos* du 11/02/2009.

coûts salariaux seront beaucoup plus élevés, les délocalisations perdront de l'ampleur et les relocalisations s'amplifieront – c'est ce qu'espèrent les experts américains.

Tout cela est vrai. En attendant c'est *aujourd'hui* que la mondialisation frappe les travailleurs peu qualifiés. Pire, elle entretient chez tous un sentiment diffus de précarité et d'incertitude : « Aucun emploi n'est acquis à ce pays (les États-Unis) de droit divin », prévenait Carly Fiorina, ancienne dirigeante d'H.P. Peu sont touchés directement, beaucoup se sentent menacés. L'idée de progrès et le mythe d'une « douce France » protégée par son milieu, ses mœurs et son modèle ne sont plus d'actualité.

La France en guerre

▶ **La mondialisation plonge la France dans la « guerre économique », voilà le vrai changement.**

Depuis longtemps des experts avaient tenté d'alerter l'opinion. Bernard Esambert, ancien conseiller de Georges Pompidou qui prononce le terme en 1977, lui consacre un ouvrage en 1991 et explique : « Nous vivons désormais en état de guerre économique mondiale [...]. L'objet de cette guerre est, pour chaque nation, de créer chez elle emplois et revenus croissants au détriment de ceux de ses voisins[1]. » L'idée reste marginale car elle vient à contretemps, au moment où l'échec des socialistes persuade les élites que le libéralisme est la seule voie possible et où les énarques brûlent ce qu'ils avaient adoré.

Une série d'événements inverse la tendance. Le premier est le rachat de Péchiney par Alcan en 2003. Le canadien transfère au Québec les technologies les plus pointues de l'entreprise française qui, devenue une coquille vide, sera laissée à l'abandon puis vendue par appartements. L'achat d'Arcelor par Mittal provoque des inquiétudes : ne s'agit-il pas pour un groupe spécialisé dans les productions bas de gamme de mettre la main sur les techniques de l'un des sidérurgistes les plus en pointe du monde ? Même réaction lors de la tentative de rachat de Gemplus par un groupe que l'on dit lié à la CIA : ne veut-elle pas acquérir les secrets du leader mondial de la carte à mémoire ? La rumeur d'une reprise de Danone par Pepsi Cola, les affaires d'espionnage industriels, la puissance des fonds souverains chinois ou russe, les transferts de technologie à l'extérieur entretiennent la même crainte : la France n'est-elle pas en train de perdre son savoir-faire et, avec lui, ses emplois les plus qualifiés et sa capacité à maintenir son rang ?

▶ **L'heure est au « patriotisme économique ».**

La formule, popularisée par Dominique de Villepin, justifie de nombreuses mesures. Le contrôle des investissements étrangers en France est renforcé et la liste des secteurs qui nécessitent une autorisation de l'administration est étendue. Au cours des années 2000, l'État intervient pour empêcher la reprise d'Aventis par un groupe suisse et encourage Sanofi à l'acheter. Il refuse le rachat d'Alstom par Siemens comme celui de Suez par l'italien ENEL ; sous son égide, Suez sera fusionnée avec GDF. À Toshiba et General Electric qui candidatent pour la reprise d'Areva T&D il préfère le tandem Alstom-Schneider dans des conditions qui ont été critiquées à l'étranger (2010).

---

1. Bernard Esambert, *La Guerre économique mondiale*, Paris, Olivier Orban, 1991, p. 9.

Parallèlement une véritable relance de la politique industrielle s'opère. Ainsi naissent les pôles de compétitivité qui doivent être le fer de lance de l'économie française dans l'économie mondialisée (2005). Nicolas Sarkozy instaure dans le cadre du grand emprunt une prime à la relocalisation pour les ETI (entreprises de taille intermédiaire) : la première à en profiter est la fonderie Loiselet qui était partie en Chine et revient à Dreux en août 2010. Le grand emprunt doit aussi financer la filière aérospatiale (2 milliards d'euros), les « véhicules du futur » (1 milliard) et les énergies nouvelles (2,5 milliards).

De toutes ces mesures, la plus significative est sans doute la création en 2008 du Fonds stratégique d'investissement : ce fonds souverain à la française est chargé d'entrer dans le capital des entreprises jugées vitales. Outre sa présence dans de grands groupes dont il entend préserver le caractère français (Air Liquide, Danone), il s'est intéressé à des entreprises de toute taille présentes dans des secteurs sensibles : informatique (Bull, Gemalto, STMicroelectronics), énergie (Technip), biotechnologies (Ceneris Therapeutics, Nicox), aéronautique (Zodiac Aerospace), semences (Limagrain), fibres optiques (Nexans), industries électriques (Schneider), composants pour câbles sous-marins (3S Photonics)... Un catalogue à la Prévert des technologies sensibles que la France entend conserver et pour lesquelles elle figure parmi les premières. Emblématique l'entrée dans le capital de ce qui reste de Pechiney, rebaptisé Constellium, que contrôle le fonds de pension Apollo mais dont le FSI possède 10 % des parts.

En même temps Paris se met à « l'intelligence économique », une discipline tout entière nourrie de l'idée que la guerre économique est une réalité. En 2003, Alain Juillet devient « Haut responsable à l'intelligence économique » auprès du Premier ministre. Encore faut-il noter que la France s'oriente sur cette voie tardivement et mollement. Les États-Unis donnent pourtant l'exemple, eux qui savent tenir le discours du libéralisme le plus absolu et mettre toute la puissance de l'administration au service de leurs entreprises. La France serait-elle en retard d'une guerre ?

Le *Livre blanc sur la Défense et la Sécurité nationale* donne l'impression de le reconnaître quand il inclut en 2008, pour la première fois, la défense économique parmi ses objectifs.

Un pays entravé

Il serait excessif de parler d'un État paralysé, mais il est vrai que son action est gênée par de multiples obstacles.

▶ **Le premier est intérieur. Toute une série de forces convergent pour critiquer la notion de « patriotisme économique ».**

C'est le cas des libéraux, bien sûr, et de nombreux intérêts économiques. C'est aussi le cas de beaucoup d'intellectuels qui y voient une nouvelle manifestation de « repli sur soi » et de « frilosité ». Faut-il voir dans ce rejet la conséquence des aspirations humanitaires, de l'idéologie altermondialiste, de la mauvaise conscience postcoloniale ? Le fait est que le patriotisme n'a pas bonne presse auprès des faiseurs d'opinion. L'éditorial du premier numéro de *Globe*, signé par Pierre Bergé, Georges-Marc Benamou et Bernard-Henri Lévy, ne le cache pas : « Bien sûr, nous sommes résolument cosmopolites. Bien sûr, tout ce qui est terroir, béret, bourrées, binious, bref, franchouillard ou cocardier, nous est étranger, voire odieux. » Cette apologie de la mondialisation sans nuances donne à penser qu'une partie de ces élites est composée de « Munichois de la guerre économique », les « idiots utiles » des stratèges américains ou chinois.

▶ **Le second obstacle vient de toutes les contraintes qu'impose à la France son insertion dans la mondialisation.**

La France est membre de l'OMC, du FMI et surtout de l'Union européenne, elle se doit de respecter les règles communes. De Bruxelles viennent des influences clairement libérales qui s'opposent à l'interventionnisme étatique (chapitre 9). Ainsi la France a ouvert ses frontières. Elle s'est désarmée et a partiellement perdu le contrôle des flux qui affectent son territoire.

– En ce qui concerne les échanges de marchandises, les droits de douane sont supprimés avec les pays de l'Union européenne et ont été considérablement réduits avec le reste du monde. Par ailleurs l'OMC interdit le contingentement des importations et contraint à passer par l'arbitrage de l'Organe de règlement des différends en cas de litige.

– Le contrôle des changes qui permettait de maîtriser les flux de capitaux a été supprimé en 1986, l'autorisation pour les investissements directs étrangers supprimée par étapes.

– Les accords Schengen ouvrent les frontières non seulement aux Européens, mais aussi aux étrangers installés légalement dans l'Union. Les différentes conventions sur les droits de l'homme restreignent la possibilité d'interdire l'entrée d'immigrants ou de les faire partir ; d'ailleurs les associations de défense des immigrés se mobilisent contre les expulsions.

C'est que la notion de « frontière » heurte les idéologies libérales de toutes sortes : le libéralisme économique bien sûr, mais aussi le libéralisme politique qui voient en elles une atteinte à la liberté des hommes de se déplacer et de se fixer comme ils le souhaitent.

Ainsi l'État se trouve placé en situation de dépendance. Rien n'est plus remarquable de ce point de vue que le problème de la dette publique. Sous le coup de déficits non maîtrisés, elle n'a cessé d'augmenter depuis les années 1970 – le dernier excédent budgétaire date de 1974. Les Français en ont profité car les sommes empruntées ont permis à l'État de jouer son rôle traditionnel de protection, de redistribution et de soutien à l'économie.

Mais la dette atteint des niveaux considérables – 1 800 milliards d'euros à la fin de 2011, soit 85 % du PIB. Sur les 126 pays pour lesquels la CIA publie des statistiques, la France arriverait à la 19e place des pays les plus endettés (en pourcentage du PIB). Pire, la dette a fini par s'auto-entretenir : aujourd'hui son service représente le deuxième poste de dépense du budget (47 milliards d'euros)[1]. Phénomène aggravant, 68 % de la dette négociable se trouve entre les mains de non-résidents, ce qui n'est pas le cas du Japon par exemple.

La France se trouve ainsi sous dépendance des prêteurs étrangers et plus encore des agences de notation dont dépendent le maintien de ces flux et le niveau des taux d'intérêt. Certains s'étonnent que toute la politique française ait semblé tourner en 2011 autour d'un seul but, conserver le « triple A » dont elle jouissait et qui lui permettait de continuer à emprunter à des taux modérés, en vain.

---

1. Le service annuel de la dette est l'addition du remboursement du capital échu dans l'année et le paiement des intérêts annuels.

Fondé sur l'État-nation, le modèle français est plus affecté que n'importe quel autre par une mondialisation assimilée, qui plus est, à une américanisation de la planète. C'est sans doute ce que ressentent les Français et ce qui explique leur opposition particulièrement vive à la mondialisation. En jeu non seulement leur niveau et leur mode de vie, non seulement la souveraineté du pays, non seulement le maintien du modèle, mais aussi le rôle de l'État qu'ils considèrent comme l'épine dorsale de leur pays.

8 La géopolitique du Verbe et du Geste

Les relations géopolitiques de la France

De grandes puissances moyennes. Nous avons déjà cité ces mots de Valéry Giscard d'Estaing à propos de la France et de l'Allemagne. Ils nous rappellent qu'à des époques différentes ces deux pays ont été de grandes puissances, peut-être même les premières mondiales ; il ne leur est pas facile de rentrer dans le rang (chapitre 2). Elles doivent pourtant l'admettre, la France et l'Allemagne, comme d'ailleurs le Royaume-Uni, ne font plus partie des « superpuissances ».

Il leur faut donc inventer une nouvelle stratégie adaptée à leur statut. Celle-ci présente un double visage à l'image de leur position de « grand » et de « moyen ». Le Royaume-Uni s'est positionné comme le « brillant second des États-Unis » dans l'espoir de conserver son rôle de « premier » au sein du Commonwealth et d'arbitre en Europe. L'Allemagne a mis en avant ses ambitions économiques en se faisant discrète sur ses objectifs géopolitiques. La France a développé sa propre manœuvre bifrons. C'est elle que nous allons décrire dans ce chapitre.

I. Qui fait la géopolitique de la France ?

À cette question, la réponse paraît simple, du moins si l'on assimile géopolitique et relations internationales. N'existe-t-il pas pour cela des administrations dédiées dont la première est le ministère des Affaires étrangères, un corps de spécialistes recrutés sur concours et formés dans ce but ? La réalité est beaucoup plus complexe.

Les professionnels et les politiques

▶ **La représentation diplomatique française occupe la seconde place mondiale.**

Le ministère des Affaires étrangères dispose d'un budget de 5 milliards d'euros en 2011 et de 15 000 fonctionnaires dont les deux tiers sont en poste à l'étranger. Il s'appuie sur plus de 160 ambassades auxquelles s'ajoutent les consulats et les représentations permanentes auprès d'organismes internationaux (17 au total). Ce fait suffirait à prouver que la France entend jouer un rôle géopolitique majeur.

Sans doute les ambassadeurs n'ont-ils plus l'importance qu'ils détenaient jusqu'en 1939. Les communications étaient lentes, la diplomatie reposait sur les relations personnelles entre des dirigeants politiques qui restaient longtemps au pouvoir, en particulier dans le cas des souverains. Les ambassadeurs jouissaient donc d'une large autonomie. Leur fonction a changé, mais les ambassades n'en conservent pas moins un rôle important : tutelle de l'ensemble des services de l'État, rédaction de notes et de rapports pour informer le ministre et orienter son action, représentation de la France, conseil aux entreprises, coordination de l'action culturelle. L'image de la France peut être fortement affectée par la conduite de son représentant. Ainsi la décision de l'ambassadeur de France P. Faure de rester à Tokyo avec sa femme lors de l'accident de la centrale nucléaire de Fukushima a-t-elle été saluée par la presse japonaise et lui a valu d'être décoré de l'ordre du Soleil Levant, une distinction exceptionnelle pour un étranger.

▶ L'action du ministère est placée sous l'autorité du Premier ministre et plus encore du président de la République.

La Constitution consacre ce dernier comme chef des armées et l'autorise à accréditer les ambassadeurs qui sont nommés en Conseil des ministres, donc en accord avec lui. Dès 1959 Chaban Delmas parle d'un « domaine réservé » du président que la Constitution n'évoque pas, mais que la pratique politique impose rapidement. Il couvre la défense, la politique extérieure et la Communauté française – c'est dire l'Afrique noire francophone. Les présidents s'adjoindront des conseillers chargés des dossiers africains, vite qualifiés de « monsieur Afrique » : Jacques Foccart a joué ce rôle pour de Gaulle et Georges Pompidou, René Journiac puis Martin Kirsch pour Valéry Giscard d'Estaing, Michel Dupuch puis Michel de Bonnecorse pour Jacques Chirac, Robert Bourgui pour Nicolas Sarkozy et, pour François Mitterrand... son fils Jean-Christophe.

En ce qui concerne la politique extérieure se déroule progressivement une certaine dépossession du ministère des Affaires Étrangères ; la présidence Sarkozy voit le ministre Bernard Kouchner cantonné à la représentation et à la justification d'une politique qui contredit ses engagements passés. Qui doute que le vrai chef de la diplomatie soit alors Jean-David Levitte, le conseiller diplomatique du président ? Dominique Moïsi va encore plus loin et estime que certains ministres ont été choisis précisément pour leur incompétence, en citant le décidément bien malheureux B. Kouchner[1] !

Enfin la création de la force de frappe a donné au président un pouvoir exceptionnel : c'est lui qui possède les codes de l'arme atomique et peut déclencher le feu nucléaire. Depuis les attentats de 2001 il préside le Conseil de sécurité intérieur devenu en 2010 Conseil de défense et de sécurité nationale en fusionnant avec le Conseil de défense nationale.

On peut parler pour la France comme pour les États-Unis d'une « présidence impériale » qui dispose de larges moyens et d'une assez grande liberté pour atteindre ses objectifs géopolitiques. Nicolas Sarkozy a pu lancer l'intervention en Libye sans l'accord du Parlement, ce qui aurait été possible aux États-Unis, mais pas dans beaucoup de pays européens. La France y gagne en efficacité.

▶ Cette évolution provoque un indiscutable malaise parmi les diplomates de carrière.

Ils forment une caste de professionnels aguerris, sélectionnés par les concours du Quai d'Orsay ou de l'ENA, animé par un esprit de corps d'autant plus fort qu'il existe des familles dont les membres embrassent, génération après génération, la « carrière ». Leur frustration se nourrit de la baisse des moyens du ministère qui ont chuté de 20 % depuis 1985 ; le budget continue à augmenter sans doute, mais c'est au profit de l'aide publique au développement

1. Confidence à *Challenge*, 12 mai 2011.

ou des opérations extérieures de maintien de la paix qui lui sont imputées. Du coup le Quai a du mal à assumer ses missions. Sa capacité à prévoir a été prise en défaut lors de la révolution de jasmin en Tunisie. Un rapport du Sénat[1] met en cause les diplomates et parle d'une « sclérose d'une pensée monolithique », d'un « entre-soi » qui conduirait à raisonner de façon conformiste et empêcherait de discerner les ruptures qui se préparent.

De tels mots ne risquent pas d'apaiser les ressentiments que provoque un double sentiment de dépossession, au profit du « château » (l'Élysée) et au profit d'hommes politiques considérés comme des amateurs. À ces conflits de corps s'ajoutent de véritables enjeux géopolitiques. De par leur tradition et leur formation, les diplomates du Quai sont plutôt adeptes d'une certaine *Realpolitik* ; les plus anciens ont été marqués par la volonté du général de Gaulle de redonner à la France sa place dans le monde. Les orientations suivies depuis les années 1980 – rapprochement avec l'OTAN ou avec Israël – ont divisé le ministère. Il en va de même aujourd'hui en ce qui concerne l'attitude à adopter à l'égard de la Russie.

En fait ce sont deux conceptions de la diplomatie qui s'opposent. D'un côté l'Élysée et certains diplomates voient l'action diplomatique à travers les prismes de la politique intérieure. Ils tiennent compte de tous ses acteurs – médias, partis, groupes d'influence, opinion. Ils n'échappent pas à la tentation d'une « diplomatie spectacle ». Pour être juste, ils ont aussi une vision géopolitique large et, ouverts à de nombreuses influences, apprécient les enjeux économiques ou culturels que toute décision diplomatique comporte.

De l'autre la tradition du Quai s'appuie sur ses grandes références (Vergennes, Talleyrand). Elle se prétend une diplomatie de professionnels, discrète, réaliste, se gardant de toute naïveté et de tout sentimentalisme. Mais elle n'échappe pas au risque d'une certaine obsolescence dans un monde dominé par le moralisme ; elle est aussi menacée par « l'entre-soi » que dénonçait le Sénat.

Certains ministres qui se situent dans la ligne traditionnelle du Quai ont su maintenir sa cohésion l'ensemble ; tel a été le cas dès le départ de Maurice Couve de Murville, inamovible ministre du général de Gaulle qui a incarné la fonction jusqu'à la perfection (ou la caricature, si l'on préfère), plus récemment d'Hubert Védrine ou d'Alain Juppé. Nul besoin d'être physionomiste pour constater qu'ils ont le « style maison ». D'autres ont provoqué de véritables *bronca* comme Philippe Douste-Blazy ou, plus encore, Bernard Kouchner. En 2010 deux anciens ministres, H. Védrine et A. Juppé (qui n'avait pas encore retrouvé son poste) protestent contre la baisse des moyens. En 2011, fait exceptionnel, une pétition (anonyme) de diplomates met en cause le ministre B. Kouchner.

La présentation que vous venons de faire est simplifiée. La ligne de clivage ne passe pas le long de la Seine, entre le Quai et l'Élysée, mais à l'intérieur même du Quai où l'ambition bien comprise conseille de s'aligner sur les choix présidentiels. Des choix qui d'ailleurs changent en fonction de la personnalité des présidents et de l'orientation des majorités. Comme l'a montré Marie-Christine Kessler [*op. cit.*], bien d'autres institutions interviennent dans la prise de décision en matière de politique étrangère : le Parlement, le ministère des Finances, les institutions en charge de la politique culturelle, de plus en plus les organismes européens… « Le pouvoir des différents acteurs français s'étoffe en fonction des prolongements

1. Août 2011.

qu'il trouve dans les institutions communautaires. » Plutôt que de désigner un centre, elle préfère parler de « noyau décisionnel », une notion qui est particulièrement opérante en période de cohabitation.

Dans le détail de l'action quotidienne, les choix dépendent du rapport de force entre de nombreux organismes publics. C'est nous rappeler que l'État est pluriel – le vocabulaire économique qui préfère la formule « les administrations » en témoigne. Cependant les décisions capitales redonnent leur sens à la notion d'État : même si elles sont préparées par les ministères et les commissions, même si elles résultent d'arbitrages entre sensibilités et intérêts contradictoires, elles sont le fait de la présidence éclairée et orientée par le Quai d'Orsay.

Argent et morale : les nouveaux acteurs

Il n'y a pas que l'État. Les forces économiques, sociales, idéologiques se projettent elles aussi dans le monde, elles disposent d'une véritable vision géopolitique qui interagit avec celle du politique. Leur intervention prend deux formes : celle de l'influence qu'elles exercent sur les pouvoirs publics et celle des interventions qu'elles mènent directement à l'étranger et qui, d'une certaine façon, engagent elles aussi la France. Ces forces sont multiples – on pourrait citer les courants idéologiques, les diasporas, les *think tanks* qui, sous prétexte d'éclairer le politique, l'orientent. Mais les idéologies ont perdu de leur importance depuis les années 1990, les *think tanks* sont beaucoup moins développés en France qu'aux États-Unis et les diasporas se confondent parfois avec les religions. L'une d'entre elles, la diaspora arménienne, a d'ailleurs remporté un succès important en décembre 2011 : elle a obtenu du Parlement que ceux qui doutent du génocide arménien soient poursuivis en justice pour révisionnisme et passibles de lourdes peines. Quitte à provoquer une grande crise avec la Turquie et à mettre dans l'embarras le ministère des Affaires étrangères, le rôle principal n'en revient pas moins aux entreprises, aux religions et aux ONG.

▶ En devenant multinationales, les grandes entreprises se retrouvent impliquées dans la géopolitique mondiale.

Elles s'efforcent de mieux en comprendre les rouages, elles encouragent leurs cadres à d'intéresser à des disciplines comme l'intelligence économique (chapitre 7), l'analyse de risque ou les études interculturelles. Surtout elles possèdent leur propre vision géopolitique de l'univers.

L'observateur qui prend le monde des entreprises comme un tout constate qu'il se trouve plutôt du côté des partisans de la *Realpolitik* : la recherche du profit ne s'encombre guère de morale. Le patronat se montre gêné face aux grandes manifestations consacrées aux droits de l'homme, ainsi lors des troubles qui ont accompagné le passage de la flamme olympique à Paris en 2008 et qui ont indigné les dirigeants chinois. Il s'est accommodé de la Françafrique et du soutien aux régimes autoritaires arabes.

Mais les chefs des grandes entreprises ne travaillent pas sur les mêmes cartes que les diplomates ou les militaires. Il est pour eux des pays et des zones plus importantes que d'autres : les grands marchés où ils vendent, les zones productrices de matières premières où ils s'approvisionnent, les centres financiers d'où viennent leurs capitaux… Ainsi le patronat a-t-il poussé au maintien de liens puissants avec les États-Unis qui lui paraissent comme le protecteur du système capitaliste en dernier recours, l'inspirateur des politiques libérales, le premier marché de consommation et le premier fournisseur de capitaux de la planète.

En ce qui concerne la construction européenne en revanche, sa position a évolué. En ses débuts, il s'est montré réticent à l'égard de la CECA. Il craignait que cette instance favorise le redressement économique de l'Allemagne, vue alors comme un concurrent plus que comme un partenaire. Les industriels de la sidérurgie se montraient logiquement les plus hostiles. Leurs craintes rejoignaient celles du Quai d'Orsay qui préférait, lui aussi, une Allemagne durablement affaiblie. *Realpolitik* et « *Realeconomie*[1] » marchaient alors de concert.

Sept ans plus tard, le patronat soutient le traité de Rome. La rupture est manifeste. Autrefois la majorité du patronat s'était montré réticente à l'ouverture sur le monde et avait protesté contre le traité de libre-échange avec le Royaume-Uni (1860). En refusant la CECA, le groupement de l'industrie sidérurgique se conduisait en digne héritier du Comité des forges. Le patronat est maintenant acquis au libre-échange comme le prouvent ses protestations contre l'idée de « démondialisation ». Il l'est d'autant plus que les entreprises françaises se sont considérablement internationalisées. Les entreprises du CAC 40 ne conservent que 34,5 % de leurs effectifs en France, et ce chiffre a baissé de 4 % entre 2007 et 2010 alors qu'il augmentait de 5 % à l'étranger. Leurs capitaux et leurs profits viennent de plus en plus de l'étranger.

Le patronat attend pourtant de l'État qu'il protège ses intérêts à l'étranger, le personnel de ses filiales, les biens qu'il possède. Surtout il souhaite de bonnes relations avec l'ensemble du monde afin que règne un climat favorable à ses affaires. Cette volonté d'apaisement peut conduire certaines firmes à se démarquer de la politique française. Lorsque Jacques Chirac décida de mener une dernière campagne d'essais nucléaires dans le Pacifique (1995), plusieurs entreprises protestèrent contre cette mesure publiquement et firent connaître leur désaccord dans la presse australienne – il s'agissait bien sûr de sociétés implantées dans la région qui craignaient les réactions hostiles des opinions locales. Les intérêts économiques ne coïncident plus toujours avec les intérêts politiques ou militaires de la nation. Preuve qu'il existe non pas une, mais plusieurs *Realpolitik* possibles.

Quelques firmes, mais elles sont rares, développent une véritable géopolitique personnelle, généralement en accord avec les pouvoirs publics. Tel est le cas en particulier des fabricants d'armes ou des producteurs de matières premières comme Total ou Areva. Le cas d'Elf Aquitaine, rachetée par Total en 2000, constitue un cas d'école.

L'entreprise, publique au départ, a mené une politique de prospection en Afrique en accord avec les orientations stratégiques du pays. Il s'agissait de se procurer un pétrole sûr, ne dépendant ni de l'OPEP ni des *majors* anglo-saxonnes, de préférence dans les pays de la zone franc ce qui permettait de le payer en franc CFA – on a parlé de « pétrole franc ». Les premières découvertes se trouvent pourtant en dehors de cette zone, en Angola, puis elles s'enchaînent au Gabon, au Cameroun, au Congo-Brazzaville. Même lorsqu'elle est privatisée en 1994, Elf Aquitaine continue à servir ces choix nationaux ; les liens avec l'administration sont si étroits que l'on peut parler d'un véritable hybride public-privé au service de la géopolitique nationale. Le premier président[2] que nomme de Gaulle n'est-il pas Pierre Guillaumat,

1. Que le lecteur pardonne ce néologisme bizarre que j'ose au nom de l'équilibre de la formule.

2. L'entreprise s'appelle alors Elf-ERAP. Elle devient Elf Aquitaine après la fusion avec la SNPA qui exploite entre autres le gaz de Lacq (1976).

ancien ministre des Armées et ancien du BCRA[1] ? Elf Aquitaine a servi de couverture aux agents des services de renseignement du pays. Parallèlement elle utilise à fond les réseaux de la Françafrique qu'elle contribue à renforcer. Elle n'hésite pas à intervenir dans les affaires intérieures des pays africains au nom de ses intérêts. Les critiques l'ont ainsi accusée d'avoir entretenu la guerre civile au Congo-Brazzaville dans l'espoir de se faire octroyer de nouvelles concessions.

Au service de la géopolitique française, elle a donc pu orienter voire déformer cette géopolitique au nom de ses intérêts qu'elle avait tendance à confondre avec ceux de la nation. Mais n'est-ce pas une histoire récurrente ?

▶ **Les religions constituent un second acteur d'importance.**

On pourra s'en étonner dans l'un des pays les plus athées de la planète. Pourtant les églises conservent une influence considérable à l'intérieur du cercle de leurs fidèles et même chez tous ceux qui ont conservé quelque imprégnation de leur formation religieuse. Certaines sont même en progression comme l'islam. Toutes voient se développer des courants fondamentalistes qui refusent de dissocier foi et politique. Le pouvoir doit en tenir compte.

L'horizon de toutes ces églises dépasse les frontières nationales : les catholiques se tournent vers Rome, les musulmans vers la Mecque, les juifs vers Jérusalem... Leurs membres se sentent partie prenante d'une communauté planétaire de croyants dont ils sont solidaires. Ils peuvent constituer un lien entre la France et le monde et contribuer à son rayonnement, ce qui constitue un atout pour la géopolitique comme pour la géoéconomie de la France. Mais ils prêtent le flanc à diverses critiques.

Tel est le débat qui s'est déroulé au XIXe siècle à propos des catholiques français. Les républicains les accusaient de prendre leurs ordres à Rome. En 1867 c'est sous l'influence de l'opinion catholique que Napoléon III envoie des troupes pour empêcher les Italiens d'annexer la ville du pape : il se brouille ainsi avec un pays qui lui doit son existence ! Plus tard cependant la République laïque encouragea les missions des Pères Blancs en Afrique noire et profita de leur influence pour étendre son empire colonial. Une dialectique comparable se développe aujourd'hui en direction des musulmans de France. Les services de police s'inquiètent des liens qui relient certains d'entre eux aux combats de l'islam dans le monde, mais les entreprises espèrent que ces musulmans constitueront un pont en direction des pays du pourtour méditerranéen et du Proche-Orient.

Les églises interviennent dans le débat géopolitique. Elles le font au nom de grands principes comme le maintien de la paix et la protection de la liberté de conscience. Elles réclament l'intervention des pouvoirs publics pour protéger leurs coreligionnaires quand elles les estiment menacés. Les chrétiens du Proche-Orient, de Chine ou d'Afrique, les juifs d'Israël, les musulmans de Palestine sont l'objet de ces attentions ; des campagnes d'opinion sont régulièrement organisées en leur faveur dans l'espoir de peser sur les pouvoirs publics. On ne s'étonnera pas que certaines régions du monde focalisent plus clairement l'action des églises : autrefois l'URSS contre laquelle elles se sont unanimement mobilisées, aujourd'hui le Proche-Orient où elles apparaissent au contraire divisées – si l'on dépasse le vernis des discours obligés sur la paix et les vertus du « vivre ensemble ».

1. Le service de renseignement de la France libre à Londres.

▶ **Les organisations non gouvernementales (ONG) interfèrent elles aussi avec les pouvoirs publics.**

Elles ont chacune leur spécialité, si l'on ose dire – défense des droits de l'homme, développement, protection de l'environnement, condamnation des armes nucléaires. Comme les religions, elles usent de leur influence pour mobiliser l'opinion et faire pression sur les gouvernements.

Leur impact a été démontré en de nombreuses circonstances. Ainsi la mobilisation des ONG lors du passage de la flamme olympique à Paris, en 2008, en protestation contre le régime chinois a considérablement choqué ce dernier ; elle a sans doute poussé Nicolas Sarkozy à recevoir le dalaï-lama au risque d'aggraver encore la mauvaise humeur de Pékin. Quelques manifestants, une banderole et un drapeau tibétain hissé sur le proche de Notre-Dame par Robert Ménard, alors président de Reporters sans frontières, ont obtenu un impact politique démesuré et menacé les efforts des diplomates et des chefs d'entreprise français. Du moins pour un moment, car sur le long terme la *Realpolitik* a repris son cours.

Autre épisode emblématique, l'affaire Greenpeace. Cette ONG d'origine anglo-saxonne a pris comme cible principale la France et ses essais nucléaires dans le Pacifique. Pour tenter d'y mettre fin, les services français firent exploser le bateau de l'association basé en Nouvelle-Zélande avant qu'il ne prenne la mer pour narguer les navires français (1985). Mais l'attentat fit un mort et les agents français (les « faux époux Thurenge ») furent arrêtés. Depuis cette date, la France s'est retrouvée sur la défensive face à l'organisation anti-nucléaire. En 1992 Bérégovoy déclara un moratoire sur les essais, un geste qui fut suivi par les États-Unis, le Royaume et la Russie, mais pas la Chine. Finalement Jacques Chirac décida de mettre fin aux essais après une dernière campagne (1995). Sans doute les simulations par ordinateur rendent-elles les essais moins nécessaires. Le renoncement n'en est pas moins apparu comme une reddition face à des militants bien organisés, décidés et soutenus par une partie de l'opinion mondiale.

▶ **Églises, ONG, parfois même entreprises. Toutes finalement doivent l'essentiel de leur pouvoir à leur capacité à mobiliser l'opinion.**

Ce n'est pas le seul point commun de ces acteurs, tout différents qu'ils paraissent. Ils poussent tous trois à l'ouverture sur le monde et à l'effacement des frontières, que ce soit au nom de l'intérêt économique, de la charité chrétienne ou des droits de l'homme. Ils ne se contentent pas d'influencer, ils agissent à l'étranger en investissant, en menant des missions humanitaires ou en participant à des actions de protestation. Ainsi engagent-ils d'une certaine façon la France. S'ils mettent en porte à faux le gouvernement, ils se récrient qu'ils incarnent l'intérêt bien compris du pays, qu'il s'agisse de sa prospérité économique ou de son rayonnement moral. Mais si l'affaire tourne mal, ils réclament l'aide des pouvoirs publics – cadres enlevés ou humanitaires arrêtés aujourd'hui, missionnaires assassinés autrefois.

D'un côté l'État-nation, de l'autre des forces diverses qui prétendent incarner mieux que lui l'intérêt général, qui lui dénient le droit de contrôler ses frontières et qui prétendent développer leurs propres relations avec le monde. Bien sûr la coupure n'est pas aussi tranchée, État et entreprises partagent une même vision d'un monde guidé par l'intérêt. L'opposition la plus forte concerne les ONG et l'État-nation, ou si l'on préfère une conception moralisante et une conception réaliste de la géopolitique.

Pour l'État, le problème est d'autant plus grave que les forces évoquées peuvent être instrumentalisées par des puissances étrangères. C'est le reproche que certains faisaient autrefois aux catholiques et que d'autres font aujourd'hui aux musulmans. La même critique revient à l'encontre des ONG. Comment se fait-il que Greenpeace ait pris comme tête de turc la France sans jamais tenter rien d'important contre la Chine ou les États-Unis ? Peut-être l'association pensait-elle que le petit hexagone était plus à sa portée que les géants continentaux. Triste situation d'une « grande puissance moyenne » surtout quand elle en proie au doute. D'autres ont cependant mis en relation ce choix avec l'ancrage de l'organisation qui se fait surtout dans les pays anglo-saxons et en Allemagne. Après tout, c'est de là que vient l'essentiel des dons qui la font vivre. Et si ces pays trouvaient un intérêt géopolitique à la remise en question de l'arme atomique française ?

Ce ne sont que rumeurs, ces bruits ne sont pas démontrés et il faut se garder de la théorie du complot qui, à force de tout expliquer, conduit à ne rien comprendre. N'oublions pas cependant comment, dans un passé récent, l'URSS a su manipuler de nombreuses associations à prétentions généreuses (Mouvement pour la paix…) ou comment les États-Unis, aujourd'hui, suscitent les mouvements de défense des droits de l'homme et les « révolutions de couleur » au nom de leurs idéaux, et souvent de leur intérêt. Comme le déclare dans *Le Point* Hubert Védrine avec toute la diplomatie nécessaire : « Les ONG ont des mérites, mais elles ne sont pas asexuées ».

Il serait erroné de conclure que la géopolitique de la France se fait à la corbeille ; elle ne se fait pas non plus dans les salles de rédaction, dans les salons intellectuels ni dans les bureaux des associations, encore moins dans les presbytères. Tous ces lieux d'influence jouent un rôle, mais pas le même. Ils poussent rarement dans le même sens sauf, nous l'avons vu, en ce qui concerne l'effacement des frontières. Finalement l'État arbitre. Il le peut d'autant plus qu'il dispose d'une carte exclusive que les autres acteurs ne possèdent pas : la puissance militaire. Ce fait très simple permet de répondre à la question que nous nous posions.

Qui fait la géopolitique de la France ? En dernier ressort celui qui décide de l'emploi des armées. En un mot le président en accord avec les ministres concernés et le Parlement et après analyse de l'état de l'opinion.

II. Prolégomènes à toute géopolitique d'une grande puissance moyenne

Stratégies du moyen au fort

▶ Quand la France, ses dirigeants, son peuple, ont-ils compris qu'ils n'étaient plus une grande puissance ?

La réponse de mai 1940 paraît évidente, peut-être trop. La participation de la Première Armée et de la Résistance à la victoire finale, le siège de membre permanent au Conseil de sécurité, le contrôle de l'Union française ont pu faire oublier l'humiliation de la campagne de France. C'est par étapes que la prise de conscience s'opère : l'obligation d'accepter les choix américains et en particulier le redressement de l'Allemagne ; le fiasco de l'expédition de Suez où, victorieuse sur le terrain, l'armée française doit se retirer sous la pression conjointe des deux Grands (1956) ; le développement des armes atomiques et des fusées intercontinentales ; surtout la fin de l'empire.

En 1962 il n'est plus possible de douter : la France ne fait plus partie des très grandes puissances. Il lui faut inventer une démarche adaptée à son nouveau statut.

▶ **Peut-on faire une typologie des différentes stratégies qu'a tentées la France depuis la Seconde Guerre mondiale ?**

Nous proposons de le faire en prenant en compte deux axes :

– Le premier concerne le jugement porté sur la France, ses moyens d'action, les ambitions qu'elle peut nourrir : reste-t-elle une puissance majeure capable de défendre par elle-même ses intérêts vitaux et son indépendance ou lui faut-il se résigner à un rôle de second rang ? Est-elle plutôt « grande » ou « moyenne » ? Pour caractériser ces deux positions, nous parlerons d'optimistes et de pessimistes.

– Le second recoupe l'opposition déjà évoquée entre *Realpolitik* et idéalisme. Faut-il voir le monde comme un rapport de forces en équilibre incertain où la France doit promouvoir ses seuls intérêts vitaux ? Ou bien doit-elle se mettre au service de causes universelles afin d'aider l'émergence d'un monde plus juste et plus harmonieux ? Nous parlerons cette fois de réalistes et d'idéalistes[1].

Les dirigeants français n'adoptent pas tous les positions radicales que nous venons de décrire. La plupart préfèrent des choix intermédiaires. Le classement que nous proposons présente l'avantage de distinguer quatre grandes orientations, les principales qui s'offrent à la France.

De Gaulle, réaliste et optimiste

Optimiste le général de Gaulle ? On peut en douter. Il sait que la France n'a plus les moyens d'autrefois et répète que nous ne sommes plus à l'époque de Louis XIV ou Napoléon. D'ailleurs, qui pourrait le croire ? De ce point de vue personne n'est un « optimiste absolu ». Il n'en estime pas moins que la France dispose de moyens importants, il s'emploie à les conforter en dotant le pays de l'arme atomique. La théorie nucléaire qu'il adopte, celle de la dissuasion du faible au fort, démontre que la France a les moyens de préserver par elle-même son indépendance. Par ailleurs, et c'est une autre facette de son optimisme, il ne doute pas que la France possède une personnalité propre qui perdure et ne se dissout pas dans le monde moderne. Pour résumer, la France doit et peut conserver une place de premier rang. C'est une question de volonté et, troisième facette de son optimisme, la volonté des hommes peut à ses yeux renverser les rapports de force les plus inégaux.

Elle le fait dans un monde dominé par le calcul des États-nations. « Un grand pays n'a pas d'amis, il n'a que des intérêts », proclame-t-il en reprenant les mots de Palmerston. Pour le général de Gaulle, les nations constituent l'essence de la géopolitique. Pour le montrer, il s'attache à appeler l'URSS du nom de « Russie » auquel il adjoint « soviétique » quand il se trouve en veine de concessions : les idéologies ne constituent qu'un voile superficiel qui dis-

1. Notons que cette opposition concerne les actions et non les mots : les tenants de la *Realpolitik* sont souvent les plus habiles à dissimuler leur égoïsme derrière les discours les plus émouvants ; allons plus loin, ces beaux discours sont les plus efficaces (et les plus cyniques) de toutes les politiques réalistes.

simule mal la permanence des patries. On lui a reproché ses relations avec le général Franco ; ce n'était pas avec le franquisme, mais l'Espagne éternelle qu'il envisageait de faire entrer dans la CEE. La diplomatie française ne reconnaît pas les régimes, mais les pays.

La place exceptionnelle de la France vient ainsi de ce qu'elle s'est constituée depuis longtemps en État-nation. Il s'agit de continuer le combat engagé depuis longtemps par elle contre les empires de toute sorte, vastes conglomérats composites qui doivent leur solidité non à la cohésion nationale, mais à un lien d'autorité qui relie les populations à un souverain – dynastie autrefois, idéologie aujourd'hui. De la lutte contre le Saint Empire romain germanique ou contre Charles Quint autrefois à la dénonciation du condominium États-Unis/URSS aujourd'hui, la continuité paraît évidente.

Pour ses adversaires, le général en est resté à une lecture du monde obsolète et héritée du XIXe siècle. Il n'a pas vu l'émergence de nouveaux acteurs dont il néglige le rôle (les idéologies) ou auxquels il dénie le droit de jouer un rôle (les entreprises). Pour ses partisans, il s'est conduit en visionnaire ; les événements récents (chute du mur de Berlin, guerre entre nationalités dans les Balkans, grand retour de la Chine) lui donneraient raison.

La stratégie gaullienne est si cohérente qu'elle est restée longtemps la doctrine officielle de la France. Michel Jobert l'a incarnée comme ministre des Affaires étrangères (1973-1974), d'une certaine façon Hubert Védrine qui se définit lui-même comme « gaullo-mitterrandien » (1997-2002). Elle reste le point de référence de la majorité des diplomates et géopoliticiens français. Il a pourtant fallu l'assouplir fortement : la mondialisation remet en question l'État-nation à la française, il ne peut plus adopter la posture orgueilleuse d'unique décideur. Il lui faut ainsi composer avec les forces économiques, il faut abriter ses intentions derrière des paroles généreuses pour rallier l'opinion.

Monnet et Kouchner, deux formes d'idéalisme

En matière de vision géopolitique, le grand adversaire du général de Gaulle était Jean Monnet qu'il désignait sous le vocable d'« inspirateur ». Derrière toutes les initiatives contraires à son action il suspectait la main d'un homme ami des Anglo-Saxons et partisan d'un dépassement de l'État-nation, peut-être même de sa disparition.

▶ **Cela pourra surprendre, mais nous plaçons Jean Monnet dans le camp des idéalistes.**

Issu du vignoble de Charente, l'homme a pourtant un côté « terre à terre » ; ayant été chef d'entreprise et banquier, il est proche des intérêts économiques ; il a fait ses preuves comme organisateur au sein de la SDN, du *Victory program* américain, du Commissariat général au Plan et de la Haute Autorité de la CECA. Il a décrit lui-même sa méthode d'action comme une stratégie d'influence : déterminer qui détient le pouvoir de décision, le rencontrer directement, le convaincre – ses ennemis disent plutôt le manipuler.

Ces manœuvres, il les utilise pourtant au service d'une véritable vision du monde. Elle est caractérisée par le refus du nationalisme ; il voit dans cette doctrine la source des guerres qui ont ravagé l'Europe et l'origine du fractionnement de l'espace économique européen. Au nom de la paix et de l'efficacité il prône le dépassement des États-nations et la formation d'une Europe fédérale ; à la fin de ses *Mémoires*, il évoque même la constitution d'un ensemble atlantique unifié, les États-Unis et l'Europe étant fondés sur les mêmes valeurs pense-t-il – pour simplifier la Bible et les Lumières.

Idéaliste, la vision de Jean Monnet est en même temps pessimiste sur les moyens de la France. Il ne croit pas que son pays soit à la mesure des défis du monde moderne – la menace soviétique ou la modernisation de l'économie. C'est pourquoi la France doit se placer résolument dans le camp atlantique dirigé par les États-Unis. Toute l'influence de Jean Monnet vient d'ailleurs de son rôle d'intermédiaire obligé entre les dirigeants européens et les dirigeants américains qu'il a fréquentés pendant la guerre. Cette influence déclinera à partir de 1963 quand s'imposera à Washington une nouvelle génération qu'il connaît moins bien.

Comme celle du général de Gaulle et peut-être plus encore, la conception de Monnet a vieilli : l'URSS n'est plus une menace, l'enthousiasme européen s'est dilué. Jean Monnet n'en a pas moins mis en place une mécanique qui conduit peu à peu à l'intensification de la construction européenne (chapitre 9). Sa vision du monde continue à correspondre aux intérêts des grandes entreprises qui raisonnent à l'échelle d'un espace économique européen et même mondial unifié.

▶ **D'une certaine façon, le relais de Jean Monnet est pris par une conception humanitaire de la géopolitique.**

Comme icône de ce courant nous choisissons Bernard Kouchner malgré un passage à la tête du ministère des Affaires étrangères généralement considéré comme malheureux.

Comme Monnet, B. Kouchner est animé par une conception idéaliste de la géopolitique. Point de départ sa propre expérience à la tête de Médecins sans frontières dont il est l'un des créateurs. Le titre de cette association dit l'essentiel : le refus des frontières, la volonté de dépasser le cadre de l'État-nation jugé inadapté aux problèmes du monde moderne, la solidarité et l'action caritative… B. Kouchner s'est fait le promoteur d'une géopolitique des droits de l'homme. Pour cela il invente la notion de « devoir d'ingérence » : pour défendre les droits de l'homme, lutter contre une catastrophe naturelle ou renverser un tyran, les démocraties occidentales ont le devoir d'intervenir. On est loin du respect de la souveraineté nationale qui constitue la pierre angulaire de la conception gaulliste.

La conception de B. Kouchner n'est pourtant pas exactement celle de Jean Monnet. D'abord elle met l'accent sur l'humanitaire alors que le second privilégiait l'économie et les institutions qui durent au-delà des mouvements d'opinion et des hommes. Question de formation et de tempérament. Ensuite elle se montre beaucoup plus optimiste en ce qui concerne les moyens d'action de la France. Kouchner croit aux vertus de l'exemple : que la France prenne l'initiative en un geste généreux et l'opinion mondiale suivra. De ce point de vue, il fait figure de « moderne » alors que Monnet restait un ancien. Le second utilisait son carnet d'adresse, cherchait à convaincre les puissants en des discussions discrètes, loin des journalistes. Le premier vit dans un monde dominé par les médias : pays de la Révolution et de la Déclaration universelle des droits de l'homme et du citoyen, la France est bien placée pour prendre la tête de la croisade pour le Bien.

Cette nouvelle géopolitique est fille de mai 1968 – Bernard Kouchner figurait d'ailleurs parmi les militants gauchistes de l'époque ainsi que certains des intellectuels qui s'en réclament, « nouveaux philosophes » (Bernard-Henri Lévy, André Glucksmann) ou activistes maoïstes (Romain Goupil). Comme autrefois ces intellectuels condamnent le gaullisme et toute forme de *Realpolitik*. Mais ils ont évolué pour le reste. Avec le temps ils se sont démarqués du communisme (mais avaient-ils vraiment été communistes ?) et ont redécouvert dans l'Amérique la championne de la démocratie. Aussi ont-ils approuvé la guerre en Irak. Partis de l'extrême gauche de la politique, les héritiers de mai 1968 se retrouvent finalement proches des néoconservateurs américains, clairement atlantistes et interventionnistes. N'est-ce pas la logique de l'idéologie des droits de l'homme que de fabriquer en permanence des « missionnaires bottés » ?

Ambigu dans ses intentions, le courant optimiste/idéaliste ne l'est pas moins dans ses résultats. Il jouit d'une influence considérable grâce au rôle qu'ont pris l'opinion et les médias dans l'élaboration de la géopolitique nationale. Tous doivent y aller de leur hommage aux idées généreuses qu'il met en avant. Mais s'agit-il d'autre chose que d'un hommage poli ? Les « hommes de bien » risquent en permanence d'être manipulés.

▶ **La logique du tableau que nous traçons veut qu'il existe un quatrième courant, pessimiste en ce qui concerne les moyens de la France et réaliste dans l'approche des relations internationales.**

Langue de bois oblige, il ne s'exprime guère au grand jour : comment avouer que la France n'a pas les moyens d'une grande politique et qu'elle doit se contenter de gérer ses petits intérêts au jour le jour ?

D'une certaine façon, il s'agit pour la géopolitique française d'une tentation à la résignation qui peut affecter toutes les autres stratégies : le gaullisme s'il cesse de croire en la grandeur, le « monnettisme » quand il doute de l'idéal européen, le « koutchérisme » lorsqu'il se mue en alignement pur et simple sur les États-Unis. N'est-ce pas justement ce qui se produit aujourd'hui, la pente naturelle d'une « grande puissance moyenne » quand la mondialisation limite sa marge de manœuvre et que l'émergence des grands pays du Sud conduit à son déclassement ?

III. Les couples contradictoires de la géopolitique française

Le jeu de ces courants explique que la géopolitique française s'oriente dans des directions à la fois durables et contradictoires. Nous en avons retenus trois.

▶ **Le premier couple associe la volonté d'indépendance et la participation au camp occidental.**

Le général de Gaulle s'est voulu le gardien jaloux de l'indépendance nationale, on l'a vu (chapitre 3). Il s'est pourtant résolument situé aux côtés des États-Unis lors des crises les plus graves, celles de Berlin (1961) ou de Cuba (1962). À la fin de sa présidence, il se rapproche de Richard Nixon avec lequel il entretient de bonnes relations personnelles, ce qui n'était pas le cas avec Lyndon Johnson.

Cette position s'est assouplie sans être abandonnée. La France s'est rapprochée de plus en plus du camp occidental au point de réintégrer l'OTAN et de se fondre dans une Europe de plus en plus intégrée. Elle n'en continue pas moins à se démarquer. V. Giscard d'Estaing s'efforce de trouver des accommodements avec l'URSS au point de se faire traiter de « petit télégraphiste » par F. Mitterrand : il avait accepté de transmettre le point de vue soviétique à propos de l'Afghanistan. Beaucoup plus atlantiste, F. Mitterrand croise cependant le fer avec R. Reagan à propos de l'affaire de gazoducs russes[1]. Il combat pour « l'exception culturelle » de la France, un combat que reprendront Jacques Chirac et Lionel Jospin. La divergence atteint sans doute un sommet lors du discours de Dominique de Villepin à l'ONU lorsqu'il s'oppose à l'intervention en Irak voulue par George W. Bush. Parallèlement les dirigeants français rechignent à se fondre totalement dans l'Europe (chapitre 9).

Les choses ont-elles changé avec Nicolas Sarkozy ? Lors de la campagne présidentielle de 2007, il s'affiche en ami des États-Unis et même des néoconservateurs américains, il réintègre l'OTAN, il prend de multiples initiatives pour renforcer le camp occidental et européen, en particulier pendant la crise. Pourtant il profite des hésitations américaines pendant leur campagne électorale de 2008 pour adopter une position compréhensive à l'égard de la Russie en guerre contre la Géorgie. Les relations du président français avec Barak Obama sont médiocres : les critiques ont parlé d'une affaire d'ego. Le mal est plus profond : la France a du mal à se faire à une Amérique flamboyante qui la rejette dans l'ombre.

▶ **Second couple, le Verbe et l'Argent.**

La parole constitue l'un des points forts de la France, nos voisins s'en amusent ou s'en irritent. La politique du Verbe a été portée à son plus haut niveau par le général de Gaulle. Après lui il n'est pas de dirigeant qui ne fasse allusion à « la parole de la France ». C'est un aspect de son *soft power*. L'arme a été utilisée avec talent par des présidents lettrés comme Georges Pompidou ou François Mitterrand. L'irruption des intellectuels dans le champ géopolitique ainsi que les préoccupations humanitaires et environnementales accentuent cette tendance. Quand le général de Gaulle parlait d'« une certaine idée de la France », il en faisait l'exemple des États-nations souverains en lutte contre tous les impérialismes. Aujourd'hui l'idée a changé, la France est plutôt présentée comme la patrie des droits de l'homme. Les mots et les idées ont changé, le Verbe reste.

Le Verbe ne s'identifie d'ailleurs pas aux mots. Il possède un souffle qui engendre, sinon la vie, du moins l'action. Aussi la géopolitique du Verbe se prolonge-t-elle en géopolitique du Geste. La parole solennelle constitue déjà une forme d'action : qu'on pense au « Vive le Québec libre ! » du général de Gaulle (1967) qui a dopé les mouvements indépendantistes québécois et failli provoquer la sécession de la « Belle province ». Elle se conjugue à des interventions répétées à travers le monde. Dominique Moïsi parle d'un « splendide engagement »[2] qui ferait l'originalité de la géopolitique française comme le « splendide isolement » a longtemps caractérisé le Royaume-Uni.

Moyen de conjurer la peur du déclin et le syndrome munichois ? Destin d'un pays qui se pense comme modèle et se croit investi d'une mission ? Manœuvres de présidents qui espèrent toujours compenser les insatisfactions que provoque leur politique intérieure par des coups d'éclat internationaux ? À l'origine de la politique du Verbe et du Geste (pour ne pas dire de la Geste) qui caractérise la France, il y a un peu de tout cela, et peut-être aussi le goût du panache qui fait partie de nos gênes.

---

1. Il s'agit de la construction du gazoduc numéro 6 qui devait approvisionner l'Europe et pour lequel travaillaient des entreprises françaises : Washington prétendait que cela donnerait un moyen de pression à Moscou et lui fournirait des devises ; elle prétendait donc interdire aux filiales européennes des FMN américaines de participer aux travaux.

2. *Les Échos*, 29 août 2011.

La France est aussi un pays terrien. De Gaulle pouvait ironiser sur les États-Unis habiles à vêtir leurs intérêts avec de grands principes, lui-même ne négligeait pas les intérêts les plus concrets de la France. Il a exigé l'adoption de la politique agricole commune en 1962 (chapitre 9) ; il mène une « grande politique » africaine dans les fourgons de laquelle les entreprises françaises se précipitent ; il bataille avec le Royaume-Uni mais accepte le projet Concorde qui associe Français et Britanniques dans l'aéronautique.

Rien n'a changé bien sûr. Les intérêts économiques ont même pris une importance de plus en plus visible. Peu d'événements démontrent mieux l'efficacité du couple Verbe/Argent que le soutien apporté aux rebelles libyens contre Kadhafi en 2011. La France n'avait pas compris l'ampleur de la révolution tunisienne contre le président Ben Ali au début 2011. Est-ce volonté de se rattraper ? Elle prend l'initiative de l'intervention en Libye, elle est le premier pays à reconnaître le CNT le 10 mars, elle pousse à l'adoption de la résolution 1973 que soutient son ministre Alain Juppé à l'ONU et qui permet les frappes aériennes (17 mars), elle fournit le principal effort militaire en sa faveur. Elle justifie cet activisme par la défense des droits de l'homme. Les grands mots dissimulent pourtant mal d'autres intérêts : la volonté de reprendre la main en Afrique du Nord face à des États-Unis très présents dans les révolutions égyptienne et tunisienne ; l'espoir aussi de récupérer l'exploitation d'une partie du pétrole libyen, autrefois propriété des Anglo-Saxons.

▶ **Le troisième couple concerne les horizons de la France qui sont à la fois mondiaux et européens.**

De son passé la France a conservé les appétits et les moyens d'une grande puissance mondiale ; le rapport de force en a plutôt fait une puissance régionale, premier pays européen par la superficie, second par la population et le PIB. Avec la fin de l'empire, la France perd 95 % de sa superficie et plus de 50 % de sa population. Faute de peser du même poids à l'échelle planétaire, n'est-elle pas tentée de se rabattre sur l'Europe où elle peut espérer un rôle dirigeant ?

D'une certaine façon l'Europe apparaît comme un *ersatz*. La France n'a cependant pas renoncé à ses anciennes ambitions comme en témoigne sa politique africaine. Nous détaillerons dans le chapitre suivant cette autre contradiction.

Ainsi la France a-t-elle inventé depuis 1945 une géopolitique originale adaptée à son statut de « grande puissance moyenne » : préserver pied à pied son indépendance, adopter une position originale au sein du camp des pays développés, modeler selon ses intérêts et ses principes la construction européenne, conserver une influence mondiale en usant et abusant de la géopolitique du Verbe. Pour cela elle a su mobiliser toutes les armes dont elle dispose – le *hard power* qu'elle a organisé autour de la dissuasion d'abord, de l'intervention extérieure ensuite ; le *soft power* qui peut être présenté comme l'arme des faibles (ou des moyens) dans la mesure où il joue sur la mauvaise conscience des forts ; le *gold power* de la cinquième économie mondiale.

La conclusion de l'affaire libyenne démontre qu'elle n'a pas si mal réussi. C'est finalement à Paris que se tient la première réunion internationale qui intronise le CNT et qui lui fournit l'aide économique qu'il réclame. Preuve est faite que la France sait manier la politique du Verbe, à condition qu'elle s'appuie sur un peu d'acier. Et qu'elle ne néglige pas l'argent.

9 Les horizons de la France

La France dans le monde

La France entretient des relations politiques, économiques et culturelles avec l'ensemble de la planète. Toutes les régions du monde n'ont pourtant pas la même signification pour elle : certaines constituent des zones naturelles de rayonnement, d'autres s'identifient aux contraintes qui pèsent sur elle, quelques-unes sont lointaines et forment comme un angle mort de la géopolitique française.

La carte (en troisième de couverture) permet de distinguer trois grandes directions.

À l'ouest, les pays anglo-saxons, Royaume-Uni et États-Unis, forment le camp des puissances maritimes qui pratiquent depuis longtemps la stratégie de l'équilibre européen. Cette doctrine a conduit Londres à s'opposer à la France quand elle semblait en état de dominer le continent. Ensuite Londres et Washington luttèrent contre l'Allemagne puis la Russie. La France est alors devenue leur alliée, mais jusqu'à un certain point seulement : qu'elle ne prétende pas elle-même à un rôle trop indépendant. Cela signifie aujourd'hui réintégrer l'OTAN et accepter les règles du capitalisme libéral et de la mondialisation.

À l'est s'ouvre la direction de cette « marche vers l'est » à la française qui s'est continuée jusqu'au début du XIXe siècle. Brisée en 1815, l'expansion militaire a été remplacée par la recherche d'une alliance durable avec l'Allemagne. Il s'agit d'une stratégie de substitution à l'alignement sur le bloc anglo-saxon, au prix de deux incertitudes : jusqu'où l'Allemagne attribue-t-elle de l'importance au partenariat français ? Jusqu'où la France, qui s'est longtemps vue comme la « tête politique » du couple, acceptera-t-elle le rééquilibrage qu'impose le poids économique de son partenaire ?

Au sud, de la Méditerranée à l'Afrique centrale et au Proche-Orient, s'étend une vaste région où l'influence française a été et reste considérable. Cette influence est économique grâce à l'implantation de ses entreprises et au succès de ses exportateurs. Elle est culturelle puisque nous sommes ici au cœur de la francophonie. Elle est politique en Afrique occidentale et centrale passée du statut de colonie à celui de « Françafrique ». Le danger vient des grandes puissances qui envient ce dernier « pré carré » français et voudraient bien s'y faire une place : Anglo-Saxons bien sûr, mais aussi Chinois qui, selon la tradition léniniste, y voient le « ventre mou » par lequel pénétrer l'Europe et, selon les leçons de leur nouveau capitalisme, une source d'approvisionnement.

La construction européenne n'a pas fait disparaître ces trois grandes orientations. L'Union européenne apparaît au contraire comme un microcosme où se dessinent les mêmes lignes de force que dans le macrocosme mondial – le Royaume-Uni et les puissances maritimes de la mer du Nord, l'Allemagne et l'Europe centrale et orientale qui gravite autour d'elle, l'Europe du Sud avec ses possibles prolongements outre-Méditerranée.

I. La France en Europe

La France a été un acteur majeur de la construction européenne. C'est un Français, Robert Schuman, qui lance effectivement le mouvement en 1950 par son discours de l'Horloge, rédigé en fait pas Jean Monnet, qui débouche sur la création de la CECA. Des Français ont assumé des responsabilités capitales à des moments clés de cette construction : Jean Monnet bien sûr, mais aussi Louis Armand qui rédige le rapport menant à la création d'Euratom dont il est le premier président ; G. Pompidou qui, lorsqu'il accepte l'entrée du Royaume-Uni dans la Communauté, fixe en même temps les règles qui vaudront pour tous les élargissements (conférence de La Haye, 1969) ; V. Giscard d'Estaing et F. Mitterrand qui, tous deux, font avancer l'Europe monétaire, le premier avec le lancement de l'écu, le second avec celui de l'euro ; Jacques Delors qui préside dans les années 1980 la Commission européenne d'où il impulse l'approfondissement de l'Europe… Il est vrai que d'autres dirigeants français comme le général de Gaulle ont plutôt joué un rôle de frein (voir *infra*) : même ceux-là ont contribué à orienter et à modeler la construction européenne.

Plus remarquable encore la constance des préoccupations françaises.

▶ **Ce sont d'abord des préoccupations économiques.**

La construction européenne s'inspire des théories libérales : le but du traité de Rome n'est-il pas de créer un « marché commun », celui des accords de Maastricht de constituer un « grand marché intérieur » ? Malgré les originalités du modèle français, la France a entériné ce choix libéral, au prix de nombreuses contradictions. C'est qu'elle espère une augmentation de ses exportations, une concentration de ses entreprises et surtout un « choc modernisateur » : protégé, le marché de l'Union française poussait à la facilité ; concurrentiel, le marché européen force à devenir plus efficace.

Certains secteurs pensent tirer particulièrement profit du marché européen. Le plus optimiste est bien sûr l'agriculture dont la France est l'un des premiers exportateurs mondiaux alors que ses voisins sont globalement des importateurs. On peut dire que sa défense constitue la première préoccupation des dirigeants français. En 1962, le général de Gaulle conditionne la poursuite de la construction européenne à la mise en place de la politique agricole commune[1]. C'est alors qu'est instauré le FEOGA qui s'inspire de la politique de soutien par les prix expérimentée en France. En 1969, Georges Pompidou accepte l'entrée du Royaume-Uni dans la CEE en échange de « l'achèvement de la PAC », c'est-à-dire son extension à tous les produits : les Britanniques sont ainsi obligés d'accepter un système qui leur coûtera. Ensuite on verra les présidents français batailler pour conserver ce système, Jacques Chirac en tête.

C'est que la PAC paraît faite pour les paysans français. Le soutien par les prix encourage leur production sans limite ; la préférence communautaire signifie que leurs partenaires doivent s'approvisionner en Europe et non à l'étranger ; des subventions leur permettent de vendre sur le marché mondial ; enfin, grâce au principe de solidarité financière, ce sont tous les Européens qui financent la PAC… et l'agriculture française. Comment s'étonner que la France ait été le premier bénéficiaire des dépenses du FEOGA depuis sa création ?

---

1. Le traité de Rome prévoyait que le marché commun se réalise en 12 ans, de 1958 à 1970, en trois étapes de quatre ans. 1962 correspond donc au début de la seconde étape pour laquelle l'accord de tous les membres est indispensable.

La France ne pense pas seulement à ses atouts traditionnels ; elle pousse au développement d'une Europe de la haute technologie. Elle pense d'abord au secteur aéronautique. Elle participe donc au Concorde et surtout au lancement d'Airbus en 1969 avec les Allemands auxquels se joindront ensuite les Anglais et les Espagnols. Puis elle prend l'initiative du programme d'Ariane en 1974 et de la création d'Arianespace en 1980 : elle lui fournit sa technologie, sa base de Kourou en Guyane et encore aujourd'hui la majorité de ses financements. La France se voit en maître d'œuvre de ces initiatives qui prolongent les « grands projets » qu'elle a lancés dans l'hexagone. Ses ambitions sont plus modestes quand le président F. Mitterrand prend l'initiative en 1986 de la création d'Eurêka ; il s'agit de ne pas laisser aux États-Unis le monopole des NTIC (nouvelles technologies de l'information et de la communication) pour lesquelles elle est au contraire médiocrement spécialisée. Cette fois, la France attend de ses partenaires qu'ils la soutiennent[1]. Enfin les industriels français sont très présents dans le projet Galileo de système européen de positionnement par satellites rival du GPS américain.

Une dernière constante surprendra plus : il s'agit de la définition de minima sociaux. Ce sont les négociateurs français qui insistent pour que le traité de Rome comporte une longue partie (un tiers du texte) consacrée aux règles de la concurrence. Ils craignent alors l'Italie où la protection sociale n'est pas au niveau du « modèle français ». Cette inquiétude passe au second plan ensuite dans la mesure où l'Italie se développe et où le coût du travail transalpin augmente. Elle réapparaît lors de l'entrée de l'Espagne et du Portugal dans la Communauté et plus encore lors de l'intégration des pays d'Europe centrale et orientale. C'est alors que les formules de « *dumping* social » et de « *dumping* fiscal » se généralisent – la paternité en est attribuée à Jacques Delors. La situation contribue d'ailleurs à modifier le jugement des Français sur l'Europe (voir *infra*).

▶ De façon plus discrète, les préoccupations politiques jouent un rôle décisif.

Bien sûr il entre une part d'idéalisme dans le choix européen. Les démocrates-chrétiens insistent sur les fondements religieux de l'Europe, les sociaux-démocrates sur un modèle soucieux de l'humain. Tous craignent le retour de nouvelles guerres et pensent que seule la construction européenne permettra l'établissement d'une paix durable.

Ne nous y trompons pas, cette position est minoritaire dès les débuts de l'aventure européenne. Plus exactement elle se rencontre parmi les élites. Il suffit de voir la liste des membres du Mouvement fédéraliste européen créé par Jean Monnet pour s'en convaincre : des députés, des élus, des intellectuels, des membres des professions libérales, des hommes raisonnables. Mais quand on touche les symboles tangibles de la nation, ce courant dévoile ses limites, l'échec de la Communauté européenne de défense en apporte la preuve (1954).

Conscient de l'état d'esprit de l'opinion, Jean Monnet choisit de dissimuler ses véritables objectifs – le fédéralisme européen – derrière le projet de modestes accords économiques. « L'Europe ne se fera pas d'un coup, ni dans une construction d'ensemble. Elle se fera par des réalisations concrètes instituant une solidarité de fait ». Ainsi se met en place une mécanique

1. On remarquera cependant que, dans tous ces secteurs de haute technologie, il ne s'agit pas d'initiatives communautaires, dépendant de Bruxelles, mais d'accords entre firmes et pays européens. On peut mettre ce fait en rapport avec la façon dont le général de Gaulle avait « sabordé » Euratom. Il ne supportait pas qu'un secteur vital pour l'indépendance de la France soit soumis à une autorité un tant soit peu supranationale. Ses successeurs n'ont pas eu les mêmes mots, mais leur intention était-elle si différente ?

qui, d'élargissement en approfondissement, permettra d'intégrer tous les pays européens à une économie de marché dans une Europe unifiée, espère-t-il.

La manœuvre est habile et a pour l'essentiel réussi. Mais elle a créé avec le temps un décalage de plus en plus fort entre les élites et une grande partie de la population. Les premières avancent masquées et donnent l'impression, à chaque nouvelle étape, de placer les Français devant un choix obligé qui est la conséquence inévitable des décisions prises auparavant. Comme si la construction européenne était une mécanique fatale qui, une fois enclenchée, ne peut plus être arrêtée ni même révisée. Un nombre croissant de Français ont l'impression d'être les dupes de cette opération à laquelle ils ne se sentent pas associés et parlent de « déficit démocratique ».

▶ **Il faut avouer que la vérité n'était pas bonne à dire : plus qu'un choix enthousiaste, le choix de l'Europe est un aveu de faiblesse.**

Vaincue en mai 1940, la France perd son ancien empire colonial dans les vingt ans qui suivent. Elle n'a pas les moyens de se défendre seule contre la menace soviétique. Elle n'a surtout pas les moyens de résister à l'amicale pression des États-Unis. Ceux-ci souhaitent la construction européenne : ils y voient un alignement sur leur modèle fédéral, une arme contre l'URSS et un champ de manœuvre pour leurs multinationales[1]. Dépendante de l'aide du plan Marshall et de la protection du Pentagone, la France tente de ruser. Pour empêcher la reconstitution d'une armée allemande que veut Washington, elle invente en 1952 une splendide usine à gaz, la CED : il y aura des soldats allemands au sein de l'armée européenne, mais pas d'armée allemande au sens strict. L'opinion découvre ensuite qu'il n'y aura pas non plus d'armée française[2] et c'est la France qui met fin au projet qu'elle avait elle-même inventé (1954). L'armée allemande se reconstitue alors.

Autre aveu de faiblesse, l'Europe est vue comme un substitut à la grandeur passée. Ne pouvant plus compter sur ses seules forces, la France doit s'associer aux autres pays européens pour atteindre ses objectifs.

L'argument revient en permanence depuis. Lors du référendum sur le traité de Maastricht, les partisans du oui expliquent qu'il n'existe que deux solutions. Soit la France conserve sa monnaie et sa banque centrale, et alors elle est dans les faits soumise aux caprices du dollar et aux manœuvres du Fed américain. Soit elle accepte une monnaie commune, l'euro, et une Banque centrale européenne et elle participera à l'élaboration de la politique monétaire européenne qui pourra s'affranchir de la domination du dollar, espère-t-on. Dans ce domaine comme dans d'autres la France ne peut plus pratiquer la stratégie du « tout ou rien ».

À l'époque gaulliste, la géopolitique du Verbe a pu encore faire illusion ; vingt ans après sa mort, ce n'est plus possible. Dès lors l'Europe joue le rôle de substitut à la grandeur passée. Comme le note Marcel Gauchet : « Une des forces du mitterrandisme a été de récupérer subtilement la politique de grandeur gaulliste en la reportant sur l'Europe. La construction européenne a été la grande ambition française[3] ».

---

1. Encore ne faut-il pas que l'Europe s'affirme au point de devenir un véritable concurrent, mais ceci est une autre histoire. Ils souhaitent en fait que l'Europe se fasse, mais mal...

2. À l'exception de certaines troupes, en particulier celles qui assurent la sécurité de l'Union française.

3. Interview dans *L'Expansion*, mars 2004.

Encore faut-il que l'Europe adopte nos préoccupations géopolitiques.

La France pousse d'abord à l'intensification des liens avec le Sud, et en particulier avec l'Afrique. La France est l'initiatrice de tous les grands accords avec les pays africains, puis ACP (Afrique-Caraïbes-Pacifique) : Yaoundé (1965), Lomé (1975) et Cotonou (2000). Elle participe activement à la signature de traités d'association avec les pays méditerranéens avant de proposer une Union méditerranéenne qui deviendra l'Union pour la Méditerranée (voir *infra*).

Elle insiste aussi pour que l'Europe se démarque des États-Unis et développe ses propres politiques. Ainsi les pays européens prétendent mener une politique généreuse et morale, loin de ce qui leur paraît l'égoïsme et l'utilitarisme américain. Cette politique passe par une attitude compréhensive face aux besoins et aux arguments du Sud et par des préoccupations environnementales et sociales. Les dirigeants français ont des visées plus ambitieuses et parlent volontiers d'une « Europe puissance ». Après de Gaulle, ils se rallient à l'idée d'une armée européenne qui pourrait en être l'instrument. François Mitterrand lance la brigade franco-allemande (1989), Jacques Chirac cherche à Saint-Malo un compromis avec les Britanniques sans lesquels l'Europe de la défense paraît impossible (1998), Nicolas Sarkozy obtient avec eux un accord de coopération militaire audacieux (2010). Sa décision de réintégrer l'OTAN s'explique par le sentiment que jamais Londres n'acceptera de participer à une défense européenne qui ne serait pas intégrée à l'Alliance atlantique (voir *infra*).

Dernière constante de la position française, l'alliance avec l'Allemagne a été privilégiée.

Il s'agit d'abord d'en finir avec les guerres franco-allemandes qui ont dégénéré deux fois en guerres mondiales et qui ont fait perdre au continent sa primauté. L'alliance repose aussi sur le présupposé implicite que la France et l'Allemagne ont une vision de la géopolitique différente de celle des Anglo-Saxons : ne seraient-elles pas en première ligne en cas de conflit avec l'URSS, sans pouvoir compter sur la protection des océans ? Enfin leurs économies présentent une évidente complémentarité : les points forts français sont des points faibles allemands (agriculture, tourisme, industries de luxe et d'armement), les points forts allemands sont des points faibles français (machines-outils, métallurgie, chimie de base).

La France éprouve cependant des réticences qu'expliquent les souvenirs de l'occupation et le désir de jouer un rôle de premier plan. L'échec de la CED le démontre. Pourtant en 1957 Antoine Pinay signe un accord qui règle les contentieux entre les deux pays : la France restitue la Sarre à l'Allemagne, celle-ci en revanche accepte la canalisation du Rhin et de la Moselle qui doit faciliter les échanges bilatéraux.

C'est le général de Gaulle et Konrad Adenauer qui officialisent le rapprochement. En 1963 est signé le traité de l'Élysée plus important par sa dimension symbolique que par ses aspects concrets. Outre le développement des échanges culturels, il prévoit l'instauration de consultations régulières qui seront connues comme les « sommets franco-allemands ». Ces sommets deviendront décisifs dans la mesure où des « couples » se forment entre dirigeants des deux pays. Ils se connaissent, ils s'apprécient souvent, parfois même ils instaurent une véritable complicité : Charles de Gaulle/Konrad Adenauer, Valéry Giscard d'Estaing/Helmut Schmidt, François Mitterrand/Helmut Kohl ou Jacques Chirac/Gerhard Schröder. Au cours de leurs entretiens, ils harmonisent leurs points de vue, ils dégagent des projets communs qu'ils défendent ensemble devant les autres Européens. La naissance du Système monétaire européen constitue un cas d'école : adopté par Valéry Giscard d'Estaing et Helmut Schmidt en avril 1978 à Rambouillet, il est proposé à leurs partenaires à Copenhague puis entériné à Brême et voit le jour en mars 1979.

Dans ses *Mémoires*, V. Giscard d'Estaing raconte le coup d'œil amusé que lui lance H. Schmidt lorsqu'il propose d'appeler le référent monétaire du système « European Currency Unit », ce qui entraîne l'adhésion flattée des Britanniques, heureux de voir les Français reconnaître si facilement la primauté de leur langue ; ils n'avaient pas vu que les acronymes du sigle, ECU, renvoyait à l'écu, ancienne monnaie du royaume de France... Pourtant c'est Helmut Kohl qui préférera ensuite le terme « euro » à celui d'« écu ». Preuve, nous le verrons plus loin, que le couple franco-allemand n'est pas toujours aussi complice.

▶ La France a longtemps tiré profit de la construction européenne.

La PAC renforce son agriculture. Grâce à Concorde, puis Airbus et Ariane, son secteur aérospatial devient l'un des plus performants au monde. Le « choc modernisateur » qu'espérait le général de Gaulle se produit, les entreprises françaises se hissent aux premiers rangs européens. En temps de crise, l'Europe constitue un soutien non négligeable : que serait devenu le franc français dans les années 1980, après les déboires de l'« expérience socialiste », s'il n'avait été arrimé au SME ?

Mieux, Paris modèle la construction européenne selon ses principes. En 1966 l'Europe doit passer à la troisième étape prévue par le traité de Rome et, en principe, au vote à la majorité[1]. Pour le général de Gaulle il s'agit d'un transfert de souveraineté inacceptable. Il menace donc et pratique la « politique de la chaise vide » en 1965 : les Français ne siègent plus dans les instances communes. Il obtient en 1966 le compromis de Luxembourg : le vote à la majorité est entériné, mais chaque pays dispose d'un droit de veto au cas où des « intérêts très importants » seraient en jeu. La forme est respectée mais la France a obtenu gain de cause sur le fond.

En même temps le général de Gaulle refuse à deux reprises l'entrée du Royaume-Uni dans la Communauté (1963 et 1967) : il y voit un cheval de Troie de l'influence américaine. Il espère préserver ainsi les chances d'un concert des nations européennes tentant d'occuper dans le monde une place originale et autonome, indépendamment des blocs.

▶ Avec le temps, la position française se dégrade.

Dès 1969 Georges Pompidou accepte l'entrée dans la Communauté du Royaume-Uni : c'est la preuve que le rapport de forces se modifie et que la France ne peut plus agir en solitaire orgueilleuse. L'Europe change et les avantages qu'en espérait la France se réduisent ou plutôt s'accompagnent de compensations de plus en plus nombreuses.

Premier changement que Paris avait longtemps retardé, l'entrée du Royaume-Uni fait entrer dans la Communauté un partenaire dont les conceptions sont profondément différentes. On pense bien sûr à son opposition à la politique agricole commune, mais aussi à sa conception d'une « Europe marché » libérale qui sera soutenue par d'anciens membres (les pays du Benelux) et de nouveaux entrants (les pays scandinaves). Même divergence bien sûr en ce qui concerne les relations avec les États-Unis.

L'intégration de l'Europe du Sud paraît plus favorable aux intérêts français. D'ailleurs Paris l'a activement soutenue. Elle renforce pourtant le groupe des pays pauvres qui sera

1. Il s'agit d'une majorité pondérée, chaque pays disposant d'un nombre de voix proportionnel à son importance.

encore augmenté des pays d'Europe centrale et orientale au cours des années 2000. Dès lors se développe une politique régionale commune qui s'est amorcée en 1975 au profit du Royaume-Uni et de l'Irlande et qui se développe dans les années 1980 (réforme de 1988). La France obtient peu au titre de cette politique[1].

L'événement le plus important est bien sûr la chute du mur de Berlin et la réunification allemande (1990). Il modifie radicalement le rapport de forces entre la France et l'Allemagne. D'ailleurs l'attitude de François Mitterrand passe alors pour ambiguë : il refuse de venir à Berlin lors de la chute du Mur, il se rend en Allemagne de l'Est au cours du mois de décembre 1989, il regrette qu'Helmut Kohl place ses partenaires devant le fait accompli. Ce manque d'enthousiasme a frappé l'opinion allemande, d'autant plus que les États-Unis soutiennent alors fermement leur allié. La fin du communisme rend aussi possible l'entrée dans l'Union des pays d'Europe centrale et orientale (2004 pour la majorité à laquelle s'ajoutent Chypre et Malte, 2007 pour la Roumanie et la Bulgarie, 2013 pour la Croatie). Cela contribue à remettre en cause la place centrale de la France dans l'Union (chapitre 1).

Les conséquences de tous ces événements annulent-elles les avantages que la France avait retirés de la construction européenne ? C'est ce que beaucoup de Français estiment.

Sur un plan purement comptable, l'ensemble des élargissements conduit à un basculement des dépenses communautaires : la PAC est régulièrement réformée pour coûter moins cher, la politique redistributive voit ses fonds augmenter considérablement. La première représentait 80 % des dépenses communes en 1980 et moins de 50 % aujourd'hui ; la seconde, qui ne faisait pas 10 % des dépenses en 1980, en représente un tiers. Autrefois bénéficiaire nette du budget européen, la France est devenue contributeur net, c'est-à-dire qu'elle verse plus au budget européen qu'elle n'en reçoit. Dans les années 2000 cette contribution nette oscille autour de 3 milliards d'euros par an. Les futures réformes de la PAC devraient alourdir la facture.

Les chiffres traduisent une réalité plus grave. Sur des sujets qui lui sont chers, la France est minoritaire voire isolée dans la nouvelle Europe.

Sur le plan politique, l'atlantisme devient majoritaire en Europe. C'est la position du Royaume-Uni, mais aussi des nouveaux membres d'Europe centrale et orientale qui craignent toujours un retour en force de la Russie. L'espoir d'un bloc européen qui s'émancipe de l'influence américaine est caduc. « Le drame de l'Europe, c'est qu'à part nous il n'y a personne qui ait l'ambition d'être vraiment européen », aurait dit le général de Gaulle. Les faits donnent raison à son scepticisme et Hubert Védrine confirme : « À part la France, personne ne veut d'une Europe-puissance ».

Une autre évolution affecte les Français dans leur vie quotidienne : le point de vue libéral est de plus en plus influent à Bruxelles. Ce n'est que la révélation d'une réalité inscrite dans les gènes de la construction européenne, nous l'avons dit : elle naît comme « marché commun ». Les Britanniques l'ont compris et ont poussé à des élargissements rapides : dans le grand marché, plus on est de fous, plus on rit. Mais l'intégration de pays peu développés, où les coûts de production sont faibles, a généré des délocalisations qui affectent le tissu industriel de l'hexagone. Alors apparaissent les formules de « *dumping* social » et de « *dumping* fiscal ».

1. Sans entrer dans des détails complexes, la politique régionale s'organise aujourd'hui autour de trois objectifs dont le plus important est l'objectif de convergence. La France n'y a pratiquement plus droit sauf en ce qui concerne les DOM.

Par ailleurs la Commission de Bruxelles exige la fin des monopoles publics, ce qui affecte le « service public à la française » : le marché de l'électricité, du gaz, des transports ferroviaire et aérien, des télécommunications ont été ouverts à la concurrence au cours des années 1990. Elle interdit certaines aides ou réclame leur remboursement (France Telecom doit ainsi rembourser un milliard d'euros en 2004). Elle exige que certaines zones ne bénéficient plus de la prime d'aménagement du territoire. Elle refuse que l'État reprenne le contrôle de ses frontières quand elle pense que cela est contraire aux traités et aux droits de l'homme (cf. l'expulsion des Roms en 2010). Elle encourage les privatisations et surveille avec suspicion toutes les interventions de l'État français.

C'est le « modèle français » qui est en cause et avec lui la souveraineté du pays. Lors de la signature de l'Acte unique qui vise à instaurer un « grand marché intérieur » (1986), les pays européens renoncent au droit de veto qu'avait instauré le compromis de Luxembourg : celui-ci n'existe plus qu'en matière fiscale et, bien sûr, dans tous les domaines politiques que l'Acte unique ne couvre pas. En mars 1992, le Conseil d'État affirme la primauté des directives européennes sur la loi. En 2004 le Conseil constitutionnel décrète qu'une loi transposant une directive européenne résulte d'une exigence constitutionnelle ; et du coup il se déclare incompétent sur ces sujets. La suprématie des décisions européennes est consacrée. C'est à cette époque que Jacques Delors révèle que 80 % des lois françaises ne sont que la transposition de directives européennes. Une Constitution européenne est élaborée et, après bien des difficultés, elle est adoptée sous la forme amendée du traité de Lisbonne par le Parlement français en 2008.

▶ **La remise en question la plus importante concerne le couple franco-allemand.**

La réunification modifie radicalement le rapport de force entre la France et l'Allemagne qui compte maintenant plus de 80 millions d'habitants[1]. Elle permet à la seconde de retrouver une profondeur géopolitique qui lui manquait en lui ouvrant l'Europe centrale et orientale. Elle la débarrasse de la menace soviétique. Les dirigeants français craignent que leur voisin se laisse tenter par la « voie solitaire » (*Sonderweg*) et se détourne de la construction européenne pour déployer son influence à l'est.

Bien d'autres phénomènes nourrissent les inquiétudes françaises. En 1991 l'Allemagne reconnaît unilatéralement l'indépendance de la Slovénie et de la Croatie avant de recueillir l'aval de ses partenaires. Elle réclame un rôle plus important au sein d'Airbus et obtient la création d'une ligne de montage pour l'A321 à Hambourg ; en 2007 c'est un Allemand, Rüdiger Grube, qui devient président du conseil d'administration d'EADS même si le président opérationnel reste un Français, Louis Gallois. Lorsque Nicolas Sarkozy lance l'idée d'une Union méditerranéenne, Berlin exige que tous les pays européens y participent, ce qui donne naissance à l'Union pour la Méditerranée (voir *infra*). L'acmé de la crise franco-allemande s'était pourtant produite auparavant, lors du sommet de Nice de 2000. Berlin voulait obtenir un nombre de voix supérieur à celui des grandes nations européennes[2], Paris chipotait. La presse allemande se montra extrême-

1. Mais il connaît aussi une stagnation démographique à l'inverse de la France, voir chapitre 5.

2. Quatre pays avaient le même nombre de voix au sein des institutions européennes où le vote se fait à la majorité pondérée : Allemagne, France, Italie et Royaume-Uni dont la population était à peu près équivalente. La réunification a changé la donne.

ment critique, l'affrontement entre Jacques Chirac et Gerhard Schröder fut brutal. Un compromis fut finalement trouvé : une décision européenne doit être approuvée par 55 % des États représentant au moins 65 % de la population. Paris obtient cependant qu'une minorité de blocage devra compter au moins quatre États, ce qui relativise le poids démographique allemand. Les Français y voient pourtantt la preuve d'une prétention allemande à imposer leur point de vue à l'Europe.

C'est sur le plan économique que les divergences se font les plus vives. Jacques Chirac comme Nicolas Sarkozy réclamaient une politique de la Banque centrale européenne moins rigoureuse : preuve que la France reste tentée par les vieux démons de la dépréciation monétaire. Les dirigeants allemands repoussent cette éventualité ; ils s'irritent du « patriotisme économique » de leur partenaire surtout quand il fait échouer la reprise d'Alstom par Siemens – une opération où s'illustre le ministre de l'Économie N. Sarkozy. Lors de la crise de 2008 Christine Lagarde n'a pas hésité à mettre en cause un certain égoïsme allemand : Berlin s'est contentée d'après elle d'un plan de relance limité, comptant sur les autres pays européens pour soutenir ses exportations et son économie.

Parallèlement le déséquilibre économique est de plus en plus évident entre les deux pays. Alors que la France subit un déficit commercial de plus de 50 milliards d'euros en 2010, l'excédent de l'Allemagne dépasse les 150 milliards ; alors que le déficit public représente chez nous 7 % du PIB, il est ramené à 1 % en Allemagne dès 2011. Il est vrai que l'Allemagne a accompli au début des années 2000 des efforts de rigueur dont la France s'est dispensée. On comprend que la France ait du mal à imposer son point de vue en 2011 lors de la crise de l'euro. Même si les mesures proposées par le couple franco-allemand le sont en commun (voir *infra*), Paris peine à convaincre Berlin : Nicolas Sarkozy n'obtient pas que la Banque centrale européenne puisse intervenir massivement sur les marchés comme la Fed ou la Banque d'Angleterre. Angela Merkel impose son point de vue rigoureux, pour ne pas dire intraitable, certaine d'avoir la raison, la morale et le droit de son côté ! Du coup, les plans franco-allemands semblent composés d'une alouette française et d'un cheval allemand et Nicolas Sarkozy paraît condamné au rôle de brillant second. Un second finalement utile pour l'Allemagne car il lui évite d'apparaître au premier plan, de façon trop visible. Ne peut-elle pas ainsi diriger l'Europe par délégation ?

▶ Le tableau est suffisamment inquiétant pour pas le noircir à l'excès. Globalement le couple franco-allemand « tient ».

En 2002 c'est le compromis entre J. Chirac et G. Schröder qui sauve la PAC que menaçait l'entrée des nouveaux membres. Face à la crise de 2008 comme à celle de l'euro, les réunions entre Nicolas Sarkozy et Angela Merkel se sont multipliées et ont permis de rapprocher les points de vue. Au cours de l'année 2011, Angela Merkel et Nicolas Sarkozy se sont rencontrés onze fois. Ils ont confronté leurs points de vue, les ont harmonisés, les ont présentés ensuite à leurs partenaires ; ils ont agi de concert pour faire progresser l'intégration européenne (décembre 2011), ils ont refusé les exigences britanniques, ils ont poussé Silvio Berlusconi vers la sortie. Le couple franco-allemand reste le moteur de l'Europe, au grand dam des autres pays. Un couple déséquilibré sans doute, du moins sur le plan économique. Il est plus équilibré sur le plan géopolitique.

Auparavant 2003 avait manifesté de façon éclatante, et peut-être exceptionnelle, les potentialités du couple franco-allemand. Le président J. Chirac et le chancelier G. Schröder s'opposent à l'intervention américaine en Irak (voir *infra*). Les pays refusent de fournir des contingents à la coalition montée par Washington. Le général de Gaulle a dû se retourner de plaisir dans sa tombe : le couple franco-allemand affirmait son indépendance face aux États-Unis. Encore faut-il noter que l'accord était plus apparent que réel ; il s'agissait d'anti-américanisme en France et de pacifisme en Allemagne ; d'ailleurs, huit ans plus tard, l'Allemagne toujours taraudée par sa mauvaise conscience refuse de suivre la France et le Royaume-Uni en Libye[1].

Ce décalage subtil permet de mesurer les hauts et les bas d'un couple qui dépend des circonstances et des dirigeants au pouvoir. Paradoxalement la droite française et la gauche allemande sont plus à même de s'entendre sur les grandes orientations géopolitiques. La démocratie chrétienne d'outre-Rhin (CDU et CSU) se sent trop proche des États-Unis pour accepter les choix gaulliens auxquels la France n'a pas tout à fait renoncé.

C'est un point qu'a bien compris Georges-Henri Soutou : il y voit la grande erreur stratégique du gaullisme. De Gaulle pensait que le « cheval de Troie » des États-Unis en Europe était le Royaume-Uni ; en réalité l'Allemagne constituait un allié tout aussi fidèle dans la mesure où il ne croit qu'en la protection militaire américaine. Fait significatif, le Bundestag avait modifié en juin 1963 le sens du traité de l'Élysée en le faisant précéder d'une clause rappelant les liens de Bonn avec Washington.

▶ **C'est donc une conclusion mesurée que l'on doit tirer de ces analyses.**

Premier fait, la France reste l'un des grands pays européens. Comme tous elle dispose du droit de veto en ce qui concerne les élargissements et sur tous les sujets pour lesquels l'unanimité est requise (en particulier la défense, mais aussi la fiscalité). Contrairement à une idée reçue, elle a placé beaucoup de ses compatriotes à des postes de responsabilité : les Français figurent en troisième place parmi les employés de la Commission européenne et en première en ce qui concerne les administrateurs[2]. Au sein du Conseil des ministres elle profitera de plus en plus des nouvelles règles qui prennent en compte la population des pays membres : voulues par l'Allemagne aujourd'hui, elles bénéficieront à l'Hexagone dans l'avenir puisqu'il devrait devenir le pays le plus peuplé de l'Union avant 2080.

Le poids de la France lui permet des initiatives plus souvent couronnées de succès que le dit la presse française toujours prompte à l'autodénigrement. Faut-il y voir l'effet d'une Constitution qui donne au président une marge de manœuvre considérable ? En cas de crise, la France réagit vite. On l'a vu lors du conflit entre la Géorgie en 2008 comme de la révolte libyenne en 2011 ou encore face à la crise économique de 2008. Souvent c'est la France qui prend les initiatives, quitte à composer ensuite avec l'Allemagne, puis avec les autres membres de l'Union.

Seconde réalité, la France n'a plus les moyens (les a-t-elle jamais eus ?) d'imposer son point de vue à ses partenaires. Elle ne peut pas espérer non plus que l'Allemagne l'appuie systématiquement. Bien avant la montée des contentieux, le président Pompidou l'avait compris. Il s'inquiétait de l'*Ostpolitik* de Willy Brandt et craignait (déjà !) que l'Allemagne

1. Par ailleurs le coup d'éclat franco-allemand de 2003 ne fut approuvé que par une minorité de nations européennes : le Royaume-Uni, la « jeune Europe » centrale et orientale ainsi que les pays d'Europe du Sud suivirent George Bush.

2. « Action extérieure et défense : l'influence française à Bruxelles », *Cahiers de l'Irsem* n° 1

se détourne de ses partenaires occidentaux pour renouer avec une géopolitique autonome, entre ouest et est. Cette crainte le conduit à accepter l'entrée du Royaume-Uni dans la CEE. Du coup le jeu français devient plus complexe : l'appui de l'Allemagne est recherché en priorité, mais celui du Royaume-Uni est indispensable en matière militaire (voir *infra*).

L'élargissement et l'approfondissement de l'Europe rendent nécessaire une véritable diplomatie européenne. À l'époque du général de Gaulle, point de ronds de jambe excessifs : la France donnait son point de vue, elle entraînait l'Allemagne et, si elle n'y réussissait pas, elle se repliait sur son pré carré en pratiquant la « chaise vide ». Maintenant il faut obtenir une majorité, rallier grands et petits pays, constituer des coalitions d'intérêts durables. La France peut compter sur les nations d'Europe du Sud et de l'Est ainsi que sur l'Irlande pour défendre la politique agricole commune. Elle tente difficilement de trouver des alliés pour réclamer plus d'interventionnisme économique. Elle partage avec l'Allemagne, l'Italie ou la Grèce la volonté de ménager la Russie. Ainsi se définit une géopolitique mouvante au gré des sujets et des majorités.

Troisième réalité, la France s'est intégrée à l'Union européenne. Elle y effectue les deux tiers de ses échanges commerciaux ; 20 % des travailleurs de l'industrie sont employés dans une entreprise à capitaux majoritairement européens ; plus de la moitié de son stock d'IDE est investie dans l'Union européenne. 160 000 frontaliers franchissent quotidiennement la frontière pour travailler dans un autre pays européen – près des trois-quarts il est vrai en Suisse. Le réseau de transport a été réorganisé pour faciliter l'intégration. Enfin, depuis la création de l'euro, la monnaie des Français est gérée à Francfort.

Dès lors tout recul paraît difficile. La crise de l'euro l'illustre en 2011. Les adversaires de l'Union monétaire peuvent triompher sur le thème : « Nous vous l'avions bien dit ! » Mais la sortie de l'euro forcerait la France à emprunter à des taux d'intérêt beaucoup plus élevés et ferait planer le spectre de la banqueroute tandis que les échanges et les flux seraient totalement déstabilisés. Lucide, J.-P. Chevènement conclut : « J'étais contre le fait de monter dans l'avion (de l'euro), mai je suis hostile au fait de sauter en plein vol sans parachute ».

Revanche posthume de Jean Monnet, une implacable mécanique s'est mise en place ; non seulement elle rend difficile le retour en arrière mais elle force, à chaque difficulté, à aller plus loin dans le sens de l'intégration européenne. Ce fait n'échappe pas à l'opinion qui comprend tardivement la manœuvre des élites pro-européennes : la placer en permanence devant le fait accompli. Le référendum de 2005 sur la Constitution européenne voit une nette majorité se dégager en faveur du « non ». Le texte est pourtant repris sans grand changement dans le traité de Lisbonne adopté en 2009 par le Parlement français : on a évité de demander l'avis des électeurs dont on considère qu'ils restent, pour l'essentiel, pro-européens.

Pour être équilibré, un autre point doit être souligné. L'Europe a bon dos ! Les dirigeants français font souvent passer des mesures impopulaires comme des *oukases* venus de Bruxelles. Tout remonte à Jean Monnet – encore lui ! Quoique commissaire au premier plan, c'est un libéral qui pense que l'intervention de l'État se justifie dans le contexte tendu de la Reconstruction, mais doit se réduire ensuite. En ouvrant la France sur ses voisins, la construction européenne contraindra à cette évolution espère-t-il. Ainsi la libéralisation des années 1980 et 1990 a-t-elle été mise sur le dos des directives européennes, alors qu'elle s'expliquait en grande partie par la crise du modèle (chapitres 3 et 5). La rigueur actuelle ne se justifie pas par les obligations de l'Union monétaire, mais par le niveau d'endettement du pays (chapitre 7). Tout expliquer par les contraintes extérieures permet aux dirigeants français de se justifier et évite à la population de se remettre en question. Ce n'est pas le moyen de rendre la construction européenne populaire.

Il n'est pas de notre ressort de dire comment se terminera cette histoire : implosion du système européen, poursuite de l'intégration jusqu'à l'émergence d'une Europe unifiée, révolte des opinions publiques, maintien de l'équilibre fragile entre les États nations et les instances communautaires ? Un point reste clair : jusqu'à aujourd'hui, l'intégration se fait entre États qui conservent une réelle marge de manœuvre. Il ne s'agit pas d'une Europe fédérale, mais d'une Europe intégrée d'État-nations. En témoigne le fait que les décisions essentielles se prennent entre elles au sein du Conseil européen.

Dans ce cadre les positions françaises présentent une évidente continuité. Le principal changement est récent et concerne le retour dans l'OTAN ainsi que le rapprochement avec les États-Unis : l'originalité de la posture française en est réduite et les relations avec Londres profondément transformées. En revanche les intérêts économiques restent les mêmes (agriculture, activités de pointe). La France a toujours tendance à faire passer ceux-ci avant le respect des règles communes : elle s'est affranchie dans les années 2000 des contraintes imposées par le Pacte de stabilité, en particulier l'obligation de maintenir son déficit budgétaire en dessous de 3 % du PIB ; elle a rétabli à différentes reprises des contrôles aux frontières (cf. l'affaire des Roms en 2010) ; elle est régulièrement citée comme l'un des « mauvais élèves » de la classe commune, l'un de ceux qui transcrivent avec retard les directives européennes dans son droit, un défaut dont elle tarde de se départir. Elle n'est pas seule sans doute, mais elle est en pointe, ou en arrière, c'est selon. Surtout elle continue à penser l'Europe comme un substitut à sa puissance passée, un moyen de garder son rang dans le monde par délégation.

II. La Françafrique

L'Afrique constitue l'autre pôle de la géopolitique française : celui de la grandeur passée, le lieu où elle peut encore déployer sa puissance militaire, économique et culturelle. Mais aussi le continent qui révèle les ambiguïtés de la France : exercer sa puissance a un coût et il n'est pas certain que le pays soit prêt à toujours le payer.

L'héritage de la France en Afrique est considérable.

Il s'appuie sur l'ancien empire colonial devenu en 1946 Union française. Ses limites ne sont fixées qu'au début du XXe siècle après la prise de contrôle du Tchad et le protectorat sur le Maroc. Il couvre sur le continent près de 10 millions de km², principalement en Afrique du Nord, en Afrique occidentale et en Afrique centrale ainsi que Djibouti, Madagascar et les îles de l'océan Indien. La France n'a pas atteint tous ses objectifs. La mission Marchand lui aurait permis de relier le Tchad à Djibouti en contrôlant le Soudan : ses troupes sont au bord de l'affrontement avec les Anglais à Fachoda (1898). Paris cède finalement devant Londres dont elle recherche le soutien face à l'Allemagne. L'Afrique après l'Europe : un choix qui se répétera souvent...

La décolonisation a concerné d'abord les protectorats (Maroc et Tunisie en 1956), puis l'Afrique noire (1958 pour la Guinée, 1960 pour les autres), l'Algérie (1962), les Comores

(1975), Djibouti (1977). De l'ancien empire africain il ne reste que Mayotte devenue département en 2010. La France a bien cherché des solutions intermédiaires afin de maintenir une forme d'autorité directe : « indépendance dans l'interdépendance » dans le cas des anciens protectorats, « association » avec l'Algérie, « communauté française » pour l'Afrique noire. Tout ce qui semble perpétuer l'ancienne colonisation est finalement rejeté par les populations. La France doit trouver des moyens plus subtils pour conserver son influence.

▶ **Le terme de Françafrique fut inventé, dit-on, par Houphouët-Boigny, père de l'indépendance ivoirienne.**

Il désigne les liens étroits que la France conserve avec une partie de l'Afrique, en particulier de l'Afrique noire.

Ces liens sont d'abord humains. Beaucoup de dirigeants africains ont été formés par l'enseignement français. C'est le cas d'Houphouët-Boigny lui-même, à la fois fils de roi, grand planteur et médecin, ou du Sénégalais Léopold Senghor passé par l'agrégation. Tous deux d'ailleurs épousent des Françaises. Sur un mode différent, le roi Hassan II écrit un français d'une remarquable élégance et peuple d'enseignants français le Collège royal où sont éduqués les enfants des dignitaires du pays ; le futur ministre des Affaires étrangères Michel Jobert y fit ses armes comme enseignant. Nombreux sont encore les étudiants venus d'Afrique pour étudier en France, en particulier les Marocains dans les classes préparatoires. Ainsi se perpétue une influence dont il ne faut sans doute pas exagérer l'impact. Tous ceux qui viennent dans notre pays n'en deviennent pas d'inconditionnels partisans, il suffit de penser au nombre d'étudiants du tiers-monde devenus anti-communistes après leur passage à l'Université Patrice Lumumba de Moscou ! Du moins ces étudiants sont-ils imprégnés, même malgré eux, de culture et de références françaises.

Cette élite n'est pas seulement intellectuelle, en particulier au début de la Françafrique. Il faut tenir compte d'anciens militaires comme « l'empereur » Bokassa, ancien adjudant dans l'armée française. Vilipendé en métropole, écarté de son trône par une intervention française, il n'en conserve pas moins un réel attachement au pays qu'il a servi.

Du côté de la métropole, l'histoire de l'Afrique française a été le fait d'une petite minorité, colons, administrateurs passés par l'École de la France d'outre-mer, militaires. Ils surent faire pression sur Paris et lui imposer leurs choix, parfois en la plaçant devant le fait accompli comme pendant la guerre d'Algérie. Aux temps de la Françafrique cette tradition se continue d'autant plus que l'Afrique fait partie du « domaine réservé ». Elle est donc gérée en grande partie par les « messieurs Afrique » des différents présidents (chapitre 8). S'ajoutent à eux les dirigeants de grandes entreprises très impliquées sur le continent comme les groupes Bolloré ou Pinault (PPR).

Ce dernier a d'ailleurs racheté la dernière société de négoce française locale, la Compagnie française d'Afrique occidentale. D'origine marseillaise, elle a été créée en 1887 pour acheter l'arachide nécessaire à l'industrie des corps gras de la ville. Elle se diversifie rapidement en vendant en Afrique des voitures, des médicaments, en fabriquant sur place de la bière, des stylos et des rasoirs jetables, en créant des supermarchés et en gérant des moyens de transport. Implantée de façon ancienne, elle s'est enracinée dans les sociétés africaines, y a recruté de façon croissante des cadres locaux et se vante de maintenir ses activités même en cas de récession. Elle constitue un bon exemple de l'intégration entre la France et les différents pays du continent.

Les liens économiques jouent un rôle capital dans la Françafrique.

Le pivot en est la zone franc. Instaurée au lendemain de la Seconde Guerre mondiale, elle rassemble la France, les DOM-TOM et 16 pays d'Afrique noire – pour la plupart anciennes colonies françaises mais la Guinée équatoriale l'a intégrée en 1985 et la Guinée-Bissau en 1997. Elle repose sur l'existence de Banques centrales locales qui émettent le franc CFA dont la parité est liée à celle du franc français. À l'intérieur de la zone, le franc français jouait donc le rôle de monnaie de référence jusqu'à la création de l'euro : les échanges se faisaient en francs, les réserves des Banques centrales locales étaient principalement constituées de francs. Si nécessaire la Banque de France procurait à ces dernières les autres devises dont elles avaient besoin.

La stabilité monétaire a facilité les échanges et plus encore les flux. Les investissements directs à l'étranger en ont été encouragés et ils ont permis l'implantation de sociétés comme Pinault (exploitation du bois), Bolloré (transports maritimes, fabrication de cigarettes), Bouygues (travaux publics, services aux collectivités locales), Elf Aquitaine (exploitation du pétrole), Areva (exploitation de l'uranium au Niger). En Côte d'Ivoire les entreprises françaises sont particulièrement présentes : outre les entreprises déjà citées s'y sont installées les banques françaises, France Télécom, EDF ou Cémoi (broyage des fèves de cacao) ainsi que de nombreuses PMI. Globalement la France est le quatrième investisseur en Afrique et ses intérêts sont particulièrement présents au Maroc, au Cameroun et en Côte d'Ivoire. 13 % du stock d'IDE français se trouve sur le continent.

La présence française déborde d'ailleurs le cadre étroit de la zone franc. Elf (repris par Total) exploite du pétrole en Angola, alors colonie portugaise, depuis les années 1950. La France a profité de la dictature de Mobutu pour développer ses activités dans le Shaba, la région polymétallique située au sud de la république démocratique du Congo.

Des intérêts si importants doivent être protégés.

La présence militaire prend la forme d'accords de défense avec différents pays et du maintien de bases militaires. Il en restait encore cinq au début des années 2000 (Dakar, Djibouti, Abidjan, Libreville, Ndjamena). Les restrictions budgétaires conduiront à n'en conserver que deux, Libreville et Djibouti. En 1960, 30 000 soldats français étaient présents en Afrique ; il en reste encore 7 000 en 2010.

Cette force de frappe permet d'agir dans le continent. Officiellement, il s'agit d'intervenir contre des attaques extérieures. C'est ainsi que la France se trouve engagée au Tchad depuis 1968 pour contrer les revendications de Kadhafi sur la bande d'Aozou[1]. Elle mène une opération audacieuse sur la ville minière de Kolwezi, au Zaïre, pour empêcher des rebelles soutenus par l'Angola communiste de s'en emparer et d'y massacrer les Européens (1978). Dans les deux cas cependant, les critiques parleront d'immixtion dans les affaires intérieures du pays. D'ailleurs il arrive que l'intervention ne puisse pas être justifiée par la menace étrangère. C'est ainsi que les parachutistes français réinstallent à la tête du Gabon Léon Mba en 1964 ; celui-ci

1. Cette longue bande de terres désertes court le long de la frontière entre le Tchad la Libye. Elle était réclamée par les deux puissances coloniales, France et Italie, et la France l'avait concédée à Benito Mussolini avant de la récupérer au lendemain de la guerre. On espérait y découvrir de l'uranium, ce qui explique son intérêt subit. Par ailleurs Kadhafi espérait en faire la première étape de la constitution d'un vaste État saharien.

La France en Afrique

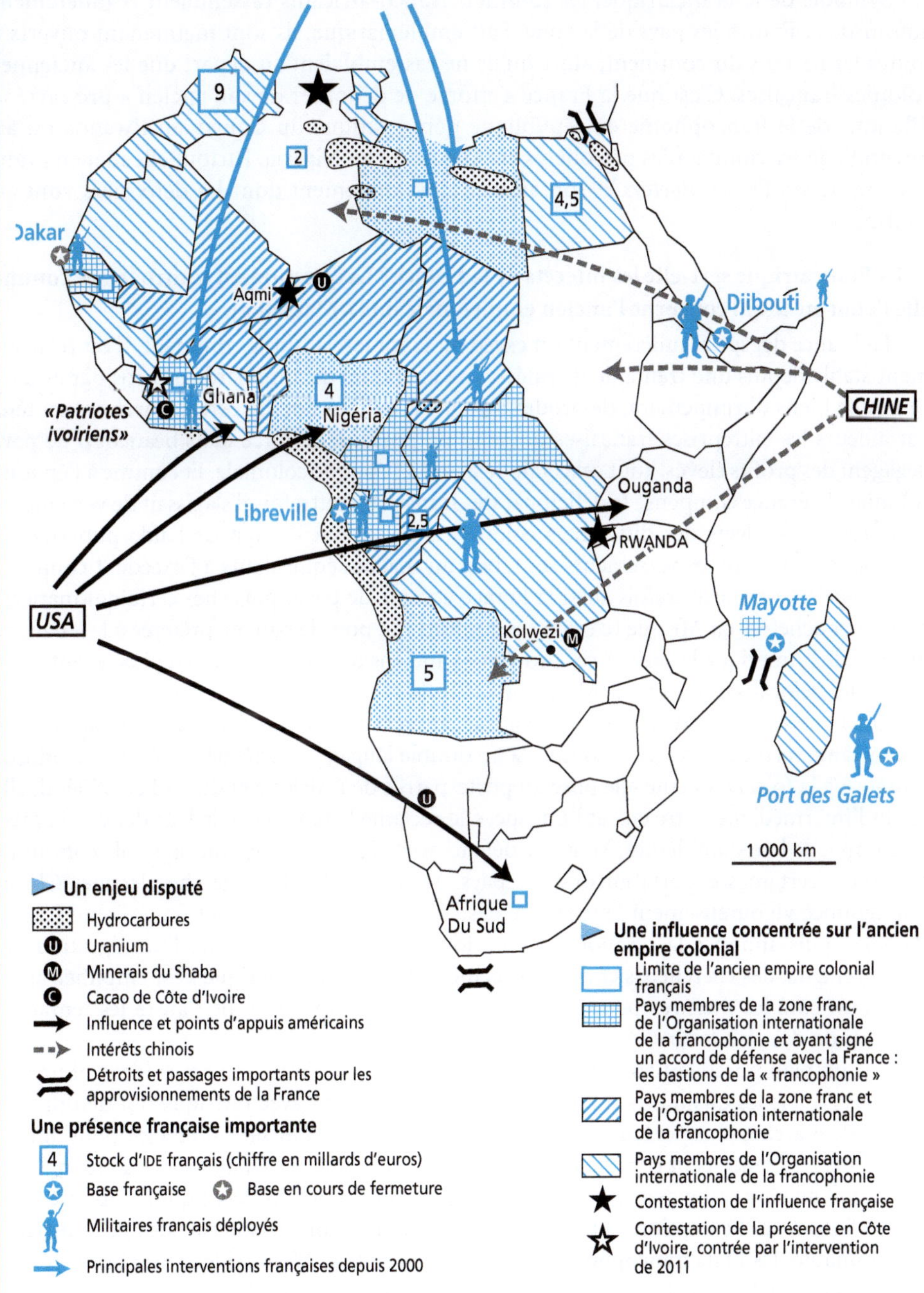

passant en 1967 le pouvoir à Omar Bongo, on peut parler d'un bon investissement pour la France, et pour certains dirigeants politiques français !

Symbole de la Françafrique, les sommets franco-africains rassemblent régulièrement autour de la France les pays de la zone. Fait emblématique, ils sont maintenant ouverts à toutes les nations du continent, alors qu'ils ne rassemblaient au départ que les anciennes colonies françaises. C'est que la France s'efforce de déborder de son ancien « pré carré ». Elle joue de la francophonie en république démocratique du Congo, au Rwanda ou au Burundi, de ses compagnies pétrolières en Angola ou au Nigéria. Partout elle met en avant l'action de ses *French doctors* et son aide au développement dont les deux tiers vont au continent.

▶ La Françafrique sert-elle les intérêts de la France ? La question est controversée comme elle l'était en ce qui concerne l'ancien empire africain [J. Marseille].

La France dégage régulièrement un excédent commercial sur le continent. Il est relativement stable depuis une trentaine d'années, aux alentours de 3 milliards d'euros par an : les ventes de biens d'équipement, de produits pharmaceutiques ou de céréales arrivent en tête. Par ailleurs les entreprises françaises qui sont en position de force dans beaucoup de pays dégagent des profits élevés. Tout cela était déjà vrai à l'époque coloniale. Et comme à l'époque coloniale la France compense le déficit par des transferts : autrefois il s'agissait de versements de l'État aux budgets des différentes colonies, aujourd'hui il s'agit de l'aide publique au développement dont les versements sont, bon an mal an, équivalents à l'excédent commercial français. Comme autrefois aussi la France accepte de payer plus cher certaines matières premières achetées en Afrique (c'est le cas aujourd'hui pour la banane préférée à la « banane dollar » de l'Amérique latine). À ces problèmes anciens il faut ajouter ceux, plus récents, que posent les délocalisations vers le Maroc ou la Tunisie.

Quel que soit le bilan, la France défend ses intérêts économiques en même temps qu'elle se proclame vertueuse, ce qui la conduit à un double langage, « égoïsme sacré » et « politique morale » à la fois. D'un côté elle pose au porte-parole de l'Afrique et du Sud en général, elle se fait l'intermédiaire entre eux et l'Europe, elle réclame la réduction de leur dette et la prise en compte de leurs problèmes. Mais elle défend avec vigueur la politique agricole commune qui freine certaines exportations de ces pays. Même double langage chez Jacques Chirac qui dénonce vigoureusement le drainage des cerveaux lors du sommet franco-américain à Bamako, puis annonce la création de visas longue durée pour faciliter l'immigration des entrepreneurs, des chercheurs et des intellectuels africains. La politique s'est amplifiée après lui : d'un côté les mesures pour attirer les cerveaux (chapitre 7), de l'autre les tentatives d'expulsion des clandestins.

Sur un plan purement comptable, le gain économique n'est donc pas évident. Il ne l'est pas plus en termes qualitatifs si l'on admet que les relations avec l'Afrique ont détourné la France de marchés plus porteurs – l'Asie en particulier. En revanche l'intérêt géopolitique est manifeste. La France peut compter au sein des instances internationales sur le soutien d'une quinzaine de pays qui votent généralement comme elle. Lors du débat qui l'a opposée aux Anglo-Saxons sur l'exception culturelle, elle a su mobiliser lors du sommet de l'île Maurice la communauté des États francophones, pays africains en tête. Même si leur nombre se réduit, elle conserve en Afrique des bases qui confortent la présence mondiale de son armée.

D'une certaine façon, la formule de Leroy-Ladurie après la défaire de 1870 reste vraie : « Ou la France deviendra une puissance africaine, ou elle ne sera, dans un siècle ou deux, qu'une puissance européenne secondaire ».

La Françafrique est-elle condamnée ?

La fin de l'URSS explique que Washington n'a plus besoin du « sous-impérialisme » français[1]. La mondialisation ouvre tous les continents à toutes les influences. La moralisation de la géopolitique remet en cause les pratiques anciennes : en 1990, dans son « discours de la Baule », François Mitterrand conditionne l'aide de la France aux pays africains à leur respect des droits de l'homme et à leur démocratisation.

1994 peut être considérée comme l'année de la crise de la Françafrique.

Première alerte, le franc CFA est dévalué de 50 %. Jusqu'alors la France s'y était opposée : la stabilité monétaire apparaît en effet comme le grand succès de la zone franc. Elle a permis le développement des relations économiques entre la France et les pays africains comme entre ces pays eux-mêmes ; elle a limité l'inflation ; elle a procuré un cadre rassurant qui contraste avec les troubles des pays anglophones de la zone. Mais elle dote ces pays d'une monnaie forte qui gêne leurs exportations. Le FMI pousse depuis longtemps à la dévaluation et la France se rend à ses arguments en 1994. On y a vu la preuve d'un recul de l'influence française. La remise en question s'accentue lorsque le franc est remplacé par l'euro. Sans doute la zone franc continue-t-elle d'être pilotée par la Banque de France, mais elle est arrimée à une monnaie européenne et Francfort obtient de fait un droit de regard sur ses affaires.

Autre crise dramatique, les affrontements entre Tutsis et Hutus au Rwanda débouchent sur l'assassinat du président hutu Juvénal Habyarimana, puis sur le génocide des Tutsis par des extrémistes hutus. La France, qui soutenait le président élu, se voit accusée d'avoir armé et entraîné les soldats hutus. Elle envoie des troupes pour s'interposer entre les deux camps, mais les critiques lui reprochent de venir au secours des génocidaires alors que les Tutsis sont en train de l'emporter. Avec le recul du temps les faits se révèlent beaucoup plus compliqués : l'intervention française a empêché de plus grands massacres, les vainqueurs tutsis ne se conduisent pas eux-mêmes de façon exemplaire… Il n'empêche : non seulement la France perd la bataille de la « morale » à laquelle elle tient tant mais l'onde de choc provoque la chute du dictateur congolais Mobutu qu'elle soutenait. Le Rwanda adopte une attitude de plus en plus hostile, adopte l'anglais comme seconde langue nationale et adhère au Commonwealth en 2009. Son président Paul Kagamé, sous le coup de diverses procédures pour « crimes de guerre, crimes contre l'humanité et génocide », menace de lancer des mandats d'arrêt contre plusieurs dirigeants français.

Derrière ces événements Paris est prompt à discerner la main de Londres et surtout de Washington. Le FMI n'est-il pas basé dans la capitale des États-Unis ? Les rebelles tutsis n'étaient-ils pas soutenus par l'Ouganda, l'un des piliers de l'influence américaine en Afrique ? Les États-Unis avaient longtemps délégué le contrôle de l'Afrique à leurs alliés européens. La chute de l'URSS rend inutile cette précaution, la fin de l'apartheid leur permet de s'appuyer

1. Pour reprendre une formule utilisée par le Kominform dans les années 1950. Stephen Smith parle de son côté de « sous-traitance géopolitique ».

ouvertement sur l'Afrique du Sud qui représente à elle seule près de la moitié du PIB de l'Afrique noire. Ils signent des accords économiques (African Growth and Opportunity Act en 2000), ils augmentent leur aide, ils créent un commandement autonome pour le continent au sein du Pentagone (Africom 2007), ils installent des bases jusqu'à Djibouti (à Camp Lemonnier) où leur présence dépasse celle des Français. Leurs grandes fondations organisent des programmes d'éducation sur le continent (Ford, Carnegie, Rockefeller) et un nombre croissant de chercheurs s'installent chez eux, comme des artistes et intellectuels d'expression française (Ousmane Kane, Mamadou Diouf...).

Et il n'y a pas que les Américains. La Chine s'intéresse aux matières premières du continent. Elle bénéficie d'un avantage considérable par rapport aux Français : elle ne s'embarrasse pas de considérations morales, même en apparence. En échange de son aide elle ne réclame aucune condition, qu'il s'agisse de respect des droits de l'homme ou de libéralisation économique[1]. Elle s'implante dans l'ancien « pré carré » français en jouant parfois de l'animosité contre l'ancienne puissance coloniale comme en Algérie. Pékin est devenue le second partenaire commercial de l'Afrique noire (12 % des échanges) derrière les États-Unis (20 %), la France se trouvant reléguée à la troisième place.

Les positions françaises sont menacées de tous côtés : l'Union européenne qui organise des sommets avec l'Afrique depuis 2000, les États-Unis, la Chine... Le 25e sommet franco-africain, à Nice, le confirme (2010). Sont invités le secrétaire général de l'ONU, le président de la commission de l'Union africaine, celui de la Banque mondiale, un représentant des États-Unis, les dirigeants européens... Comme si la France n'osait plus affirmer qu'elle prend en charge l'Afrique.

▶ La Françafrique subit également des critiques croissantes en France même.

Elle passe pour le symbole de la corruption des élites françaises et africaines. Les révélations se multiplient sur les sommes versées par des dirigeants africains lors des campagnes électorales françaises, sur les fuites de capitaux qu'ils organisent à leur profit et au détriment de leur peuple, sur l'exploitation des richesses locales par les firmes hexagonales.

Ces accusations de « néocolonialisme » sont présentes en Afrique. En Côte d'Ivoire, les « patriotes » partisans de Laurent Gbagbo parlaient d'une « seconde indépendance » ; l'Algérie de Bouteflika compare la France à l'Allemagne de Hitler et refuse un traité d'amitié avec elle ; au Tchad l'affaire de l'arche de Zoé ravive le souvenir de la traite des Noirs[2]. Le discours de Dakar prononcé par Nicolas Sarkozy en juillet 2007 a profondément choqué, le président français expliquant que l'Afrique n'était pas encore « entrée dans l'Histoire ». Preuve que les relations entre la France et l'Afrique s'inscrivent dans le temps long et restent grevées par les ressentiments et les rancœurs : la sensibilité des Africains est à vif, la mauvaise conscience des Français trop souvent sollicitée. D'ailleurs toute une partie de la gauche rend la Françafrique responsable du sous-développement du continent. C'est pourquoi Jean-

1. On parle de « conditionnalité de l'aide ». C'est l'un des principes des accords de Cotonou adoptés par l'Union européenne en 2000.

2. En 2007, cette association humanitaire tenta d'organiser dans la plus grande opacité l'adoption d'orphelins tchadiens par des couples français. Il ne semble pas qu'il s'agissait d'une opération crapuleuse – même si les couples devaient financer l'opération. Mais l'initiative fut considérée par les populations locales comme un véritable enlèvement auquel elles n'avaient pas donné leur accord.

Pierre Pierre-Cot en 1981 ou Jean-Marie Bockel en 2007 annoncent-ils leur volonté d'en finir avec la « Françafrique » quand ils prennent en charge la Coopération – J.-M. Bockel parle en 2008 de « signer son acte de décès ».

La morale pousse Paris à se désengager, mais peut-être aussi l'intérêt. Nous l'avons dit l'apport de la Françafrique à l'économie française est mitigé. En temps de crise la tentation est grande de réduire les coûts. « La France déconstruit sa coopération » selon Stephen Smith : le nombre des assistants techniques et militaires passe de 7 500 en 1992 à 1 500 en 2008, le budget de la coopération militaire est divisé par deux pendant la même période, la plupart des bases françaises sont fermées (*supra*). Le nombre de Français installés sur le continent régresse.

Trop coûteuse et trop gênante, l'Afrique ? C'est déjà ce qu'expliquaient les partisans de la décolonisation et, à 50 ans de distance, les mêmes arguments poussent au désengagement de la France pour qu'elle se recentre sur des régions du monde plus intéressantes et moins encombrées par les mauvais souvenirs – l'Europe autrefois, l'Asie aujourd'hui.

Pourtant J.-P. Pierre-Cot et J.-M. Bockel seront tous deux conduit à démissionner. Les liens tissés entre hommes politiques et dirigeants d'entreprises restent puissants, l'intérêt géopolitique de l'Afrique ne s'est pas modifié. D'ailleurs la France conserve les moyens d'agir comme cela a été démontré en 2011 en Côte d'Ivoire et en Libye (chapitre 8). Dans le premier cas, elle a permis au président élu Ouattara de s'imposer face à son prédécesseur Gbagbo qui s'accrochait au pouvoir. Ce pays, premier bénéficiaire de l'aide au développement française (6 milliards d'euros de 1999 à 2009) bénéficie aussitôt d'un secours d'urgence de 350 millions et de l'annulation d'une partie de sa dette. Le président Ouattara charge aussitôt un ingénieur français, Philippe Serey-Effel, de coiffer le programme des grands travaux de la reconstruction.

Dans les deux affaires Paris se targue d'intervenir au nom de la démocratie ; elle fournit un soutien décisif mais discret qui ménage les susceptibilités africaines ; elle espère en retirer prestige et dividendes économiques. « Accompagner sans dicter » préconisait Dominique de Villepin. C'est peut-être le signe que, loin d'être morte, la Françafrique peut se renouveler en prenant un visage plus conforme à l'air du temps.

III. La France et les « Grands »

Comment peut se comporter une « grande puissance moyenne » envers ceux qui sont « grands tout court » ? C'est le principal problème de la France depuis 1945, et il se pose principalement envers les États-Unis.

▶ La relation avec les États-Unis est toute d'ambiguïté.

Les deux pays ont toujours été alliés de la guerre de l'Indépendance à la Seconde Guerre mondiale et à la guerre froide. La France envoie un bataillon en Corée, les Américains financent la guerre d'Indochine. Sur le long terme, les relations entre la France et les États-Unis constituent une exception : on ne trouvera aucun pays avec lequel la France a été aussi régulièrement en phase.

D'où vient alors l'ambiguïté ? Probablement de l'inversion des rapports de force. « J'ai été ce que vous êtes, vous serez ce que je suis » – la réflexion vexée de Corneille à la marquise qui le dédaigne pourrait résumer le sentiment de beaucoup de Français. Les États-Unis sont la preuve vivante du déclassement de la France ; pire, ils passent aujourd'hui pour les principaux partisans d'une mondialisation qui attenterait à son identité et à sa souveraineté. On pourrait en dire autant de la construction européenne : mais cette dernière est vécue, nous l'avons dit, comme un dépassement par le haut des faiblesses françaises, le moyen de préserver l'essentiel, peut-être même de dilater son être à l'échelle du continent. Une sorte de sublimation, alors que la mondialisation américaine provoquerait sa désintégration.

L'ambiguïté est particulièrement nette en ce qui concerne les modèles. Les deux pays partagent en effet une originalité : porter un modèle qui se prétend universel. Ces modèles présentent beaucoup de points communs. Ils sont les enfants des philosophes du XVIIIe siècle, proclament l'existence de droits de l'homme, se réclament des mêmes valeurs, liberté et égalité des droits. Ce qui les différencie est finalement moins important que ce qui les réunit : il s'agit principalement du rôle de l'État, vu avec méfiance outre-Atlantique et considéré comme le garant des droits en France. « L'idée que l'État est en charge du bien commun est une idée typiquement française qui déconcerte les Américains » [Ezra Suleiman]. D'autre part, avec le temps, la conception de l'égalité a divergé, la France se rapprochant de la notion d'égalité des conditions : il ne suffit plus que les individus aient « le droit au bonheur », selon les termes de la Déclaration d'indépendance américaine de 1776, les Français veulent que l'État leur garantisse un minimum quels que soient leur chance ou leur mérite.

Les deux modèles se ressemblent pour l'essentiel : voilà pourquoi France et États-Unis se sont retrouvés dans le même camp lors de tous les grands affrontements du XXe siècle. Les deux modèles ont une prétention universelle : voilà pourquoi France et États-Unis sont rivaux. Chacune met en avant ce qui la différencie, les Américains moquant la bureaucratie et l'interventionnisme français, les Français s'indignant des inégalités américaines et de la toute-puissance des marchés.

Pour être juste, la polémique est surtout le fait des Français dans la mesure où le modèle américain s'est peu à peu imposé. La France elle-même s'est libéralisée, comme si son modèle rendait les armes. Plus généralement la mondialisation, qui est vue de façon un peu rapide comme une américanisation, semble déboucher sur une « banalisation » de la France à tous points de vue : remise en question du système économique, montée du multiculturalisme, fin de « l'exception culturelle », idéalisation des modes d'enseignement américains, fascination de l'*American way of life*, crise de la Françafrique dont Washington est rendue responsable comme elle avait encouragé la fin de l'empire colonial… L'un des aspects les plus récents et les plus problématiques est la façon dont les États-Unis privilégient aujourd'hui les minorités ethniques de France dont ils invitent les représentants pour les convaincre que le communautarisme à l'américaine surpasse l'assimilation à la française.

C'est en ce sens que l'on peut dire que l'antiaméricanisme est une composante de l'identité nationale française [T. Snégaroff] : les États-Unis apparaissent non seulement comme un rival qui a évincé son ancienne protectrice, mais aussi comme une menace pour son identité.

▶ Que faire face à la puissance dominante ? La rupture de toute relation semblant impossible, deux stratégies sont possibles.

La première consiste à se faire admettre comme un partenaire privilégié et à établir une sorte de « relation spéciale » avec Washington. On l'oublie parfois, mais le général de Gaulle avait tenté cette carte quand il avait proposé la création d'un Directoire à la tête de l'OTAN (États-Unis, Royaume-Uni et France). Le refus américain le conforta dans son choix d'une autre direction (voir *infra*).

Cinquante ans plus tard, Nicolas Sarkozy décide la réintégration de la France dans l'OTAN (2009), une véritable rupture dans la politique extérieure française. Pour être juste, cela faisait des années que l'armée française s'était rapprochée de ses alliés : manœuvres communes, coopération, placement de soldats français sous commandement de l'OTAN (Kosovo en 1999, Afghanistan en 2003), tout préparait l'intégration. Trois raisons expliquent sa décision.

– Le président français a établi dans tous ses discours un lien avec la mise en place d'une Europe de la défense : il a admis que les Britanniques n'accepteraient jamais qu'elle se fasse en dehors de l'OTAN. « L'Union européenne et l'Alliance doivent marcher la main dans la main[1] ». Ce geste relance donc la construction de l'Europe de la défense. En novembre 2010 est signé (pour 50 ans) un ambitieux accord de coopération militaire avec le Royaume-Uni : il prévoit d'assurer ensemble la maintenance des futurs avions de transport A 400 M, de mener des recherches communes en matière de missiles, de drones et d'armes nucléaires, de mettre sur pied un corps expéditionnaire commun, de partager l'utilisation des porte-avions... Mais Londres refuse en 2011 la création d'un QG militaire européen dont elle estime qu'il ferait double emploi avec l'OTAN. Le pari est loin d'être gagné !

– Il s'agit aussi de donner à la France plus de poids dans l'organisation : elle est déjà le quatrième contributeur financier, mais ne représente que 1 % du personnel militaire affecté à l'OTAN. En échange de son retour, la France reçoit deux commandements militaires : l'Allied Command Transformation basé à Norfolk et chargé de l'amélioration des capacités militaires de l'organisation et le Joint Command de Lisbonne, l'un des trois commandements interalliés basés en Europe.

– Enfin, il était temps de mettre fin à une hypocrisie, la France s'étant tellement rapprochée de l'OTAN depuis les années 1970 qu'elle éprouvait tous les inconvénients de l'adhésion effective sans en retirer les avantages.

Au-delà de ces considérations militaires, la rupture ou plutôt l'évolution concernent une grande partie des relations internationales de la France, en particulier sa politique au Proche-Orient. La France cherche-t-elle à devenir le « brillant second » de Washington ?

Pour faire un couple, il faut être deux. Le problème est que Washington n'entend pas accorder à la France une place privilégiée à ses côtés. Elle ne l'a pas fait pour le général de Gaulle, elle ne le fait pas plus pour Nicolas Sarkozy, de subtiles rebuffades protocolaires l'ont démontré ensuite. D'ailleurs le continent européen est-il encore une priorité pour les États-Unis alors qu'ils se tournent de plus en plus vers l'Asie ? « La France regarde toujours l'Amérique qui regarde maintenant ailleurs » [T. Snégaroff]. Les faits sont brutaux : Paris n'a plus grand-chose à monnayer.

L'autre stratégie consiste à accentuer la différence avec les États-Unis.

Au nom de la souveraineté de la France, mais aussi d'une autre conception du monde. C'était bien sûr la politique du général de Gaulle (chapitres 2 et 5) ; elle a été assouplie peu à peu par ses successeurs. Mais la « fièvre récurrente » revient régulièrement, pour utiliser la for-

1. Discours du 7 novembre 2007 devant le Congrès des États-Unis.

mule de Jean Monnet à propos des relations entre les deux pays. Sous Valéry Giscard d'Estaing à propos des anticommunistes afghans qu'il qualifie de « rebelles » ; sous François Mitterrand lorsqu'il refuse l'embargo américain sur les équipements destinés aux gazoducs soviétiques ; sous Jacques Chirac qui renoue avec la politique pro-arabe du général de Gaulle. L'apogée est sans doute atteint lors de la crise de 2003. La France prend la tête de tous ceux qui refusent l'intervention américaine en Irak. Le 14 février le Premier ministre de Villepin prononce à l'ONU un discours flamboyant et fortement applaudi. Il glorifie la France qualifiée de « pays qui n'a cessé de se tenir debout face à l'histoire et devant les hommes ». Toujours le Verbe. L'opinion américaine réagit avec vigueur et Thomas Friedman dénonce « une rivale jalouse ».

Nicolas Sarkozy a beau se rapprocher des États-Unis, il n'en poursuit pas moins une politique originale, comme ses prédécesseurs. Il joue les arbitres dans le conflit entre la Russie et la Géorgie en un sens qui a été considéré comme plutôt favorable à Moscou (2008). La crise économique lui donne l'occasion de rappeler les vertus du modèle français, de dénoncer le poids des marchés et de rappeler les responsabilités américaines : « La crise est mondiale, mais on sait très bien d'où elle est partie ». C'est ici que la construction européenne sert l'originalité française : la « puissance normative » de l'Europe est récupérée par la France qui parle au nom de l'environnement, de la justice, des droits de l'homme.

Tous les dirigeants français ont fait de même depuis la Seconde Guerre mondiale : affirmer leur différence au sein du camp occidental tout en continuant à en faire partie. Comme toujours les changements de majorité influent sur les relations entre Paris et Washington, mais sur le long terme cette constance perdure. Elle est le résultat de la ressemblance des deux modèles et d'un rapport de forces déséquilibré. La plupart des Français accepteraient cette formule d'Hubert Védrine à propos des deux pays : « Amis, alliés, pas alignés[1] », une formule qui a visiblement inspiré Nicolas Sarkozy à laquelle elle était destinée : « Nous sommes des amis, mais des amis debout, des alliés indépendants et des partenaires libres[2] ».

► **Les relations de Paris avec les autres Grands se comprennent à l'aulne de ces rapports franco-américains.**

En ce qui concerne l'URSS puis la Russie, les préventions idéologiques s'opposent à la *Realpolitik*. L'anticommunisme autrefois, l'idéologie des droits de l'homme aujourd'hui entretiennent une méfiance qui rend difficile les relations économiques et politiques. L'impression de continuité est cependant trompeuse. L'URSS représentait une menace militaire que les dirigeants français n'ont pas négligée. Tel n'est plus le cas de la Russie actuelle à l'égard de laquelle les préventions sont principalement idéologiques.

Peur et aversion sont mauvaises conseillères pensait le général de Gaulle. Elles enferment la France dans le camp américain d'autant que Washington peut manipuler ces sentiments en activant ses réseaux d'influence. Il s'efforce donc de conserver des relations fortes avec Moscou afin de conforter sa posture originale, de démontrer son indépendance envers les États-Unis ; il espère aussi jouer un rôle d'intermédiaire entre les deux Grands. Mais la Russie ne trouve pas autant d'intérêt à ces relations, sinon diviser le camp occidental. Elle préfère se

---

1. *Rapport pour le président de la République sur la France et la mondialisation.*

2. Discours de clôture du colloque « La France, la défense européenne et l'OTAN au XXIe siècle » du 11 mars 2009.

tourner vers l'Allemagne qui peut lui procurer les machines-outils dont elle a besoin et qui représente un enjeu beaucoup plus important pour elle – le contrôle de l'Europe centrale.

La France continue cependant à se montrer compréhensive envers Moscou comme le démontrent l'attitude de F. Mitterrand lors de la réunification (dès que l'Allemagne inquiète, la Russie rassure !) ou celle de N. Sarkozy en Géorgie (voir *supra*). Malgré les protestations américaines, ce dernier accepte de vendre des navires de commandement et de projection de type Mistral à Moscou, quitte à renforcer considérablement la marine russe.

La continuité prédomine donc : la politique réaliste s'impose et marginalise l'idéologie.

La même conclusion pourrait être tirée en ce qui concerne la Chine communiste. Quand il la reconnaît en 1964, le général de Gaulle entend faire preuve de la même indépendance. Par ailleurs il croit dangereux d'exclure un grand pays comme la Chine du concert des nations, d'autant plus qu'elle fait preuve d'agressivité. Il s'agit d'un geste suivi de peu de conséquences concrètes : la France est peu présente en Asie. Elle déclenche d'ailleurs peu d'hostilité en France, toute une partie de l'opinion étant fascinée par le communisme exotique de Mao Zedong.

Le paradoxe veut que beaucoup d'anciens maoïstes se convertissent à l'idéologie des droits de l'homme avec la détermination des néophytes. Leur action place la France en pointe dans la dénonciation du régime chinois, pourtant beaucoup moins sanguinaire qu'autrefois. La crise éclate en 2008 à la veille des jeux Olympiques de Pékin (chapitre 8). Or, à la différence de ce qui se passe avec la Russie, le marché chinois est essentiel pour beaucoup d'entreprises françaises. Prise en tenaille entre les humanitaires et les chefs d'entreprise, La France doit donc assouplir sa position. Là encore, le réalisme finit par s'imposer.

IV. La France et le reste du monde

Les relations avec les États-Unis, l'Europe et l'Afrique constituent les trois axes majeurs de la géopolitique française. Présente sur tous les continents, la France entretient cependant des relations avec toutes les régions du monde. Elles sont très inégales. La Méditerranée constitue comme un enjeu majeur et une synthèse des trois principales directions de la géopolitique française : sera-t-elle une réserve de puissance comme la Françafrique, un lieu de confrontation avec les Anglo-Saxons ou un appendice de la construction européenne qu'il faudra gérer avec les Allemands et les Britanniques ? Le reste du monde – Asie et Amérique latine pour l'essentiel – constitue, il faut bien l'avouer, des « angles morts » de la géopolitique française. Malchance, c'est là que se situe l'essentiel des émergents.

Mare nostrum ?

▶ Les positions de la France en Méditerranée sont anciennes et puissantes.

Elles remontent à un passé ancien. Le roi de France s'était fait accorder les capitulations qui l'autorisaient à commercer dans l'Empire ottoman ; il protégeait les chrétiens d'Orient – un héritage des Croisades qui explique encore aujourd'hui les liens de notre pays avec les chrétiens du Liban ; il finit même par installer des parents sur le trône d'Espagne. Si elle fut un échec géopolitique, l'expédition d'Égypte de Bonaparte impressionne les populations et leurs dirigeants au point que Méhémet Ali (1769-1849), qui avait combattu aux Pyramides, s'appuie sur la France quand il s'émancipe de l'Empire ottoman. À partir de 1830 la conquête de l'Afrique du Nord permet de contrôler la Méditerranée occidentale à partir des trois bases majeures que sont Toulon, Bizerte et Mers el-Kébir. Le canal de Suez est construit par un Français, Ferdinand de Lesseps (1969). En 1908, la révolution jeune turque adopte comme slogan « Liberté, Égalité, Fraternité ».

Un pays n'admet pas que la France domine la Méditerranée : le Royaume-Uni qui s'inquiète pour la sécurité de la route des Indes. Londres anime la coalition qui combat Louis XIV lors de la guerre de Succession d'Espagne, elle contre les ambitions de Méhémet Ali, elle récupère une partie des actions de la société du canal de Suez et finit par transformer l'Égypte en protectorat – un échec majeur de la politique méditerranéenne française. Elle piquette la mer de ses bases et cantonne la France au Maghreb.

De façon moins évidente, la France se heurte aussi à l'Allemagne qui cherche dans la zone des « alliances de revers » contre la France et la Russie : d'où la tentative de Bismarck pour installer un prince allemand sur le trône d'Espagne, ce qui fournira le prétexte de la guerre de 1870, puis l'alliance avec les Ottomans, enfin dans l'entre-deux-guerres le soutien à l'Espagne de Franco et l'axe Rome-Berlin.

Que reste-t-il de toute cette période ? Un rêve avorté, surtout après que la France accorde l'indépendance au Maghreb. Les restes d'une influence réelle qui comporte différentes strates : le pays défenseur des chrétiens, la patrie révolutionnaire, les empires… Mais aussi des phénomènes de rejet dans les anciens pays colonisés (Algérie) ou en Espagne (chapitre 2).

▶ La France s'est employée depuis les années 1960 à retrouver sa place dans le monde méditerranéen.

Elle s'est d'abord définie comme l'intermédiaire obligé entre la Méditerranée et l'Europe. Elle a proposé l'adhésion à la Communauté économique européenne de l'Espagne et de la Grèce une fois ces deux pays revenus à la démocratie. Parallèlement elle a encouragé les accords d'association avec les pays du Sud et de l'Est ainsi que la conférence de Barcelone qui définit un « partenariat euro-méditerranéen » (1995). Elle est enfin directement à l'origine de l'Union pour la Méditerranée (voir *infra*).

Elle n'a pas hésité à jouer de son *hard power* au nom des différentes « strates » de son influence passée. Elle intervient au Liban dans le cadre de l'ONU (en particulier à partir de 1978 dans le cadre de la FINUL) et récemment en Libye.

Elle déploie enfin son influence économique puisqu'elle représente le pays le plus riche de la zone. Ses parts de marché y sont systématiquement égales ou supérieures au double de ce qu'elle pèse à l'échelle mondiale, ses entreprises de travaux publics y multiplient les grands travaux (métro du Caire, TGV Tanger-Casablanca dont les travaux ont été lancés en 2011), ses entreprises y délocalisent abondamment à l'image de Renault (Tanger, Bursa).

▶ Le bilan est moins positif qu'on pouvait l'espérer.

La France s'est heurtée aux mêmes rivaux géopolitiques qu'autrefois. Les puissances anglo-saxonnes d'abord sous la forme aujourd'hui des États-Unis. Sans insister sur leur rôle ambigu à l'époque de la décolonisation, notons que les États-Unis appuyés sur leur septième flotte, leurs bases et leurs alliés interviennent en permanence dans une zone que la présence d'Israël et les réseaux islamistes rendent essentielle à leurs yeux. Les marges de manœuvre de Paris sont faibles, d'autant plus qu'elle n'a pas les moyens d'opérations militaires de grande ampleur sans le soutien des moyens de renseignement, de transport et de ravitaillement des Américains – l'intervention en Libye l'a rappelé.

L'obstacle américain est évident. Comme autrefois, la rivalité avec l'Allemagne est plus discrète, mais bien réelle. Elle a éclaté à propos de l'Union méditerranéenne que souhaitait Nicolas Sarkozy. Celui-ci voulait rassembler tous les pays limitrophes de la Méditerranée dans une organisation autonome. L'Allemagne s'est opposée à une opération dont elle était exclue. Ainsi est née l'Union pour la Méditerranée dont les ambitions paraissent modestes. Non seulement la totalité des pays de l'Union européenne en sont membres, mais elle se concentre sur des problèmes concrets dont les critiques disent qu'ils sont techniques : dépollution, définition de voies maritimes, développement de l'énergie solaire, soutien aux PME, coopération universitaire... Le financement reste incertain puisque le privé devra être associé à ces initiatives. En réalité, les relations Europe-Méditerranée continueront à dépendre de l'Union européenne et s'inscriront dans le cadre du partenariat défini à Barcelone. C'est ce que souhaitait l'Allemagne qui, de son côté, n'est pas gênée de participer au Conseil des États de la mer Baltique avec les seuls pays riverains de cette mer[1].

Il est trop facile de tout mettre sur le dos des Américains, voire des Allemands. La France se montre souvent maladroite. Se considérant comme le premier pays méditerranéen (malgré son déclassement mondial, elle le reste), elle se conduit souvent de façon arrogante. Emblématique l'attitude de l'opinion envers les Espagnols et plus encore les Italiens, considérés avec un sentiment de supériorité amusé. Aucun homme politique, pas même George Bush, n'a été autant brocardé par la presse hexagonale que Silvio Berlusconi. À l'égard de ses anciens protectorats elle adopte parfois un ton étonnant comme le nouvel ambassadeur en Tunisie qui, en 2011, s'en prend directement aux journalistes et provoque indignation et critiques.

▶ **Le principal problème tient aux hésitations et aux contradictions françaises.**

La mer Méditerranée est vue à la fois comme une opportunité et comme une menace. Les entreprises françaises et en particulier les banques ont considérablement investi dans cette zone. Elles se retrouvent prises dans les pièges grec, italien et espagnol qui pourraient les entraîner dans l'abyme. Le monde arabo-musulman apporte son pétrole, mais aussi sa religion qui embarrasse la République laïque, ses immigrants que son économie ne réussit pas à absorber et ses flux illégaux. Plus généralement la France ne sait comment assumer son héritage dans la zone : doit-elle faire repentance pour la domination du Maghreb ou glorifier son héritage colonisateur ?

Le président Valéry Giscard d'Estaing engageait la France à regarder vers le Nord, à s'inspirer de ses démocraties apaisées et de ses sociétés équilibrées et à prendre comme modèle l'Allemagne. Autant dire qu'il faudrait renier les racines latines du pays.

La question présente cependant le mérite de contraindre à l'introspection et à la clarté. Que représente la Méditerranée pour la France ? Le berceau de ses racines romaines et

---

1. Pour être juste, l'Union européenne est représentée au sein de ce Conseil.

chrétiennes ? Le dernier lieu (avec l'Afrique) où elle peut jouer à la grande puissance ? Une opportunité économique ? La possibilité de redéfinir sa relation au monde en brandissant le flambeau des peuples et des droits ? La source de menaces multiples pour sa prospérité, sa sécurité et son identité ? Les derniers lambeaux d'une gloire passée ? Ou le symbole d'un passé honteux dont elle doit se détourner ?

▶ **Les mêmes contradictions éclatent en ce qui concerne la politique arabe de la France.**

Cette politique déborde d'ailleurs la Méditerranée et conduit à s'intéresser à l'ensemble du MENA (*Middle East and North Africa*). La France a d'abord été un allié d'Israël au moment où la guerre d'Algérie dressait l'ensemble du monde arabe contre elle. La connivence éclate à l'occasion de la crise de Suez, les Français apportant tout leur soutien à l'armée israélienne et intervenant contre l'Égypte.

Le général de Gaulle change radicalement de politique. Pour se mettre à la tête des petites nations face aux deux Grands, il entend s'appuyer sur le monde arabe. Il peut se présenter comme une solution alternative à l'URSS athée comme aux États-Unis soutien inconditionnel d'Israël. La France fournira aux pays arabes des armes qui ne les rendent dépendants ni de Washington, ni de Moscou. La carte a été habilement jouée ; elle a procuré à la France des ventes (armement, mais aussi céréales ou produits de luxe), des approvisionnements pétroliers et peut-être même une moindre exposition au terrorisme palestinien. Mais le déséquilibre de la position française éclate lors de la guerre des Six Jours (1967) : la France proclame l'embargo sur les armes pour les pays du champ de bataille, mais par pour les pays arabes qui en sont éloignés. Au-delà de la communauté juive, une large partie de l'opinion s'en indigne d'autant plus que le terrorisme n'épargne pas totalement le pays.

L'évolution se produit par étapes, la réconciliation avec Israël se fait au même rythme que le rapprochement avec les États-Unis. La France aspire à jouer un rôle actif dans le monde arabo-musulman. La décision d'ouvrir en 2009 une base navale et aérienne à Abou Dhabi au moment où plusieurs installations sont fermées en Afrique témoigne de cette volonté. L'accord se double d'ailleurs d'un engagement de la France à défendre si besoin les Émirats arabes unis. La France dispose d'ailleurs en Abou Dhabi d'un partenaire privilégié qui a déjà accueilli une antenne délocalisée de la Sorbonne et devrait faire de même pour le musée du Louvre.

Paris reste pourtant paralysée par les contradictions entre *Realpolitik* et humanitarisme. Après avoir tenté de se rapprocher de la Syrie et de la Libye au nom de la première, la France dénonce ces deux pays pour leur répression contre les opposants. Après avoir soutenu le régime de Ben Ali jusqu'au moment de la rupture, Paris se met au diapason des « révolutions arabes », puis elle se trouve embarrassée par la percée électorale des islamistes.

La contradiction apparaît aussi à l'égard de la Palestine : elle s'oppose à son admission à l'ONU, mais vote en faveur de son adhésion à l'UNESCO. Tout en se rapprochant de Tel Aviv, Paris ne veut pas renoncer à la « politique arabe » qu'elle menait autrefois. Sur ce point comme sur bien d'autres, elle est rentrée dans le giron atlantique, mais elle entend conserver une place originale. Au risque de perdre sur tous les tableaux...

Pro-israélienne ou pro-arabe ? Favorable aux régimes en place ou à leur disparition ? La politique de la France dans le MENA se cherche, ce qui contribue à la rendre peu lisible et à entretenir les méfiances. Sa capacité à peser sur le problème palestinien en est affaiblie comme d'ailleurs celle de l'Union européenne en général.

Angles morts

Par définition il y a peu à dire sur les angles morts, sinon expliquer leur existence.

La présence française en Amérique latine et en Asie est restée marginale.

Après la fin du premier empire colonial, le second empire colonial est principalement africain. Presque rien en Amérique latine – malgré les tentatives de Napoléon III au Mexique et l'aventure avortée de la Patagonie –, la seule Indochine en Asie à laquelle s'ajoutent les cinq comptoirs conservés en Inde après Louis XV et, provisoirement, le territoire à bail de Kuang-Tchéou-Wan en Chine du Sud. La victoire des communistes en Indochine explique que les liens avec ces territoires se soient rapidement interrompus.

Ici comme dans bien d'autres régions du monde, la France a été supplantée par le Royaume-Uni. Elle l'est aujourd'hui par les États-Unis qui lui laissent bien peu d'occasions de se manifester. La langue française a été l'une de ces opportunités, en particulier au Mexique ou dans le cône sud de l'Amérique latine, mais il régresse fortement aujourd'hui.

Le général de Gaulle avait tenté une vaste opération de séduction lors de son voyage de 1964. Pendant de sa visite en Roumanie (1968), l'opération visait à encourager ces pays à prendre leurs distances avec les deux Grands. En dehors du succès d'estime, les résultats furent minces. La peur de la contagion castriste conduit Washington à soutenir des coups d'état militaires qui, du Brésil (1964) au Chili (1973) et à l'Argentine (1976), font passer tout le continent sous la coupe de régimes autoritaires alignés sur les États-Unis.

La France ne s'intéresse que depuis peu à l'Asie.

Alors que les intellectuels français se passionnaient pour le communisme exotique de l'Amérique latine ou de la Chine, l'émergence de l'Asie en développement a été ignorée. Dans les années 1980, les manuels scolaires français, toujours en retard d'une idéologie, parlaient encore de « pays ateliers » à propos des « Dragons asiatiques » avec toute la connotation négative de la formule.

Très normalement les places ont été prises par d'autres. Les parts de marché françaises en Asie orientale sont inférieures à celles des États-Unis, bien sûr, mais aussi du Royaume-Uni ou de l'Allemagne. Quand la France perce, elle le fait grâce à des produits associés à l'image de la France, principalement le luxe mais aussi les biens d'équipement (nucléaire, TGV, aéronautique).

Quant à son action diplomatique, elle s'inscrit principalement dans le cadre de l'ASEM (Asia-Europe Meeting) lancés en 1996 à la suite d'une initiative franco-singapourienne.

Le phénomène des émergents fragilise la position française.

Les principaux pays émergents sont situés en Asie et en Amérique latine – Mexique, Argentine, Brésil, Inde, Chine sans parler des « Dragons » et des « Tigres » asiatiques. Ils sont considérés comme des concurrents plus que comme des partenaires.

Les pays d'Amérique latine ont profité de la hausse du prix des matières premières pour développer leurs productions agricoles. Ils menacent directement les agriculteurs français. Paris s'en inquiète et a posé des conditions strictes qui ont rendu impossible jusqu'à présent un accord de libre-échange entre l'Union européenne et le Mercosur.

De leur côté, les émergents d'Asie concurrencent l'industrie française jusque dans ses bastions comme l'illustre l'échec d'Areva et d'EDF face au coréen KEPCO dans les émirats (chapitre 7). Même si elle achète de nombreux biens d'équipement tricolores, la Chine est moins considérée comme une opportunité que comme une menace. On l'accuse de ne pas respecter la propriété intellectuelle, de pratiquer le *dumping* social et surtout d'être le pays par excellence des délocalisations.

Ce n'est pas un hasard si les ouvrages se multiplient depuis peu pour dénoncer « l'agression » chinoise. La mondialisation, traditionnellement assimilée aux États-Unis, est en train de prendre un nouveau visage : celui de la Chine. Qui plus est elle ne s'embarrasse pas de *soft power*, elle ne s'habille pas de grands principes, elle ne cherche pas à séduire. Pour les Français, la Chine devient le champion d'une mondialisation sans fards, une mondialisation dont la vraie nature est mise à nue dans toute sa brutalité.

La Chine serait-elle en train de donner à la France ce qui lui manque depuis des années et qui est le fondement de toute géopolitique : un ennemi à sa mesure ?

Plaidoyer pour la puissance

Conclusion

La géopolitique de la France est encombrée d'idées reçues qui rendent difficile un jugement serein. Pour différentes qu'elles soient, ces opinions s'accordent sur un même constat, celui de la fin de la France et de sa puissance – d'ailleurs la puissance pour quoi faire demanderont les demi-habiles ?

Fin de la France il y aura, mais ce n'est ni le jour ni l'heure.

▶ Alors, petite, moyenne ou grande ?

Avouons-le, la formule de « grande puissance moyenne » que nous avons empruntée à Valéry Giscard d'Estaing ressemble à une adroite pirouette : elle ménage, à l'auvergnate, la chèvre de la puissance et le chou du déclin. Elle est pourtant plus juste qu'il ne semble : ces deux qualificatifs sont également vrais, tout dépend du point de vue adopté. Il n'y a donc aucune raison de dénigrer par principe le potentiel de notre pays.

C'est d'abord une question d'échelle. Dans le cadre européen, la France est sans doute la nation qui dispose du plus beau potentiel. À l'échelle mondiale elle pèse peu face aux pays émergents. Encore faut-il ne pas exagérer le déséquilibre et ne pas se laisser impressionner par la taille et le nombre de ces nouveaux « Grands ». Les kilomètres carrés sont un handicap quand ils ne sont pas équipés, les millions d'hommes sont un problème quand la majorité vit misérable.

C'est aussi une question d'époque. Demain la croissance rapide des pays émergents fera régresser la France dans les classements mondiaux. Peut-être… Car leur dynamique ne continuera pas toujours au même rythme. Il faut se méfier des emballements médiatiques qui faisaient du Japon, il y a peu, l'économie dominante de l'avenir et qui voient dans la Chine le prochain maître du monde. Le patrimoine que les Français ont constitué dans le temps constitue un socle dont les nouvelles puissances ne disposent pas, ou pas encore. La France est forte de l'héritage accumulé par les 15 milliards d'hommes qui ont habité un jour ce morceau d'Europe – onze fois plus que la population chinoise actuelle !

Comme toujours il faut se méfier de l'instant et se reporter au temps long. En n'oubliant pas qu'un héritage peut se dilapider, voire être volé – la Chine du XIXe siècle en fournit l'exemple.

▶ Ouverte ou fermée ?

Contrairement à l'affirmation cent fois ressassée, la France est un pays ouvert que l'on parle de commerce, d'investissements directs ou de migrations internationales. D'où vient alors l'idée récurrente que la France serait exagérément fermée, ce dont témoignerait en particulier le succès récent de l'idée de démondialisation ?

Nous proposons une réponse toute simple : c'est parce que l'ouverture a été particulièrement ample pour ne pas dire brutale que beaucoup de Français s'inquiètent. Ce que proclament les Français, ce n'est pas le refus du monde que leurs drapeaux ont parcouru en tous sens, mais la volonté de rester *eux-mêmes* dans le monde. Dans bien d'autres pays les mêmes réflexes se manifestent et chacun le comprend.

La vraie question n'est donc pas de savoir si la France est particulièrement fermée, mais pourquoi nos élites intellectuelles tiennent les Français pour particulièrement « fermés ». Cela est une autre histoire, celle de la « cascade de mépris » qui indignait déjà Mirabeau. Il n'empêche que les imprécations contre « la France moisie » sont à la fois fausses et contre-productives car elles ne concourent guère à persuader de la nécessaire adaptation. À moins qu'elles ne servent justement à cela, convaincre de l'idée que le seul avenir possible et estimable consiste dans la dissolution, ce nirvana des nations disparues.

▶ Passéiste ou moderne ?

Parmi les reproches adressés à la « France moisie » figure en bonne place l'idée qu'elle ne s'impose que sur des secteurs traditionnels à forte connotation française – tourisme, agriculture, luxe. Beaucoup font la moue devant cette énumération qu'ils assimilent au trousseau élimé d'une vieille nation sur le retour : décidément, elle refuse de prendre les voies de la modernité et préfère se muséifier ! Si la Chine devient l'usine de la planète, les États-Unis sa *city*, l'Inde son bureau d'études, la France se condamnerait à rester le musée du monde – encore une preuve de sa fin annoncée ?

Le jugement est doublement erroné.

D'abord, nous l'avons vu, la France se situe aux toutes premières places pour de nombreuses activités de pointe.

Surtout la force de ces spécialités vient de ce qu'elles sont ancrées dans le territoire et la tradition nationale. Elles s'appuient sur des savoirs anciens qui doivent en permanence se réinventer comme en témoignent les progrès permanents des matériaux utilisés par le bâtiment ou des techniques pratiquées par les agriculteurs. Elles bénéficient de noms qui constituent autant de marques connues dans le monde entier – Hermès, Saint-Tropez ou Cognac… Alors que la fabrication de puces électroniques peut être déplacée par des entreprises grippe-sous du Japon à Taiwan, puis en Chine, au Vietnam et jusqu'en Antarctique si elles réussissent à dresser les pingouins, Cognac restera toujours Cognac et le cognac se fera toujours à Cognac.

Telle est l'inertie des activités enracinées, telle est la force des territoires.

▶ Déclin ou rebond ?

L'inquiétude que génère la mondialisation se traduit par la peur du déclassement collectif et individuel. L'idée de déclin et le thème connexe du retard ne correspondent pas vraiment à la réalité, nous l'avons vu. Les Français sont exagérément pessimistes sur eux-mêmes – encore un trait qui confirme leur « frilosité » et leur conservatisme selon les tenants du nirvana. S'il peut être parfois irritant, cet alarmisme qui tourne à l'autodénigrement se révèle pourtant utile. Osons un paradoxe : le mythe du déclin constitue le plus bel hommage que les Français rendent à la France.

Dans la mémoire collective, le souvenir de Munich est resté longtemps vivace. Sans doute le récit que l'on en a fait se révèle à la fois simpliste et anachronique – si l'opinion avait su que la guerre éclaterait neuf mois plus tard, son attitude aurait sans doute été différente.

Les accords n'en constituent pas moins le point d'orgue d'une période si difficile que J.-B. Duroselle lui a consacré un ouvrage intitulé *La Décadence*. Ils ont servi ensuite de repoussoir, comme l'ont été à des époques différentes les traités de Brétigny et de Troyes, puis ceux de Paris et de Francfort ou encore la capitulation de 1940. Chaque fois, ces événements tragiques favorisent le rebond.

Loin de l'arrogance que les observateurs superficiels prêtent aux Français, la peur du déclin démontre sans doute un certain manque de confiance en soi, mais aussi de la lucidité, de l'insatisfaction et de la combativité. Il y a là un levier que les dirigeants, s'ils le veulent, peuvent utiliser pour démultiplier la puissance française. Les autres peuvent se bercer d'illusions, la France ne se voile pas les yeux et ne se résigne pas.

► Paralysée ou efficace ?

D'où vient le déséquilibre entre le potentiel français, dont nous avons dit qu'il est l'un des plus remarquables de tous les pays européens, et les résultats de son action géopolitique qui déçoivent souvent ?

Le fait est que la France s'est imposée de multiples contraintes. Il s'agit de contraintes idéologiques, car il faut bien appeler « idéologie » le modèle dont elle refuse toute évolution en oubliant que ce modèle a connu différents âges et qu'il a su s'adapter dans le passé. Il s'agit de contraintes morales depuis qu'elle s'est enthousiasmée pour les droits de l'homme qu'elle assimile au modèle, alors que les révolutionnaires de 1789 parlaient de droits de l'homme *et du citoyen* – ce qui est tout différent. Il s'agit de plus en plus de contraintes économiques provoquées par la mondialisation mais aussi, on aurait tort de l'oublier, par trois décennies de facilité pour ne pas dire de démagogie : le résultat est l'endettement du pays qui affaiblit sa position face à l'Allemagne et qui la met sous la coupe des agences de notation.

Ces contraintes pèsent sur la liberté d'action de la France. Elles l'empêchent de faire pleinement usage de sa puissance. C'est un chef d'entreprise qui le rappelle : « Nous ne serons plus une puissance diplomatique si nous ne sommes plus une puissance économique. Nous ne serons plus une puissance financière si nous devons quémander des aides[1] ». De Gaulle ironisait autrefois sur ceux qui allaient « tendre la sébile » à Washington. Rien n'a changé, sinon que nous sommes prêts maintenant à tendre la sébile à Pékin.

Qui s'en soucie d'ailleurs ? Ces dirigeants du pays pour lesquels l'action géopolitique est jaugée en fonction de ses retombées électorales ? Ces Français qui privilégient leur vie quotidienne et ne voient pas qu'elle dépend des rapports de force mondiaux ? Ces élites qui préfèrent à la puissance leur intérêt ou leurs principes, c'est-à-dire la morale ou le profit – tout dépend de quelle élite il s'agit ? Tous ceux, gagnés par la géopolitique du nirvana, qui constatent que la puissance a un prix et, que, en temps de crise et après des années de facilité, ce prix est particulièrement élevé ?

Tous partagent la même illusion : ils croient que la puissance n'a plus de raison d'être dans le monde moderne et cela parce qu'ils ne se voient pas d'ennemis. Ils prennent modèle sur l'Union européenne et son renoncement à la puissance qui l'autorise à n'avoir que des amis. La France est-elle en train de devenir « l'amie du genre humain » ? Encore faudrait-il

---

1. Denis Kessler cité dans *Challenges*, 27 octobre 2011, page 21.

que tous les autres partagent un si noble idéal ! Qui croit que Washington hier, Pékin demain, nous aident par pure humanité ?

Laissons faire le temps qui ramènera au monde réel du rapport de forces et du conflit. Si la France ne va pas à ses ennemis, ses ennemis viendront à elle. Alors les conditions d'une autre géopolitique que celle du nirvana seront posées.

Cet ouvrage n'aura pas été inutile s'il a contribué à battre en brèche quelques idées reçues et à rappeler certaines évidences : que la France possède des atouts exceptionnels ; qu'elle ne doit pas avoir honte de la personnalité qu'elle s'est forgée dans le temps long et qui constitue sa force ; qu'elle a le droit de défendre ses intérêts avec réalisme ; que pour ce faire elle doit lever les contraintes qui l'entravent ; que nous ne vivons pas au paradis, mais dans un monde marqué par le rapport de forces ; enfin tout simplement, qu'il est légitime qu'une puissance aspire à la puissance.

Liste des principaux ouvrages cités dans le texte

ARTUS Patrick et VIRARD Marie-Paule, *La France sans industries*, Paris, Fayard, 2011.

BAUER Michel et BERTIN-MOUROT Bénédicte, *Les 200. Comment devient-on un grand patron ?*, Paris, Seuil, « L'épreuve des faits », 1987.

BAVEREZ Nicolas, *La France qui tombe*, Paris, Perrin, « Tempus », 2003.

BIHAN Benoît, « La France a besoin d'une stratégie des moyens », *Défense et sécurité internationale*, hors-série 19.

CHAUNU Pierre, *La France*, Paris, Robert Laffont, 1982.

CHAUPRADE Aymeric et THUAL François, *Dictionnaire de géopolitique*, 2e édition, Paris, Ellipses, 1999.

COHEN Élie, *Le Colbertisme high-tech. Économie du grand projet*, Paris, Hachette, « Pluriel », 1992.

DAMON Julien et CUSSET Pierre-Yves, « "Vivre ensemble" en France. Le lien social », P. Gauchon et J.-M. Huissoud (dir.), *Vive la France quand même !*, Paris, PUF, « Major », 2010.

DESCHODT Pierre-Jean et HUGUENIN François, *La République xénophobe : 1917-1939, de la machine d'État au « crime de bureau » : les révélations des archives*, Paris, JC Lattès, 2001.

DRANCOURT Michel, *Leçons d'histoire sur l'entreprise de l'Antiquité à nos jours*, Paris, PUF, « Major », 2002.

DREVET Jean-François, *Les Régions françaises entre l'Europe et le déclin*, Paris, Souffles, 1996.

DUBY Georges et MANDROU Robert, *Histoire de la civilisation française*, tome 1, *Moyen Âge et XVIe siècle*, Paris, Armand Colin, 1987.

DUQUESNOY, « Ne pas se reposer sur ses lauriers. Les points forts de l'économie française », *in* P. Gauchon et J.-M. Huissoud (dir.), *Vive la France quand même !*, Paris, PUF, « Major », 2010.

DUROSELLE Jean-Baptiste, *La Décadence. 1932-1939*, Paris, Imprimerie nationale, 1979.

ESAMBERT Bernard, *La Guerre économique mondiale*, Orban, 1991.

FREMONT Armand, « Et pourtant, la France est belle ! », *Sociétal*, n° 35, 1er trimestre 2002.

GARRIGOU Alain, *Les Élites contre la République. Sciences Po et l'ENA*, Paris, La Découverte, « Cahiers libres », 2001.

GAUCHON Pascal, *Le Modèle français*, 4e édition, Paris, PUF, « Que sais-je ? », 2011.

GAUCHON Pascal, *Le Monde*, Paris, PUF, « Major », 2008.

GAUTIER Louis, « Que reste-t-il de la puissance militaire française ? La défense de la France depuis la fin de la guerre froide », *in* P. Gauchon et J.-M. Huissoud (dir.), *Vive la France quand même !*, Paris, PUF, « Major », 2010.

GOUGUENHEIM Sylvain, *Regards sur le Moyen Âge*, Paris, Tallandier, 2009.

GRAVIER Jean-François, *Paris et le désert français*, Paris, Le Portulan, 1947.

LE LOARNE Séverine et FONTAINE Christophe, « Panne d'innovation ou d'évaluation ? L'évaluation de la recherche française », *in* P. Gauchon et J.-M. Huissoud (dir.), *Vive la France quand même !*, Paris, PUF, « Major », 2010.

LECOURT Dominique, *Les Piètres Penseurs*, Paris, Flammarion, 1999.

KESSLER Marie-Christine, *La Politique étrangère de la France. Acteurs et processus*, Paris, Presses de Sciences Po, 1999.

KOGEJ Jean, « De l'utilité du "retard" et du "déclin". Des mythes mobilisateurs au service du "modèle français" », *in* P. Gauchon et J.-M. Huissoud (dir.), *Vive la France quand même !*, Paris, PUF, « Major », 2010.

KUISEL Richard F., *Le Capitalisme et l'État en France*, Paris, Gallimard, 1984.

MARSEILLE Jacques, *Empire colonial et capitalisme français : histoire d'un divorce*, Paris, Albin Michel, « La Bibliothèque humaine », 2005.

MAURIN Éric, *La Peur du déclassement*, Paris, Seuil, « La République des idées », 2009.

MERCIER Jean-Jacques, « Libye, les impasses annoncées d'une guerre plus longue que prévue », *Défense et sécurité internationale*, hors-série 19.

MINGUET René, *Paris et l'hexagone français*, Paris, Éditions France-Empire, 1962.

MUNIER Frédéric, « Malmené au niveau national, peu efficace à l'international ? Le système éducatif français », *in* P. Gauchon et J.-M. Huissoud (dir.), *Vive la France quand même !*, Paris, PUF, « Major », 2010, p. 144-146.

NORDMAN Daniel, *Frontières de France. De l'espace au territoire, XVIe-XIXe siècle*, Paris, Gallimard, « Bibliothèque des histoires », 1999.

PEYREFITTE Alain, *C'était de Gaulle*, tome 1, Paris, Éditions de Fallois/Fayard, 1994.

REICH Robert, *The Work of Nations: Preparing Ourselves for 21st Century Capitalism*, New York, Alfred A. Knopf, 1992.

RENAN Ernest, *Qu'est-ce qu'une nation ?*, 1882.

ROSANVALLON Pierre, *Le Modèle politique français*, Paris, Seuil, 2004.

ROZENBLAT Céline et CICILLE Patricia, *Les Villes européennes. Analyse comparative*, Paris, La Documentation française, 2003.

SECHER Reynald, *La Vendée-Vengé. Le génocide franco-français*, Paris, PUF, 1986.

SNÉGAROFF Thomas, « La France face aux États-Unis. La rivalité de deux universalismes », *in* P. Gauchon et J.-M. Huissoud (dir.), *Vive la France quand même !*, Paris, PUF, « Major », 2010.

SOUTOU Georges-Henri, *L'Alliance incertaine. Les rapports politico-stratégiques franco-allemands (1954-1996)*, Paris, Fayard, 1996.

STOFFAES Christian, « La France dans la compétition industrielle mondiale », in *Une économie mondiale*, *Le Point*, 1986.

SULEIMAN Ezra, *Schizophrénies françaises*, Paris, Grasset, 2008.

TELLENNE Cédric, « À la conquête de nouvelles frontières technologiques ? La recherche et l'innovation en France », *in* P. Gauchon et J.-M. Huissoud (dir.), *Vive la France quand même* !, Paris, PUF, « Major », 2010.

UHRICH René, *La France inverse ? Les régions en mutation*, Paris, Economica, 1987.

ZEMMOUR Éric, *Mélancolie française*, Paris, Fayard, 2010.

Index

A

B

C

D

E

F

G

H

I

J

K

L

M

N

O

P

Q

R

S

T

U

V

Z

Achevé d'imprimer en septembre 2015 par
ISI Print
15 rue Francis de Pressensé
93210 La Plaine Saint Denis

Imprimé en France